PROSA POÉTICA

PROSA POÉTICA

Tradução, prefácio e notas de
IVO BARROSO

Outras traduções de Ivo Barroso

POESIA

Antologia Poética
— O Torso e o Gato
Arthur Rimbaud
— Uma Estadia no Inferno; — Poesia Completa
Erik-Axel Karfeldt
— Poesias
T. S. Eliot
— O Livro dos Gatos
William Shakespeare
— 30 Sonetos

PROSA

André Breton
— Nadja
André Gide
— A Volta do Filho Pródigo
André Malraux
— A Condição Humana
August Strindberg
— Inferno
Georges Perec
— A Vida, Modo de Usar
Hermann Hesse
— O Lobo da Estepe: — Demian
Italo Calvino
— Seis Propostas para o Próximo Milênio; — O Castelo dos Destinos Cruzados; — As Cosmicômicas; — Palomar
Italo Svevo
— A Consciência de Zeno; — Senilidade; — A Novela do Bom Velho e da Bela Mocinha
Jane Austen
— Razão e Sentimento; — Emma
Marguerite Yourcenar
— Golpe de Misericórdia; — O Denário do Sonho; — O Tempo, Esse Grande Escultor
Nikos Kazantzakis
— Ascese
Romain Rolland
— Colas Breugnon
Umberto Eco
— O Pêndulo de Foucault

ORIGINAIS:

— Nau dos Náufragos
    (poesia) Lisboa
— Visitações de Alcipe
    (poesia) Lisboa
— O Corvo e suas traduções
    (ensaio)

ARTHUR RIMBAUD

UNE SAISON EN ENFER
ILLUMINATIONS
UN CŒUR SOUS UNE SOUTANE
LES DÉSERTS DE L'AMOUR
PROSES ÉVANGÉLIQUES

PROSA POÉTICA

UMA ESTADIA NO INFERNO
ILUMINAÇÕES
UM CORAÇÃO SOB A SOTAINA
OS DESERTOS DO AMOR
PROSAS EVANGÉLICAS

2ª edição revista

Copyright © 2007 Ivo Barroso
1ª edição: 1998

Direitos de edição da obra em língua portuguesa no Brasil adquiridos pela TOPBOOKS EDITORA. Todos os direitos reservados. Nenhuma parte desta obra pode ser apropriada e estocada em sistema de banco de dados ou processo similar, em qualquer forma ou meio, seja eletrônico, de fotocópia, gravação etc., sem a permissão do detentor do copyright.

Editor
José Mario Pereira

Editora-assistente
Christine Ajuz

Revisão
O tradutor

Capa
Miriam Lerner

Diagramação
Arte das Letras

TODOS OS DIREITOS RESERVADOS POR
Topbooks Editora e Distribuidora de Livros Ltda.
Rua Visconde de Inhaúma, 58 / gr. 203- Centro
Rio de Janeiro – CEP: 20091-000
Telefax: (21) 2233-8718 e 2283-1039
E-mail: topbooks@topbooks.com.br

Visite o site da editora para mais informações
www.topbooks.com.br

*A
Xavier Placer
Lêdo Ivo
Mário Cesariny de Vasconcelos*

*que me antecederam na divulgação
da obra magna de Rimbaud*

*A
todos os que vierem depois*

I.B.

NOTA DO EDITOR

A reedição dos dois primeiros volumes da Obra Completa de Rimbaud, que se encontravam há muito esgotados, começou com o lançamento em 2004 da 3ª edição definitiva da *POESIA COMPLETA*, comemorativa do Sesquicentenário de nascimento do Poeta.

Sai agora a 2ª edição, totalmente revista, da *PROSA POÉTICA*, igualmente definitiva, com algumas alterações que se faziam necessárias, em função de estudos mais recentes sobre a vida e a obra de Rimbaud. A principal melhoria diz respeito a revisão do texto francês, para a qual foi de inestimável ajuda a leitura crítica de Didier Lamaison, cotejando-o com o da edição da Obra completa da Pléiade. O texto foi ainda submetido a confronto com a Obra integral manuscrita, editada por Claude Jeancolas.

O presente volume encerra, além da obra capital do poeta – UMA ESTADIA NO INFERNO – e da coletânea de poemas em prosa denominada ILUMINAÇÕES, alguns textos até agora inéditos em português, como é o caso de UM CORAÇÃO SOB A SOTAINA, sarcástico relato dos tempos de colégio de Rimbaud. A estes se juntam curtos relatos fragmentários, OS DESERTOS DO AMOR e PROSAS EVANGÉLICAS, que são na verdade pré-textos ou esboços estilísticos na linha da obra magna, bem como a reveladora (e significativa) CARTA DE LAITOU, seguida dos rascunhos de UMA ESTADIA NO INFERNO. Em Apêndice, a CARTA DO BARÃO DE PETDECHÈVRE, cuja autoria foi, por muito tempo, atribuída a Rimbaud, com base no estilo de contundente ironia com que seu autor descreve um episódio histórico (a formação da "república" de Versalhes). Embora apócrifo, julgamos conveniente reter o documento pelo seu valor na historiografia dos estudos rimbaldianos. Ainda, nos Adendos, o leitor encontrará o lúcido artigo de René Etiemble em que analisa algumas traduções de "Génie" – verdadeira profissão de fé da arte de traduzir, encampada *in totum* pelo editor deste livro. Além dele estão três famosos prefácios, por assim dizer históricos, escritos para edições francesas da obra em períodos diferentes: a instigante e "saudosa" *Notícia* de Verlaine, para a 1ª edição das ILUMINAÇÕES; o dito "prefácio católico" de Paul Claudel e o "surrealista" de Aragon. O volume encerra-se com NOTAS esclarecedoras sobre os pontos difíceis ou controversos do texto ou da tradução.

Relativamente à obra magna de Rimbaud – UMA ESTADIA NO INFERNO – antes da tradução de Ivo Barroso já circulavam em português a versão de Xavier Placer (UMA ESTAÇÃO NO INFERNO), de 1952; a de Lêdo Ivo (UMA TEMPORADA NO INFERNO), de 1957, reeditada em 1982; e, em Portugal, a de Mário Cesariny de Vasconcelos (UMA ÉPOCA NO INFERNO), de 1960, reeditada sob o título de UMA CERVEJA NO INFERNO em 1989. A tradução de Ivo Barroso teve sua primeira edição em 1977 e a segunda em 1983. A da presente edição foi inteiramente revista para atender a novas interpretações e estudos da crítica moderna. Mas conservou-se o luminoso prefácio com que Alceu Amoroso Lima (Tristão de Athayde) a consagrou de início.

Quanto aos demais textos, inclusive as ILUMINAÇÕES, são todos de tradução recente, aqui publicados pela primeira vez.

***

O terceiro volume, que será lançado em breve, contém toda a correspondência ativa de Rimbaud, ou seja, todas as cartas escritas por ele a seus amigos, parentes e associados comerciais, e, em anexos, duas cartas da mãe do poeta, Vitalie Rimbaud, uma dirigida a Paul Verlaine e outra ao próprio filho; os depoimentos de Bruxelas, no processo sobre o atentado sofrido pelo poeta; o relatório sobre o Ogaden, escrito para a Sociedade de Geografia de Paris; o roteiro da dramática viagem numa tipóia, de Harar a Aden; e as cartas da irmã, Isabelle, relatando a Vitalie a agonia de Rimbaud.

PROSA POÉTICA

A DUPLA VIDA DE ARTHUR RIMBAUD[1]

"Quando escrevemos versos aos vinte anos é porque temos vinte anos; quando os escrevemos ao sessenta é porque somos poeta".[2]

Eis uma frase de efeito, capaz de funcionar até certo ponto, mas que se espatifa quando pensamos nesse espantoso Jean-Nicholas Arthur Rimbaud, que aos vinte anos[3] *deixou de escrever, deixou de ser poeta*, talvez por ter esgotado todas as possibilidades da poesia.

Sua ânsia de superação, em tudo — mas principalmente de auto-superação — faz com que ele, consciente embora do quanto havia conseguido conquistar de território poético, largue tudo de mão para ir desbravar os territórios do não-poético, do apoético, sem deixar no entanto de consagrar a essa nova aventura o mesmo fervor com que se entregara à poesia.

Um verdadeiro fenômeno de precocidade? Espantoso caso de predestinação? Uma vida em duas etapas que se completam? Direi: Um ser que conseguiu viver duas vidas, ambas com total e profunda intensidade. Enfim, um homem que passou duas vezes pelo Inferno!

Durante muitos anos me agarrei à idéia de que Rimbaud tinha dupla personalidade: um indivíduo que viveu até os dezenove anos uma "espécie" de vida — uma vida que tinha por objetivo realizar-se poeticamente; e outro ser que se finou aos 37 anos, após uma "segunda" existência totalmente desvinculada do objetivo inicial. Desvinculada, não só; a ele oposta mesmo, porquanto o segundo Rimbaud tinha por objetivo realizar-se materialmente, enriquecer, aburguesar-se. (Um pouco à maneira desses jovens de boa família que aos dezessete anos são agitadores esquerdistas, empenhados em destruir a sociedade plutocrática, e aos trinta se transformam em bem sucedidos corretores da Bolsa...)

Pois Rimbaud chega a negar ou, pelo menos, a menosprezar sua "vida anterior": quando, já entregue à "aventura africana", numa de suas voltas a Charleville, em setembro de 1878 (portanto aos 24 anos), ao ser perguntado sobre sua produção literária, responde ao fiel amigo Delahaye: "Nem penso mais nisto!"

E essa afirmativa é de todo corroborada pelo fato de que dele, Rimbaud, após 1875, nenhum poema, nem um verso foi encontrado, não obstante uma considerável quantidade de suas cartas e anotações terem sido preservadas. Mas nelas não há uma frase sequer que possa lembrar a voz do vate inicial. Seu adeus à poesia foi total e definitivo, como se toda a sua energia criativa explodisse num brevíssimo instante e se esgotasse nessa própria explosão...

Durante muitos anos igualmente me recusei a dar à segunda parte da vida de Rimbaud a importância que atribuía à primeira. Como querendo reter apenas a imagem de um Rimbaud poesia-absoluta: o que contava para mim era sempre o menino poeta, o colegial miraculoso dos primeiros versos em que já atingia culminâncias a que não chegaram os seus mais ilustres contemporâneos. O admirável era a sua capacidade crítico-iconoclástica, sua acuidade em desmontar todo o santuário da literatura francesa, para nele erigir apenas o seu ídolo, *un vrai dieu*: Baudelaire. O que me atraía nesse poeta era a sua inigualável ascese literária, estes saltos permanentes para o Infinito, que podem ser observados de poema a poema e quase de verso a verso. No espaço de um ano, sua sensibilidade literária o leva de uma reverência apostolar ao parnasiano Banville, a quem chama de *Cher Maître* (Caro Mestre) numa carta de 24 de maio de 1870, a uma crítica velada à sua poesia inócua à qual contrapõe uma poesia utilitária cujos princípios estabelece no poema *O que dizem ao poeta a respeito das flores*, essa espécie de Profissão de Fé anti-parnasiana, datada de 14 de julho de 1871. E no fim desse mesmo ano, quando já em Paris, levado por Verlaine a visitar Banville, esse poeta que fora uma de suas grandes admirações literárias e de quem surrupiara mais de uma rima e mais de uma expressão poética, ao ler para ele o seu *Bateau ivre*, e receber do provecto homem de letras o conselho de que deveria começar o poema dizendo: *Em sou como um barco que desce* etc., não se contém de indignação e, já na rua, exclama para Verlaine, referin-

14

do-se à sugestão de Banville: *Vieux con!* o que soaria proximamente a "Velho babaca!" em português.

A vida de aventureiro, o Rimbaud africano tinha para mim, por isso, um aspecto secundário. Suas andanças, seu delírio ambulatório, sua multiplicidade de ofícios e funções, eram o pitoresco, o exótico, como se fizessem parte da biografia de um outro ser qualquer, de um outro indivíduo, para mim dissociado do fenômeno literário que fora o Arthur Nicolas *de Charleville s'arrivé...*[4]

Só bem mais tarde me dei conta de que essa renúncia à poesia era mais um ato de consciente autocrítica. Como ir além na conquista do território lírico depois de ter escrito *Mémoire*, essa epítome do *savoir-faire* poético, essa obra-prima do domínio da técnica do verso? Um poema de estrutura aparentemente simples: quatro partes, cada qual contendo duas quadras, em versos dodecassílabos rimados. Mas lá dentro, que comoção contida; que granada segura na mão depois de lhe ter arrancado o pino! que momento espacial que é presente, passado e futuro a um só tempo; que concentração de vida vivida e idealizada; que anseio de fuga constrangido pela paralisia do impossível! E mais, e muito mais: que habilidade de ourives, ou melhor, que chicotadas de dominador ao trabalhar o verso alexandrino, cuja fixidez das cesuras vai estraçalhando uma por uma; cuja dimensão vai transbordando como um rio nas cheias — de um verso para o outro — e alargando suas margens com ritmos até então insuspeitados, que transformam esse poema, estruturalmente regular, numa das primeiras manifestações do que seria mais tarde o verso livre, como se esse rio de energias compactadas e revoluteantes arrebentasse as represas da forma e extravasasse inteiro pelas páginas do livro.

Com seu transfixiante senso crítico, ele bem sabia que não era possível ir além dessa expressão formal, que era necessário criar outras formas de expressão. E se volta para a exploração das estruturas poéticas ainda mais restritivas, para os versos curtos de cinco e sete sílabas, criando um conjunto de canções espirituais em que epitomiza os sentimentos de liberdade e desespero que o agoniavam, e que nos soam, até hoje, mais de um século passado, como a nossa própria voz, como a voz da nossa juventude ou como a própria voz da juventude.

Mas as formas poéticas, ainda que domadas, mesmo quando subvertidas, extrapoladas, refeitas, reinventadas, as formas poéticas ainda são um estorvo, um dique, uma limitação à ilimitada e ilimitável ânsia de superação rimbaldiana. E ele vai roubar precisamente ao seu deus, vai arrancar do altar de Baudelaire o fogo sagrado que lhe permitirá o mergulho no Desconhecido para de lá trazer o Novo: o poema em prosa, que Rimbaud levará às últimas conseqüências. Livre, livre enfim do verso, da medida, do apoio da rima; eis aqui o espaço em que projeta o jato do pensamento como os jograis de feira a cuspirem no ar as flamas que lhes saltam da boca. Flamas que vão iluminar os sendeiros da poesia moderna, que marcarão doravante, como estrelas, a noite fecunda da criação literária. As iluminações.

E agora, que fazer depois disso, depois de abrir a porta do futuro e deixar o verso voar livre como um pássaro de fogo que escapa da gaiola do tempo? Ele, que já pressentira, que já *vira* antes, nas noites sem fundo em que navegava em seu alucinado barco, esse milhão de aves de ouro, o Futuro Vigor?

Cumprida a etapa de Prometeu, cabe-lhe o prêmio-castigo do Judeu Errante.

E lá vai ele cumprir em terras africanas a outra metade de seu destino, rasgando terras como rompia as normas poéticas, embrenhando-se em territórios desconhecidos como antes penetrava nas entranhas do verso.

Hoje tenho a consciência crítica de que, diante da vida e da obra de Rimbaud, a única atitude possível é encará-las como um tomo único, a obra configurando a vida, a vida confirmando a obra. Mas, como tudo o que envolve a vida e a obra de Rimbaud é meio misterioso, podemos observar que a obra é uma antevisão, uma premonição do que será essa vida futura; e que a aventura africana, sua fase final de existência, não passa da realização em corpo-matéria da substância-essência de sua poesia.

O drama de Rimbaud foi o fato de que ele não era um poeta jovem, desses que encontramos amiúde, que se *julgam* os donos da verdade e os detentores de todo o conhecimento humano só porque leram dois ou três livros e viram aquele filme... etc.; o drama de Rimbaud está precisamente em que ele *era* de fato esse jovem que via mais além, que conseguia fazer melhor, que estava mais bem aparelhado com seu escafandro de nuvens a mergulhar no céu do verso em busca do Ignoto. O encontrador da saída. Aquele que mata e mostra. O faiscador do ineditismo.

Que dizer de sua obra ou de sua vida que já não tenha sido dito dezenas, centenas de vezes em livros, revistas e jornais? Cada episódio, cada insignificante documento, a simples menção de uma data, já mereceram todos os estudos, já foram vasculhados e peneirados pelos mais díspares pesquisadores, que sobre eles levantaram as mais estranhas e contraditórias hipóteses. Mas, como precisamos de uma síntese, um pequeno detalhe *au coin du tableau* para armar a moldura deste esboço de interpretação, também nós somos aqui forçados a reportar o óbvio:

A síntese de sua vida é a estratificação da saga habitual, da *solita storia* do menino-gênio do interior que rasga seu caminho para a cidade grande, onde tem que enfrentar todas as dificuldades e preconceitos para vencer. Só que no caso de Rimbaud, essa vitória — e ela foi tão grande e tão sofrida que lhe deixou uma sensação de derrota, e por isso mesmo o levou ao ímpeto ou à necessidade de renegá-la — acaba sendo não um fim, mas uma etapa crucial, cuja superação exige aquela força interior que Rilke atribui ao seu torso arcaico e o obriga a mudar de vida, a mudar sua vida, em busca de uma outra vitória que será, afinal, uma nova e definitiva derrota. Enquanto poeta, não fez outra coisa senão superar-se: sua poesia é um subir de escadas; é mais: é a permanente tentativa de uma quebra de *records* em seus pulos de altura. Ele começa copiando os grandes mestres: Victor Hugo, Banville, Gauthier. Copia-os sem o menor pudor; apossa-se de suas rimas e expressões felizes; decalca-lhes os ritmos; plagia-lhes os temas. Mas, em poucos meses, seus versos já superam seus modelos; apequena-os, critica-os, arranca-os de seus antigos nichos veneráveis e os reduz a cacos sob o tacão de suas botinas rasgadas pelas pedras do caminho. Porque suas ousadias métricas são mais ousadas, suas rimas são mais sutis e mais perfeitas. O menino é um gênio-precoce, não há como negá-lo: em cinco anos arrebata trinta e sete primeiros prêmios do colégio em que estuda em sua cidadezinha de Charleville, no coração das Ardenas, interiorano bravo, de sotaque carregado, alsaciano das fronteiras belgas. E é um ser que tem pressa, pressa em saber, pressa em criar, pressa em publicar. E que está sempre em estado de fuga. De que foge? De sua casa, talvez; talvez um pouco de si mesmo; e é possível que esta última hipótese seja a mais provável, já que não conseguiu nunca fugir de todo, por mais longe que andasse, pois não se pode fugir totalmente de si mesmo.

Arthur estuda com o irmão Frédéric no colégio local. É um estabelecimento misto; não que aí estudem meninos e meninas, mas seminaristas e leigos. O seminário local, para onde vão os meninos pobres que não dispõem de recursos para estudar, supre o colégio de Charleville com alunos e professores. E os estudantes locais convivem com os seminaristas, sob a tutela dos padres que os instruem. Desse convívio nascerá provavelmente o anticlericalismo de Rimbaud, que irá adquirir proporções desmesuradas como tudo o que se passa com ele. Sua agressão à Igreja não se restringirá a fazer versos anti-religiosos; agride na rua os seminaristas, escreve *Merde à Dieu* nas paredes do colégio. O menino dócil, o estudioso sem igual, que se distingue de todos — melhor em latim, em grego, em composição de versos latinos, em oratória, em composição em francês — de repente se revelará um rebelde nato, um político agitado, um revolucionário em convulsão. Rimbaud em casa é um menino dócil, devoto, que estuda e lê a Bíblia ao lado da mãe. A 6 de novembro de 1868, mal acabando de completar 14 anos, numa composição em versos latinos que começam por *Ver erat* (*Era a primavera*) tem sua primeira profecia: *Tu Vatis eris* (Tu serás poeta) — certeza, premonição, vatícinio poético. É natural que seja o orgulho de sua mãe, Vitalie Cuif, e que substitua, para ela, a imagem do marido, o tenente Fréderic Rimbaud, que abandonou o lar quando o filho tinha apenas 8 anos. Esse abandono vai marcar profundamente os dois, mãe e filho. Ela será dali por diante (e talvez já o fosse antes disso) uma criatura amarga, que se refugia nos trabalhos do campo para amenizar a sua solidão e o seu fracasso matrimonial. O filho ficará estigmatizado por essa deserção. Já em seu primeiro poema escrito em francês, *A Consoada dos Órfãos*, Arthur freudianamente pune os dois — pai e mãe —, dizendo que o pai está "bem longe" e que a mãe morreu. Anos depois, em seu icônico *Mémoire*, a que nos referimos antes, recorda a imagem da mãe, inteiriçada na colina, "espezinhando as flores por demais altivas", lembrando-se daquele que "traiu sua fé conjugal, ó esposa!" E ainda mais tarde, em 1878, quando tinha 24 anos e já havia abandonado a poesia por uma vida de viagens alucinadas por toda a Europa, precisamente nesse ano em que morreu seu pai, sem que ele sequer tivesse notícia. Arthur está na Alemanha, em Bremen, e tenta se engajar na marinha americana, prestando ao cônsul dos Estados Unidos a seguinte declaração: "O abaixo-assinado, Arthur Rimbaud — nascido em Charleville (França) — idade 23 anos etc. — ex-professor de ciências e línguas — recentemente desertado do 47º regimento do Exército francês..." Com essa declaração, Arthur estava inconscientemente punindo o pai, pois esse era o regimento em que servira o tenente Frédéric Rimbaud e do qual jamais havia desertado; quanto a Arthur, era sem propósito falar em deserção, pois que nem sequer fizera o serviço militar, o que lhe trará problemas no momento final, em seu leito de morte.

Mas, voltemos ao princípio: o ambiente estreito em que vive não lhe permite dar vazão aos sonhos que o atormentam; ele próprio o dirá, num de seus mais belos poemas, *Os poetas de sete anos*. Rimbaud, no entanto, teve a sorte de encontrar no coração da província um professor, pouco mais velho do que ele, Georges Izambard, que lhe reconheceu o gênio e alimentou seu talento, orientando-lhe as leituras, emprestando-lhe seus livros. O menino gosta de escrever cartas. E que cartas! A que enviou a Théodore de Banville quando tinha apenas 16 anos (e onde diz explicitamente que tem 17, como querendo superar-se até sob o ponto de vista cronológico), é um primor de adulação e ao mesmo tempo de auto-suficiência: "*Anch'io*", escreve ele, usando em italiano a expressão de Correggio, "*anch'io*, senhores jornalistas, serei Parnasiano...", e pedindo a proteção do poeta consagrado para que publique seus versos na revista *Le Parnasse Contemporain*, envia-lhe três poemas que devem ter deixado o velho parnasiano sem fala, pois que de certa forma já superam as produções que os de sua escola vinham publicando. Um ano mais tarde, envia a seu amigo Paul Demeny a carta que ficou célebre com o nome de Carta do Vidente, em que começa dizendo: "Resolvi dar-lhe uma hora de literatura atual", e onde passa a desmontar — este é bem o termo — toda a poesia do passado até os dias atuais: "Da Grécia ao movimento romântico — idade média — só há literatos, versificadores. De Ênio a Teroldo, de Teroldo a Casimir Delavigne, tudo não passa de prosa rimada, uma brincadeira, aviltamento e glória de inúmeras gerações de idiotas". E acaba por dizer que a poesia nova exige novas formas e que o primeiro estudo a que se deve submeter aquele que deseja ser poeta é o estudo de si mesmo; que o poeta precisa se fazer vidente e que essa vidência se obtém por meio do *desregramento de todos os sentidos*. É a teoria do encrapulamento, da exacerbação sensorial para atingir o novo e o desconhecido. E Rimbaud como sempre irá pôr suas teorias em prática e se degradará, se corromperá, se encrapulará até o fim do beco na busca de seu objetivo poético.

A essa altura, já por diversas vezes fugiu de casa, aproveitando a guerra contra os prussianos, que faz de sua cidade uma praça sitiada e — para sua felicidade — fecha o colégio por uns tempos. Ele aproveita para ler todos os livros da biblioteca local e escapar, de trem ou a pé, até Paris. Em 1872, chega pela quarta vez a Paris após seis dias de caminhada, andando trinta a quarenta quilômetros por dia! Dessas suas errâncias vão surgir alguns de seus versos mais significativos, como esse admirável *Minha boêmia* em que o poeta se compara a um Pequeno Polegar do sonho que vai assinalando seu caminho com rimas em vez de grãos de milho ou de pedaços de pão, e que dorme ao relento nos caminhos: *Meu albergue era à Ursa Maior, minha estrela nos céus tinha vagos sussurros*. Vitalie Cuif não gosta nada dessas escapulidas. Quer que o filho trabalhe, que ajude nas labutas do campo, como seus irmãos. Mas Arthur é contra o trabalho, programaticamente; tem que estar disponível, em estado de permanente abertura à visitação do sonho e da vidência. Seu trabalho é derrubar a ordem, é destronar o Imperador, é exilar o príncipe herdeiro, é estabelecer o domínio da Comuna e atirar na cara do poder o barrete vermelho da revolução. Mas todos os seus sonhos fracassam, o que nada implica para ele, capaz de erguer novos sonhos, todos grandiosos, ao fim de cada fracasso, na alvorada de cada derrota.

Arthur só pensa em seguir para a Cidade grande, *La Grand'Ville*, e conquistá-la. *Anch'io, anch'io* é o seu estribilho permanente. Até que um dia, escreve a Paul Verlaine, poeta, agora um dos poucos a quem admira. Manda-lhe versos, como os mandara a Banville. E Verlaine se deslumbra com o explosivo gênio do provinciano de Charleville. É um absurdo deixar que a província asfixie esse talento. E se cotiza com seus amigos para enviar a Arthur o dinheiro da passagem de trem, de Charleville a Paris.

Desta vez, Arthur vai em caráter oficial. Com o assentimento de Vitalie, orgulhosa das altas amizades do filho. Chega a lhe tricotar um par de meias de lã. Rimbaud está preparado para a partida e para a conquista de Paris. Escreveu um poema que levará consigo para ler à gente de lá: é o *Bateau Ivre*, uma alucinada visão do mar que não conhece ainda, poema que lê, na véspera de sua partida, em meados de setembro de 1871, a seu amigo Ernest Delahaye, numa caminhada pelos bosques de Fontemps, nas imediações de Charleville. Uma leitura peripatética. *Eis o que fiz para apresentar-lhes ao chegar a Paris* (nos conta Delahaye): "Depois de ouvir a leitura daquela radiosa maravilha, antevi a entrada fulminante que faria Arthur no mundo literário parisiense: quem se recusaria a admirá-lo de pronto e sem reservas? Seu sucesso imediato, a glória próxima estavam fora de dúvida. Rimbaud, após a emoção passageira que lhe dera essa leitura, permanecia triste e abatido. — *Eu sei! disse afinal — sei bem que não se escreveu nada de semelhante até agora. No entanto... esse mundo de letrados, de artistas, de salões, de elegâncias! Não sei como me comportar, sou desastrado, tímido, não sei falar! Ah! intelectualmente não tenho medo de ninguém... mas, essa gente! não sei o que vou fazer ali.*"

Estamos no prelúdio de mais um desastre, de um sério e definitivo drama. Rimbaud em Paris é acolhido pelos Mauté, sogros de Verlaine, os pais de sua esposa Mathilde, que espera um filho para breve. Há um desencontro na estação: Verlaine e Charles Clos que vão esperá-lo não conseguem reconhecê-lo e resolvem tomar uns tragos em seu caminho de volta. Rimbaud parte sozinho, a caminhar (isso é com ele!) para a casa dos Mauté, onde chega antes e é recebido por Mathilde à porta. Ela assim descreve esse primeiro encontro: "Era um rapaz alto e forte, de faces coradas, um homem do campo. Tinha o aspecto de um colegial que se desenvolvera de repente, pois as calças curtas nos tornozelos deixavam à mostra meias de lã azuis que os cuidados maternos haviam tricotado. Cabelos hirsutos, gravata retorcida, traje negligente, olhos azuis, muito bonitos, mas onde havia uma expressão dissimulada que, em nossa indulgência, acreditamos fosse timidez". Grande observadora, essa Mathilde! Era timidez, sim, mas aquela timidez que para se desfazer se refugia na agressividade; aquela timidez que se transforma em sarcasmo e virulência. Quando chegam afinal, Verlaine e Charles Cros, encontram-no conversando com as duas senhoras da casa, a esposa e a sogra do poeta. Rimbaud é intratável, arredio, monossilábico. Larga o jantar pelo meio e sobe para o quarto dizendo-se cansado. Na verdade, está decepcionado com Verlaine, que imaginava um artista integral, um indivíduo livre, como achava que deviam ser todos os poetas. Verlaine é o maior poeta francês desse momento e vai ser superado e tutelado por aquele garoto grosseiro e caipira. Rimbaud quer-lhe fazer conhecer *la vrai vie*, a verdadeira vida, a realização material de seus sonhos poéticos. A catástrofe é rápida e inevitável. Rimbaud é apresentado aos amigos de Verlaine, que o admiram imediatamente e o odeiam logo a seguir. Perplexos com seu talento, esnobam seu provincianismo e sua pouca idade. Vêem nele um simples *profiteur*. Para vencer o cerco, Rimbaud se mostra agressivo, presunçoso, não quer fazer nada, acredita poder viver exclusivamente de poesia. E de bebedeira. E drogas, seguindo sua velha teoria do encrapulamento. Abusa da boa-fé dos intelectuais que o hospedam de graça. Na casa de Banville, joga as roupas pela janela, pois não quer infectar com suas pulgas o alvo leito que lhe dão. Agride Carjat, o fotógrafo a quem deve a sua imagem icônica. Percebendo que estava a viver da caridade dos amigos de Verlaine, que o hospedavam por turnos, ou durante o tempo em que o podiam suportar, foge do convívio deles e vai viver como mendigo na place Maubert. Verlaine e seus amigos o procuram por toda a parte do Quartier latin e, um dia, o encontram por acaso, pálido, errante, coberto de lama e de excrementos, desesperado de fome e frio. Dormira em albergues miseráveis em meio a vagabundos e vasculhava as latas de lixo para encontrar comida. Mas essa espécie de autoflagelação fazia parte de seu ideário poético, porque, já antes escrevera a Izambard: "Os sofrimentos são enormes, mas é preciso ser forte, ter nascido poeta". Para esse tipo de apostolado quer arrastar a única figura que acha merecedora do título de poeta entre todos aqueles versejadores que conhece — Verlaine, precisamente. Hostilizado pelo meio intelectual parisiense, ou melhor, depois de hostilizar o meio literário parisiense em que Verlaine atua, vai com este (outra fuga!) para a Bélgica, para onde Verlaine se desloca sob o pretexto de arrecadar uma pequena herança. Mas dali vão juntos curtir miséria na Inglaterra, onde sobrevivem dando aulas de francês. Tentativas de retorno à França. Brigas sem fim. Discussões, agressões de parte a parte. Que culminam com uma tentativa de assassinato: Verlaine dispara dois tiros de revólver contra Rimbaud, ferindo-o no braço; é preso, condenado a dois anos de prisão em Mons, na Bélgica, de onde sairá um ano e meio depois, por sua conduta exemplar, convertido ao catolicismo. Rimbaud regressa a Charleville, vai para a fazenda materna, que tem o significativo nome de Roche, a Rocha, o porto seguro. Lá, trancado num sótão, entre soluços e gemidos, no dizer de sua irmã Isabelle, escreve a prosa abissal de *Une Saison en Enfer*, o relato espiritual do inferno por que passou e que agora vomita e exorciza com sua prosa de diamante. A mãe quer saber de que se trata. Arthur lê para ela o seu delírio gráfico. E Vitalie, evidentemente sem nada compreender, como por milagre — (É o gesto mais incompreensível de toda a acidentada biografia dos Rimbaud!) — Vitalie, a mãe sovina, concorda em financiar a edição da obra. Quinhentos exemplares. Impressa na Bélgica. Arthur apanha uns poucos exemplares, distribui aos amigos mais íntimos e sai definitivamente pela porta dos fundos da literatura.

O segundo inferno viria dezessete anos mais tarde. Arthur viaja, por todos os cantos do mundo. Percorre sessenta mil quilômetros, a maior parte a pé! Atravessa os Alpes com neve pelos joelhos. Percorre desertos. Explora regiões selváticas jamais conhecidas pelo homem branco. Torna-se Rimbaud, o negociante africano, empregado em pedreira, apontador de obra, capataz; comprador de produtos regionais (café, peles, ervas), que exporta para a Europa; importador de produtos europeus para vender aos africanos. Produtos, toda espécie de produtos. Inclusive armas, que pretende vender a Menelique, da Etiópia, que irá expulsar os ingleses com o auxílio dos italianos. Arthur Rimbaud, explorador, negociante, atravessa desertos em marchas descomunais, pois quer ficar rico, quer voltar para a França, casar-se, ter um filho que será educado com todos os recursos da cultura de então para se tornar um engenheiro de sucesso. Mas a expedição fracassa. Como já fracassaram outros sonhos de Rimbaud. Só que ele não desiste e continua. Anda com oito quilos de ouro num cinturão que lhe castiga os rins. Sofre uma queda de cavalo e esta lhe afeta o joelho. A perna incha. Durante todo esse tempo está sempre em contacto com a família, a mãe e a irmã Isabelle, as quais trata de *Caros Amigos*. Pede à mãe que lhe compre meias elásticas contra varizes, acreditando ser este o seu mal. Devem custar caro, mas ele reembolsará as despesas. Quando as meias chegam já não pode usá-las, a perna está enorme. Ele decide, não sem avisar a família, ir de Harar, onde não há recursos médicos, até Zeilah, o porto marítimo, numa liteira que ele próprio mandou construir pelos dezesseis nativos que o transportarão pelos trezentos quilômetros de deserto que o separam de lá. "Inútil contar-lhe os horríveis sofrimentos — escreve à *Chère Maman* — que passei pelo caminho. Não podia dar um único passo fora da liteira: o joelho inchava a olhos vistos e a dor aumentava continuamente". Há um hospital inglês em Aden, onde os médicos diagnosticam uma sinovite que já atingira um ponto muito perigoso, em conseqüência da falta de cuidados e fadigas. Falam em cortar-lhe a perna... Rimbaud termina a carta com um P. S. de quem conhecia muito bem seu gado familiar: "Quanto às meias, foram inúteis. Vou tentar revendê-las a alguém".

Temendo a operação, Rimbaud resolve seguir de navio para a Europa, e treze dias depois chega a Marselha: "Cheguei ontem — escreve do hospital à família — em meio a sofrimentos incríveis. Não podendo locomover-me com facilidade e estando bastante enfraquecido à chegada, surpreendido pelo frio, dei entrada no hospital de la Conception. Estou muito mal, muito mal mesmo, reduzido ao estado de esqueleto por esta moléstia de minha perna esquerda [um lapso, pois na verdade era a direita] que agora se tornou enorme parecendo uma abóbora. Trago comigo uma ordem de pagamento de 36.800 francos contra a Agência nacional de descontos em Paris. Mas não tenho ninguém que possa se ocupar desse dinheiro por mim. De minha parte, não consigo dar um passo fora do leito. Que fazer. Que vida triste! Vocês não poderiam acaso me ajudar?"

E, como não vem resposta, apesar de haver dinheiro em

jogo, envia-lhes no dia seguinte um telegrama: "Hoje, a senhora ou Isabelle, venham Marselha trem expresso. Segunda de manhã vão amputar-me a perna. Perigo de morte. Negócios sérios a acertar. Respondam." Desta vez, Vitalie responde: "Sigo, chegando amanhã à noite. Coragem e paciência."

Terríveis palavras! O africano Rimbaud deve ter se lembrado do dia em que escreveu

> Nada de esperança,
> E nenhum *oriétur*.
> Ciência com paciência.
> Só o suplício é certo.

E mais uma de suas estranhas premonições se cumpriu. Depois de amputada a perna, o mais alto possível, os médicos sabem que Rimbaud tem câncer que, do joelho, já se espalhou pelos ossos. Está definitivamente condenado. E só, no leito de hospital, pois a mãe, sabendo do destino irremediável do filho, quer voltar para a fazenda, alegando os trabalhos da colheita. Rimbaud implora que ela fique mas Vitalie parte, prometendo mandar Isabelle fazer-lhe companhia. A irmã de fato vem e só aí revê, depois de onze anos, o irmão, que consegue levar para Roche a fim de restabelecer-se. Quando Rimbaud chega à fazenda e vê o quarto onde irá ficar, exclama: "Mas isto é Versalhes!" lembrando-se das choças miseráveis em que vivia, dormindo nas praias e ao relento.

A mãe quase não o vê, entregue que está ao trabalho do campo. Um dia ouvem um *estrépito*, correm ao quarto e vão encontrar Rimbaud caído no chão, nu. Julgando-se válido, dotado de ambas as pernas, levantara-se à noite para perseguir alguma visão da febre que o calcina. Apesar dos tormentos físicos, ainda há outras complicações. Ele está sendo procurado pelas autoridades francesas por não ter feito, na época oportuna, seu serviço militar. O fantasma de seu pai na sombra talvez lhe recordasse aquela história da deserção...

Rimbaud acha que deve partir de volta para a África. Não tem mais nenhuma espécie de vínculo com aquela casa, que já não é mais um porto para ele. Quer voltar para o *seu* mundo. Mutilado e sem forças, pede a Isabelle que o acompanhe até

Marselha. Esse trajeto, que passa por Paris, é toda uma via-crúcis, assim descrita pela irmã: "Em jejum desde manhã, tentou provar algum alimento; mas como tudo o repugnasse, teve que abster-se de comer. O enervamento e a febre excitavam-lhe o cérebro até o delírio. Teve um instante de extraordinária e pungente alegria, ao ver passar um oficial de uniforme. Mandou alguém buscar-lhe uma poção soporífera. Como aos momentos de exaltação febril se sucedessem outros de prostração profunda, foi um corpo quase inerte que os empregados da ferrovia transportaram, às onze da noite, no momento da partida, o mais delicadamente possível, para a cabine-leito reservada, onde o infortunado viajante foi estendido de comprido. O sofrimento, o jejum, a fraqueza, as aflições acenderam-lhe uma febre intensa; o delírio recrudesceu, e durante aquela horrível noite em que o expresso transportava Arthur Rimbaud para Marselha, a pessoa que o acompanhava, ajoelhada e encolhida no exíguo espaço, assistiu ao mais assustador paroxismo de desespero e de tortura física que se possa imaginar... O calor meridional se fazia sentir. Asfixiava-se no estreito compartimento. A cabine era uma prisão infernal donde não havia a menor possibilidade de se evadir. Arles; La Camargue; Marselha. À noite, à saída do trem, Arthur foi transportado para o hospital de la Conception, onde deu entrada sob o nome de Jean Rimbaud (para evitar eventuais perseguições da justiça militar). Dali não sairia mais vivo."

Grande foi a surpresa de Isabelle, pouco tempo depois, ao saber, pelos jornais que comentaram a morte do irmão, que Arthur fora um dos maiores poetas de seu tempo, ela que o julgava apenas um bem sucedido, mas infeliz comerciante. E aqui os dois ciclos da vida de Rimbaud se fecham, em sentido contrário: é o comerciante que volta a ser poeta, não o poeta que se faz comerciante. A eterna recorrência...

*****

A vida aventurosa de Arthur Rimbaud tem fascinado os seus leitores, principalmente os jovens, mais interessados em ler Rimbaud na Arábia, Rimbaud na Abissínia, Rimbaud traficante de armas, que ler o Rimbaud único e total da *Saison*, das

Illuminations, das *Poesias*. É absolutamente necessário ler Rimbaud, mas é preciso saber lê-lo. É possível que uma leitura apressada de *Uma Estadia no Inferno* possa granjear mais equívocos que acertos para o leitor intoxicado pelo Rimbaud andarilho e vagabundo. Foi esse equívoco que orientou a geração "beat", engolfada pelo erro de pensar que era suficiente andar de moto e fazer uso de droga para atingir o ápice da criação literária. Uma leitura mais meditada e consciente permitirá aos jovens perceber que a "liberdade livre" é precisamente a volta por cima, a superação do "desregramento de todos os sentidos", o momento de verdade em que o poeta senta e escreve e cria o novo, e inaugura agora o Natal na Terra.

Se há uma frase na *Estadia no Inferno* que pode sintetizar esse momento apicial é precisamente esta: "Cela s'est passé. Je saïs aujourd'hui saluer la Beauté. Mas tudo isso passou. Hoje sei aclamar a Beleza".

Que os leitores brasileiros possam agora dedicar um pouco mais de sua atenção ao que ele escreveu, fazendo reverter o ciclo de sua vida para a sua obra. E ao lê-la hão de ver que sua poesia é a *preview* de sua vida, que nela estão os sóis, as savanas, e as selvas que ele encontrou em sua segunda etapa; que a ânsia de explorar o desconhecido território abissínio é apenas um eco de seu anseio de desbravar o reino das palavras; que suas investidas pelo desconhecido continente africano equivalem aos seus arrojos na procura de meios de expressão que pudessem revelar o Novo. Rimbaud é absolutamente moderno, porque moderno aqui significa — não o modernoso vulgar do novo pelo novo, mas o moderno no sentido de estabelecer o próximo clássico, o futuro padrão. Passando pelo primeiro inferno, metafísico, do qual conseguiu escapar para cumprir a segunda etapa de seu destino, Rimbaud chega ao segundo inferno, sensorial, pelo caminho do sofrimento, da dor, da enfermidade terminal. Mas nada disso altera o valor intrínseco de sua obra. O que conta é o que ficou, a obra em si, e nas circunstâncias em que nasceu ou foi criada. Temo certas associações casuísticas. Temo estarmos próximos do dia em que um desses cineastas de vanguarda nos apresentará um Rimbaud aidético, já que se arvora a tendência atual de se transformar uma doença em punição. Pois muito já se tem falado na ascese de Rimbaud, que ele teria readquirido a fé em seu leito de morte. Para os místicos (pois Rimbaud é igualmente *reclamado* por agnósticos e místicos), esse caminho — trilhado com determinação até o desespero — é a estrada que o levou à salvação ("Sou um bicho, um negro, mas posso ser salvo! — já dissera ele na *Saison*): a ascese, a mortificação, o arrependimento. "Salvo!" — dirão com ele os que querem "salvá-lo" para si próprios. Mas a salvação — a imortalidade, *aqui na Terra!* — essa foi ganha independentemente da "marcha, do fardo, do deserto", independentemente de haver "esse considerável passante" bebido, da borda à borra, uma existência em solidão e fel. Essa — a salvação que conta, a imortalidade do espírito — foi conseguida através de sua obra — verdadeira luz de uma estrela de prata, prenúncio/certeza de um Natal na Terra — obra que, hoje, passado mais de um século, soa e relampeja aos olhos das novas gerações como aquela estrela que se apagou mas brilha ainda na distância abissal que dela nos separa: uma obra de agora para o mundo de amanhã!

IVO BARROSO

PROSAS DE COLÉGIO

PRÓLOGO

UM CORAÇÃO SOB A SOTAINA

NOTA PRÉVIA

Prólogo é uma composição dos tempos de escola, mas efetivamente não um dever escolar, podendo mesmo dizer-se que se trata do primeiro texto "literário" de R. Seu estilo já antecipa *O poeta de sete anos*, que compunha mentalmente "histórias sobre a vida no deserto, onde esplende a Liberdade haurida". Documento de importância para uma análise psíquica, nele R. opera a *transposição* da figura dos pais, "enobrecendo" a ambos: o pai, que era capitão de infantaria, se transforma em coronel dos cem-guardas, e a mãe, habitualmente descrita como fria e distante, passa a "doce, calma, tranqüila". Além disso, dado o seu caráter de desabafo disfarçado, o texto contém revoltas demais para uma composição escolar e seria considerado impertinente tanto por Madame Rimbaud quanto pelos professores, inclusive por estar o manuscrito coberto de borrões e erros de ortografia, incompatível com os trabalhos limpos e escorreitos que R. apresentava em aula.

R. parece aí jogar com a fórmula "o médico e o monstro", pois ele que era, nessa época, segundo todos os testemunhos, um aluno estudioso e colecionador de prêmios escolares, aqui se revela um "outro" (mais tarde dirá na *Estadia no Inferno*, "Eu é um outro"), que odeia os trabalhos escolares, abomina o latim e quer viver de rendas. Sendo inevitável analisá-lo segundo nossa óptica imbuída do conteúdo de seus trabalhos posteriores, não podemos deixar de ver aí os germes da atitude de horror ao trabalho e do aberto inconformismo que se afirmarão categoricamente mais tarde nas páginas da *Saison*.

Quanto à data de composição faltam indicações precisas. Paterne Berrichon, quem primeiro divulgou o texto em 1897, acreditava-o de 1862 (quando R. tinha 8 anos), mas posteriormente datou-o do "ano escolar de 1862-1863". Como Berrichon afirma que a narrativa foi escrita "durante a permanência de R. na instituição Rossat", donde saiu em 1865 para o colégio de Charleville, Jules Mouquet prefere situá-lo entre 1864-65, de toda forma antes de R. completar dez anos.

PRÓLOGO
PROLOGUE

PROLOGUE

I

Le soleil était encore chaud; cependant il n'éclairait presque plus la terre; comme un flambeau placé devant les voûtes gigantesques ne les éclaire plus que par une faible lueur, ainsi le soleil, flambeau terrestre, s'éteignait en laissant échapper de son corps de feu une dernière et faible lueur, laissant encore cependant voir les feuilles vertes des arbres, les petites fleurs qui se flétrissaient et le sommet gigantesque des pins, des peupliers et des chênes séculaires. Le vent rafraîchissant, c'est-à-dire une brise fraîche, agitait les feuilles des arbres avec un bruissement à peu près semblable à celui que faisait le bruit des eaux argentées du ruisseau qui coulait à mes pieds. Les fougères courbaient leur front vert devant le vent. Je m'endormis, non sans m'être abreuvé de l'eau du ruisseau.

II

*Je rêvai que..
....
.... j'étais né à Reims, l'an 1503. Reims était alors une petite ville ou, pour mieux dire, un bourg cependant renommé à cause de sa belle cathédrale, témoin du sacre du roi Clovis.*

Mes parents étaient peu riches, mais très honnêtes; ils n'avaient pour tout bien qu'une petite maison qui leur avait toujours appartenu et qui était en leur possession vingt ans avant que je ne fus[se] encore né, en plus quelques mille francs, et il faut encore y ajouter les petits louis provenant des économies de ma mère...

Mon père était officier* dans les armées du roi. C'était un

---

* Colonel des Cent-Gardes.

PRÓLOGO

I

O sol ainda estava quente; contudo quase não iluminava mais a terra; como o archote que, colocado diante de abóbodas gigantescas, só as aclara com um esbatido luzir, assim o sol, archote terrestre, se apagava deixando escapar de seu corpo de fogo um último e flébil clarão, deixando ainda ver no entanto as folhas verdes das árvores, as florezinhas que murchavam, e o topo gigantesco dos pinheiros e dos carvalhos seculares. Um vento refrescante, ou seja a fresca brisa, agitava as folhas das árvores com um ramalhar quase semelhante ao que faz o ruído das águas argênteas do regato que corria a meus pés. As avencas curvavam a fronde verde sob o vento. Ali adormeci, não sem antes me saciar das águas do regato.

II

Sonhei que..
....
.... havia nascido em Reims, no ano de 1503. Reims era então uma pequena vila ou, dizendo melhor, um burgo no entanto famoso por causa de sua bela catedral, testemunho da sagração do rei Clóvis.

Meus pais eram remediados, mas muito honestos; tinham por único bem uma pequena casa que sempre lhes havia pertencido e que já era deles vinte anos antes mesmo de eu nascer, além de terem mais alguns mil francos aos quais se deverão ainda acrescer os pequenos luíses de ouro provenientes das economias de minha mãe.

Meu pai era oficial* dos exércitos do rei. Um homem alto,

---
* Coronel dos Cem-Guardas.[1]

homme grand, maigre, chevelure noire, barbe, yeux, peau de même couleur... Quoiqu'il n'eût guère, quand je suis né, que 48 ou 50 ans, on lui en aurait certainement bien donné 60 ou... 58. Il était d'un caractère vif, bouillant, souvent en colère et ne voulant rien souffrir qui lui déplût.

Ma mère était bien différente: femme douce, calme, s'effrayant de peu de chose, et cependant tenant la maison dans un ordre parfait. Elle était si calme, que mon père l'amusait comme une jeune demoiselle. J'étais le plus aimé. Mes frères étaient moins vaillants que moi et cependant plus grands: j'aimais peu l'étude, c'est-à-dire d'apprendre à lire, écrire et compter... mais si c'était pour arranger une maison, cultiver un jardin, faire des commissions, à la bonne heure, je me plaisais à cela.

Je me rappelle qu'un jour mon père m'avait promis vingt sous si je lui faisais bien une division; je commençai; mais je ne pus finir. Ah! combien de fois ne m'a-t-il pas promis de... sous, des jouets, des friandises, même une fois cinq francs, si je pouvais lui... lire quelque chose... malgré cela, mon père me mit en classe dès que j'eus dix ans.

Pourquoi, me disais-je, apprendre du grec, du latin? Je ne le sais. Enfin on n'a pas besoin de cela! Que m'importe à moi que je sois reçu... à quoi cela sert-il d'être reçu, rien, n'est-ce pas? Si pourtant on dit qu'on n'a une place que lorsqu'on est reçu. Moi, je ne veux pas de place, je serai rentier. Quand même on en voudrait une, pourquoi apprendre le latin; personne ne parle cette langue. Quelquefois j'en vois sur les journaux, mais dieu merci, je ne serai pas journaliste.

Pourquoi apprendre et de l'histoire et de la géographie? On a, il est vrai, besoin de savoir que Paris est en France, mais on ne demande pas à quel degré de latitude. De l'histoire, apprendre la vie de Chinaldon, de Nabopolassar, de Darius, de Cyrus, et d'Alexandre et de leurs autres compères remarquables par leurs noms diaboliques, est un supplice ?

Que m'importe, moi qu'Alexandre ait été célèbre? Que m'importe... Que sait-on si les Latins ont existé? C'est peut-être quelque langue forgée; et quand même ils auraient existé, qu'ils me laissent rentier et conservent leur langue pour eux! Quel mal leur ai-je fait pour qu'ils me flanquent au supplice.

magro, de cabelos negros, barba, olhos, pele de mesma cor. Embora não tivesse, quando eu nasci, senão uns 48 ou 50 anos, as pessoas certamente lhe dariam uns 60 ou 58. Era de caráter vivo, férvido, não raro colérico e não suportava nada que lhe desagradasse.

Minha mãe era bem diferente: mulher doce, calma, espantava-se com as mínimas coisas, embora mantivesse a casa numa ordem perfeita. Era tão tranqüila que meu pai brincava com ela como se fosse uma mocinha. Eu era o mais velho. Meus irmãos eram menos robustos do que eu, porém mais altos. Não gostava muito de estudar, ou seja, aprender a ler, a escrever e contar. Mas quando se tratava de arrumar a casa, cultivar o jardim, fazer compras, estava sempre bem disposto.

Lembro-me que um dia meu pai me havia prometido uns vinte soldos se eu fosse capaz de fazer uma divisão correta; comecei, mas não consegui terminar. Ah! quantas vezes me prometia dinheiro, brinquedos, guloseimas, certa vez até mesmo cinco francos, caso eu pudesse ler para ele alguma coisa. Apesar disso, meu pai me mandou para a escola ao completar dez anos. Por que — eu me perguntava — aprender grego, latim? Não sei. Em suma, não se tem necessidade disso. Que me importa ter um curso, para que me serve isso, não é mesmo? Mas na verdade, sim; dizem que só conseguimos colocação se temos um curso. Mas eu, eu não quero colocações; quero viver de rendas. Mesmo se quisesse uma colocação, para que aprender latim? Ninguém fala essa língua. Vez por outra vejo uma citação latina nos jornais; mas, graças a Deus, não serei jornalista. Para que aprender história e geografia? Tem-se, é certo, a necessidade de saber que Paris fica na França, mas ninguém vai perguntar em que grau de latitude. Quanto à história, aprender a vida de Chinaldon, de Nabopalassar, de Dario, de Ciro e de Alexandre, e de seus outros comparsas notáveis pelos seus nomes diabólicos, não é um suplício?

A mim que me importa se Alexandre foi célebre? Que me importa... Quem sabe se os latinos existiram mesmo? Talvez seja uma língua forjada; e mesmo que tenham existido, que me deixem viver de rendas e fiquem com sua língua para eles. Que mal lhes fiz para me exporem ao suplício?

Passons au grec... cette sale langue n'est parlée par personne, personne au monde!... Ah! saperlipotte de saperlipopette! sapristi moi je serai rentier; il ne fait pas si bon de s'user les culottes sur les bancs... saperlipopettouille!

Pour être décrotteur, gagner la place de décrotteur, il faut passer un examen, car les places qui vous sont accordées sont d'être ou décrotteur ou porcher ou bouvier. Dieu merci, je n'en veux pas, moi, saperlipouille!

Avec ça des soufflets vous sont accordés pour récompense, on vous appelle animal, ce qui n'est pas vrai, bout d'homme, etc.

Ah! saperpouillotte!

La suite prochainement.
ARTHUR
[1864]

Passemos ao grego... essa maldita língua não é falada por ninguém, ninguém no mundo!...

Ai meu cristinho do taracristeco![2] que diacho! viverei de rendas; para que perder tempo em esfregar as calças nos bancos escolares... tararacristuca!

Para ser engraxate, conseguir um lugar de engraxate é preciso passar no exame; porque as colocações que nos arranjam são as de engraxate, tratador de porcos ou boiadeiro. Muito obrigado, mas estas eu não quero, que dianho!

E de recompensa dão-nos tabefes; nos chamam de animal, o que não é verdade, de homem à-toa, etc.

Ai tararacristola!...

Continua em breve.[3]
ARTHUR
[1864]

Reprodução da primeira página do manuscrito
de *Um Coração sob a Sotaina*

NOTA PRÉVIA

Escrito provavelmente em 1870, R. teria confiado o manuscrito de *Um Coração sob a Sotaina* a seu professor Georges Izambard, que partia naquele ano para se apresentar voluntário ao exército, logo ao término das aulas e antes mesmo da entrega dos prêmios. Mas Verlaine também conhecia o texto, pois é deste a primeira referência que se tem a ele, numa carta de 20 de janeiro de 1888 a seu editor Vanier, na qual lhe solicita que reencaminhe a Izambard alguns manuscritos de Rimbaud, pertencentes ao professor, entre os quais figura *La Bête nouvelle; Un cœur sous une soutane*. (Como jamais apareceu o manuscrito do primeiro título citado, é presumível tratar-se de um subtítulo ou de uma alternativa de título da própria novela.) Nem Izambard nem Verlaine acharam conveniente publicá-lo, sendo compreensível a razão do silêncio.

Em 1912, o manuscrito foi adquirido pelo bibliófilo Henry Saffrey, que informou Berrichon de seu achado e autorizou-o a fazer dele uma cópia. De posse dela, Berrichon, como os anteriores, achou que não devia dar a público aquele "texto escandaloso". Foi somente em 1924 que André Breton e Louis Aragon, unidos nessa época em torno dos ideais surrealistas veiculados através da revista *Littérature*, foram autorizados a fazer uma cópia do texto de Berrichon, e deram-no a publicar pelo editor Roland Davis, com um prefácio assinado por ambos. Por fim, Jules Mouquet, organizador da primeira edição das obras completas de Rimbaud para a Biblioteca de la Pléiade, teve permissão para examinar o texto original, então propriedade do filho de Henry Saffrey, dando a público a versão fidedigna e definitiva da obra.

R. assume aqui a figura de um seminarista, numa ferina caricatura a um de seus camaradas do colégio de Charleville, que, como se sabe, ministrava ensino ao mesmo tempo a alunos laicos e a seminaristas, que freqüentavam as aulas de batina. Demonstrando preciso conhecimento dos hábitos e comportamentos clericais, R. produz um texto que semelha o desdobramento de uma anedota, embora nela introduzindo alguns componentes autobiográficos. Escrito de um jato (as alterações foram insignificantes), mas bastante virulento e denotativo de seu estado de espírito à época, esse tom anticlerical só podia desagradar a Verlaine, a Delahaye e assustar o próprio Izambard, cioso de não fornecer um argumento a Berrichon, que atribuía à sua influência de mestre toda e qualquer atitude anticlerical de R. Embora se trate de uma novela de ginasiano bem provido de dons miméticos, é preciso relevar-se, como assinala Ivos Margoni, o registro realístico-satírico, que irá ocupar um espaço privilegiado nas *Poesias*, e que já se exprime aqui com aquela completa ausência de misericórdia, própria do caráter desapiedado do adolescente. Essa atitude logo o leva a narrar o episódio do diálogo entre o superior e o seminarista, no qual a torpeza dos vícios secretos é levantada com um rigor e uma precisão realmente impressionantes e típicos do autêntico escritor. Considerado antes "uma brincadeira sem importância" (A. Adam), é hoje objeto de estudos semânticos profundos, aparecendo como um *morceau de bravoure* do duplo sentido, do sarcasmo insinuativo, altamente iconoclasta.

UM CORAÇÃO SOB A SOTAINA
UN CŒUR SOUS UNE SOUTANE

UN CŒUR SOUS UNE SOUTANE

INTIMITÉS D'UN SÉMINARISTE

...Ô Thimothina Labinette! Aujourd'hui que j'ai revêtu la robe sacrée, je puis rappeler la passion, maintenant refroidie et dormant sous la soutane, qui, l'an passé, fit battre mon cœur de jeune homme sous ma capote de séminariste!...

1er mai 18...

...Voici le printemps. Le plant de vigne de l'abbé*** bourgeonne dans son pot de terre: l'arbre de la cour a de petites pousses tendres comme des gouttes vertes sur ses branches; l'autre jour, en sortant de l'étude, j'ai vu à la fenêtre du second quelque chose comme le champignon nasal du sup***. Les souliers de J*** sentent un peu; et j'ai remarqué que les élèves sortent fort souvent pour+++ dans la cour; eux qui vivaient à l'étude comme des taupes, rentassés, enfoncés dans leur ventre, tendant leur face rouge vers le poêle, avec une haleine épaisse et chaude comme celle des vaches! Ils restent fort longtemps à l'air, maintenant, et, quand ils reviennent, ricanent, et referment l'isthme de leur pantalon fort minutieusement, — non, je me trompe, fort lentement, — avec des manières, en semblant se complaire, machinalement, à cette opération qui n'a rien en soi que de très futile...

2 mai...

Le sup*** est descendu hier de sa chambre, et, en fermant les yeux, les mains cachées, craintif et frileux, il a traîné à quatre pas dans la cour ses pantoufles de chanoine!...

Voici mon cœur qui bat la mesure dans ma poitrine, et ma poitrine qui bat contre mon pupitre crasseux! Oh! je déteste

UM CORAÇÃO[1] SOB A SOTAINA[2]

INTIMIDADES DE UM SEMINARISTA[3]

Ó Thimothina Labinette![4] Hoje que recebi as vestes sacerdotais, posso recordar a paixão, ora arrefecida e sopitada sob a sotaina, que, no ano passado, fez bater meu coração de jovem sob meu hábito de seminarista!...

1º de maio de 18...

... Chegou a primavera. A vergôntea da vinha do abade*** floresce em seu vaso de cerâmica: a árvore do quintal explode em tenros brotos como gotas verdes sob os ramos; um dia desses, saindo do estudo, vi na janela do segundo andar algo assim como o cogumelo nasal[5] do Sup***. Os sapatos de J*** cheiram mal; e observei que os alunos saem com muita freqüência para+++ no pátio; eles que viviam no estudo como toupeiras, encolhidos, embodocados sobre o ventre, voltando os rostos para o fogão de aquecimento, com um hálito pesado e quente como a respiração das vacas! Ficam agora muito tempo ao ar livre, e, quando voltam, caçoando, abotoam cuidadosamente o istmo das calças, — não, minto, abotoam bem devagarinho, — com gestos maneirosos, parecendo comprazer-se, maquinalmente, nessa operação que em si mesma não passa de banal...

2 de maio...

Ontem o Sup*** desceu de seu quarto, e, de olhos fechados, as mãos ocultas, assustadiço e friorento, arrastou com grande esforço no pátio seus chinelos canônicos!...
Eis que meu coração está batendo ritmadamente em meu peito, e meu peito que bate contra minha carteira ensebada!

maintenant le temps où les elèves étaient comme de grosses brebis suant dans leurs habits sales, et dormaient dans l'atmosphère empuantie de l'étude, sous la lumière du gaz, dans la chaleur fade du poêle!... J'étends mes bras! je soupire, j'étends mes jambes... je sens des choses dans ma tête, oh! des choses!...

4 mai...

...Tenez, hier, je n'y tenais plus: j'ai étendu, comme l'ange Gabriel, les ailes de mon cœur. Le souffle de l'esprit sacré a parcouru mon être! J'ai pris ma lyre, et j'ai chanté:

Approchez-vous,
Grande Marie!
Mère chérie!
Du doux Jhésus!
Sanctus Christus!
Ô Vierge enceinte
Ô mère sainte
Exaucez-nous!

Ô! si vous saviez les effluves mystérieuses qui secouaient mon âme pendant que j'effeuillais cette rose poétique! Je pris ma cithare, et comme le Psalmiste, j'élevai ma voix innocente et pure dans les célestes altitudes!!! O altitudo altitudinum!...

....

7 mai...

Hélas! ma poésie a replié ses ailes; mais, comme Galilée, je dirai, accablé par l'outrage et le supplice: Et pourtant elle se meut! — Lisez: elles se meuvent! — J'avais commis l'imprudence de laisser tomber la précédente confidence... J*** l'a ramassée, J***, le plus féroce des jansénistes, le plus rigoureux des séides du sup***, et l'a portée à son maître, en secret; mais le monstre, pour me faire sombrer sous l'insulte universelle, avait fait passer ma poésie dans les mains de tous ses amis!

Hier, le sup*** me mande: j'entre dans son appartement, je suis debout devant lui, fort de mon intérieur. Sur son front

Oh! detesto agora o tempo em que os alunos eram como grandes ovelhas a suar em suas roupas sujas, e dormiam na atmosfera empesteada do estudo, à luz do gás, ao calor gordo do fogão de aquecimento! Estendo os braços! suspiro, estendo as pernas... Sinto umas coisas na cabeça, ah! umas coisas!...

4 de maio...

... Bem, ontem, não agüentei mais: estendi, como o anjo Gabriel, as asas[6] de meu coração. O sopro do espírito santo atravessou meu ser! Tomei da lira, e cantei:

Ó vem a nós,
Grande Maria!
Tu que és mãe pia
Do bom Jesus!
Do Cristo santo,
Ó Virgem prenha,
Sobre nós venha
A tua luz!

Ó! se soubésseis os eflúvios misteriosos que sacudiram minha alma enquanto desfolhava essa rosa poética! Tomei da cítara e, como o Salmista, alcei minha voz inocente e pura às altitudes celestiais!!! *O Altitudo altitudinum!*...
....

7 de maio...

Pobre de mim! Minha poesia recolheu as asas mas, como Galileu, poderei dizer, prostrado pelo ultraje e o suplício: *Eppur si muove!* — leia-se: elas se movem! — Cometi a imprudência de deixar escapar a confidência anterior... J*** recolheu-a, J***, o mais feroz dos jansenistas, o mais rigoroso dos sectários do Sup***, e levou-a ao seu mestre, em segredo; mas o monstro, para me fazer naufragar no insulto universal, fez antes meu poema passar pelas mãos de todos os seus amigos!

Ontem, o Sup*** chamou-me: entro em seus aposentos, estou de pé diante dele, forte em meu interior. Sob sua calva

chauve frissonnait comme un éclair furtif son dernier cheveu roux: ses yeux émergeaient de sa graisse, mais calmes, paisibles; son nez semblable à une batte était mû par son branle habituel: il chuchotait un *oremus*: il mouilla l'extrémité de son pouce, tourna quelques feuilles de livre, et sortit un petit papier crasseux, plié...

Granande Maarieie!...
Mèèèree Chééérieie!

Il ravalait ma poésie! il crachait sur ma rose! il faisait le Brid'oison, le Joseph, le bêtiot, pour salir, pour souiller ce chant virginal! Il bégayait et prolongeait chaque syllabe avec un ricanement de haine concentré: et quand il fut arrivé au cinquième vers,... Vierge enceineinte! *il s'arrêta, contourna sa nasale, et il — !! éclata:* Vierge enceinte! Vierge enceinte! *il disait cela avec un ton, en fronçant avec un frisson son abdomen proéminent, avec un ton si affreux, qu'une pudique rougeur couvrit mon front. Je tombai à genoux, les bras vers le plafond, et je m'écriai: Ô mon père!...*

....

"Votre lyyyre! votre cithâre! jeune homme! votre cithâre! des effluves mystérieuses! qui vous secouaient l'âme! J'aurais voulu voir! Jeune âme, je remarque là dedans, dans cette confession impie, quelque chose de mondain, un abandon dangereux, de l'entraînement, — enfin!"

Il se tut, fit frissonner de haut en bas son abdomen: puis, solennel:

— "Jeune homme, avez-vous la foi?...

— Mon père, pourquoi cette parole? Vos lèvres plaisantent-elles?... Oui, je crois à tout ce que dit ma mère... la Sainte Église!

— Mais... Vierge enceinte!... C'est la conception, ça, jeune homme; c'est la conception!...

— Mon père! je crois à la conception...

— Vous avez raison! jeune homme! C'est une chose..."

... Il se tut... — Puis: Le jeune J**** m'a fait un rapport où il constate chez vous un écartement des jambes, de jour en jour plus notoire, dans votre tenue à l'étude; il affirme vous avoir vu vous étendre de tout votre long sous la table, à la façon d'un

fronte tremulava como um relâmpago furtivo seu último fio de cabelo ruivo: os olhos emergiam da banha, embora calmos e passíveis; o nariz, semelhante a um macete,[7] aflava com sua agitação[8] habitual: murmurou um *oremus*: molhou a extremidade do polegar, passou algumas páginas do livro, e delas retirou uma folha de papel encardida e redobrada...

Graaandeeê Maaariiia!...
Tu que és maaaãeê piiiia!

Rebaixava o meu poema! cuspia sobre a minha rosa! Bancava o gago, o paspalhão, o retardado[9], para sujar, para conspurcar meu canto virginal! Gaguejava prolongando cada sílaba com uma chacota de ódio concentrado: e quando chegou ao quinto verso,... *Ó Virgem pre-enha!* deteve-se, contorcendo o nariz, e! explodiu: *Virgem prenha! Virgem prenha!* dizendo isto com tal ênfase, franzindo com um tremelique a proeminência do abdômen, num tom tão terrível, que um rubor pudico me cobriu a fronte. Caí de joelhos, os braços esticados sobre o chão, e exclamei: Ai padre!...
....
"A sua liiira! a sua cítara! meu rapaz! a sua cítara! com seus eflúvios misteriosos! que estremecem sua alma! Eu bem queria ver! Essa jovem alma, na qual percebo, lá no fundo, nesta confissão ímpia, alguma coisa de mundano, uma entrega perigosa, um arrebatamento, mesmo!"

Calou-se, fez o ventre estremecer de alto a baixo: depois, solene:

"Meu rapaz, você tem fé?...

— Ó padre, por que esta pergunta? zombam de mim essas palavras? Claro que creio em tudo o que diz minha mãe... a Santa Igreja!

— Mas... Virgem prenha!... E a concepção, meu rapaz; e a concepção!...

— Seu padre, eu creio na concepção!...

— Você tem razão! Meu filho! É uma coisa..."

...Calou-se... — Depois: O jovem J*** fez um relatório a seu respeito em que chama a atenção para a sua maneira de se sentar durante o estudo, arreganhando cada vez mais as pernas; afirma ainda que o viu estender-se de comprido sobre a mesa, à

jeune homme... dégingandé. Ce sont des faits auxquels vous n'avez rien à répondre... Approchez-vous, à genoux, tout près de moi; je veux vous interroger avec douceur; répondez: vous écartez beaucoup vos jambes, à l'étude?

Puis il me mettait la main sur l'épaule, autour du cou, et ses yeux devenaient clairs, et il me faisait dire des choses sur cet écartement des jambes... Tenez, j'aime mieux vous dire que ce fut dégoûtant, moi qui sais ce que cela veut dire, ces scènes-là!... Ainsi, on m'avait mouchardé, on avait calomnié mon cœur et ma pudeur, — et je ne pouvais rien dire à cela, les rapports, les lettres anonymes des élèves les uns contre les autres, au sup***, étant autorisées, et commandées, — et je venais dans cette chambre, me f... sous la main de ce gros!... Oh! le séminaire!...

....

10 mai.

Oh! mes condisciples sont effroyablement méchants et effroyablement lascifs. À l'étude, ils savent tous, ces profanes, l'histoire de mes vers, et, aussitôt que je tourne la tête, je rencontre la face du poussif D***, qui me chuchote: Et ta cithare? et ta cithare? et ton journal? Puis l'idiot L*** reprend: Et ta lyre? et ta cithare? Puis trois ou quatre chuchotent en chœur:

Grande Marie..
Mère chérie!

Moi, je suis un grand benêt: — Jésus, je ne me donne pas de coups de pied! — Mais enfin, je ne moucharde pas, je n'écris pas d'anonymes, et j'ai pour moi ma sainte poésie et ma pudeur!...

12 mai...

Ne devinez-vous pas pourquoi je meurs d'amour?
La fleur me dit: salut: l'oiseau me dit bonjour:
Salut; c'est le printemps! C'est l'ange de tendresse?
Ne devinez-vous pas pourquoi je bous d'ivresse?
Ange de ma grand'mère, ange de mon berceau,

maneira de um rapaz... desengonçado. São fatos contra os quais você não tem como responder... Aproxime-se, de joelhos, bem perto de mim; quero interrogá-lo com delicadeza; responda-me: você arreganha as pernas quando está no estudo?

Então pôs-me a mão sobre o ombro, em torno do pescoço, e seus olhos ficaram brilhantes, enquanto me fazia dizer coisas a propósito desse arreganhar de pernas... Pois bem, eu que sei o significado desse tipo de cenas, posso dizer que foi nojento... Com que então me haviam espionado, caluniado meu coração e o meu pudor, — e eu nada podia contrapor a isso, aos relatórios, às cartas anônimas ao Sup***, já que eram autorizados e exigidos, — e viera àqueles aposentos para me f... nas mãos daquele gorducho!... Ah! o seminário!...

....

10 de maio.

Ah! os meus condiscípulos são terrivelmente maus e terrivelmente lascivos. No estudo, todos esses profanos sabem a história de meus versos, pois, mal viro o rosto, dou de cara com o lânguido D***, que me cochicha: E a tua cítara, a tua cítara? e o teu diário? E logo, o idiota L***o secunda: E a tua lira? tua cítara? E já agora, três ou quatro põem-se a cochichar em coro:

Grande Maria...
Tu que és mãe pia...

Não passo de um grande imbecil: Meu Deus, devia dar em mim mesmo uns pontapés! — Mas, ao fim de contas, não espiono ninguém, não escrevo cartas anônimas, e guardo para mim mesmo a santa poesia e o meu pudor!...

12 de maio...

Não atinais que é amor esta minha agonia?
Salve, me diz a flor! a ave me diz: bom dia:
Olá, é primavera! É o anjo da ternura?
Não atinais por quê essa embriaguez tão pura?
Anjo de minha avó, anjo do berço meu,

> *Ne devinez-vous pas que je deviens oiseau,*
> *Que ma lyre frissonne et que je bats de l'aile*
> *Comme hirondelle?...*

J'ai fait ces vers-là hier, pendant la récréation; je suis entré dans la chapelle, je me suis enfermé dans un confessionnal, et là, ma jeune poésie a pu palpiter et s'envoler, dans le rêve et le silence, vers les sphères de l'amour. Puis, comme on vient m'enlever mes moindres papiers dans mes poches, la nuit et le jour, j'ai cousu ces vers en bas de mon dernier vêtement, celui qui touche immédiatement à ma peau, et, pendant l'étude, je tire, sous mes habits, ma poésie sur mon cœur, et je la presse longuement en rêvant...

15 mai.

Les événements se sont bien pressés, depuis ma dernière confidence, et des événements bien solennels, des événements qui doivent influer sur ma vie future et intérieure d'une façon sans doute bien terrible!

Thimothina Labinette, je t'adore!
Thimothina Labinette, je t'adore! je t'adore!

laisse-moi chanter sur mon luth, comme le divin Psalmiste sur son Psaltérion, comment je t'ai vue, et comment mon cœur a sauté sur le tien pour un éternel amour!

Jeudi, c'était jour de sortie: nous, nous sortons deux heures; je suis sorti: ma mère, dans sa dernière lettre, m'avait dit: "...tu iras, mon fils, occuper superficiellement ta sortie chez mousieur Césarin Labinette, un habitué à ton feu père, auquel il faut que tu sois présenté un jour ou l'autre avant ton ordination;..."

...Je me présentai à monsieur Labinette, qui m'obligea beaucoup en me reléguant, sans mot dire, dans sa cuisine: sa fille, Thimothine, resta seule avec moi, saisit un linge, essuya un gros bol ventru en l'appuyant contre son cœur, et me dit tout à coup, après un long silence: Eh bien, monsieur Léonard?...

Jusque-là, confondu de me voir avec cette jeune créature dans la solitude de cette cuisine, j'avais baissé les yeux et invoqué

Não atinais que eu viro um pássaro do céu,
Que minha lira freme e bato minha asinha
Tal qual um andorinha?...

Fiz estes versos ontem, durante o recreio; entrara na capela, tranquei-me num confessionário, e lá, minha jovem poesia começou a palpitar e levantar seu vôo, no sonho e no silêncio, rumo às esferas do amor. E como estão agora, noite e dia, me revistando os bolsos à procura de papéis, costurei estes versos no fundo de minhas últimas vestes, aquelas que tocam diretamente meu corpo, e, durante o estudo, estendo, sob o hábito, a minha poesia sobre o coração[10] e acaricio-a demoradamente a sonhar...

15 de maio.

Os acontecimentos se precipitaram após minha última confidência, surgiram acontecimentos bem solenes, acontecimentos que devem influir sobre minha vida futura e interior de maneira sem dúvida terrível!

Thimothina Labinette, eu te adoro!
Thimothina Labinette, eu te adoro, eu te adoro!

deixa-me cantar em meu alaúde, qual o divino Salmista em seu Saltério, como te vi, e como meu coração saltou sobre o teu para um amor eterno!

Quinta-feira, era dia de saída: podemos sair por duas horas; eu saí: minha mãe, em sua última carta, me recomendou: "... meu filho, deves utilizar uma parte do horário de saída para visitar o senhor Césarin Labinette, que foi amigo assíduo de teu defunto pai, a quem terás de ser apresentado, um dia ou outro, antes de tua ordenação..."

... Apresentei-me ao senhor Labinette, que teve a grande consideração de, sem dizer uma só palavra, me relegar à cozinha: sua filha, Thimothina, ficou a sós comigo, apanhou um pano de prato e começou a limpar uma enorme tigela apoiando-a contra o coração; depois, de repente, me disse após um longo silêncio: E então, senhor Léonard?...

Até ali, encabulado por me encontrar com aquela jovem criatura na solidão de uma cozinha, havia baixado os olhos e

dans mon cœur le nom sacré de Marie: je relevai le front en rougissant, et, devant la beauté de mon interlocutrice, je ne pus que balbutier un faible: Mademoiselle?...

Thimothine! tu étais belle! Si j'étais peintre, je reproduirais sur la toile tes traits sacrés sous ce titre: La Vierge au bol! Mais je ne suis que poète, et ma langue ne peut te célébrer qu'incomplètement...

La cuisinière noire, avec ses trous où flamboyaient les braises comme des yeux rouges, laissait échapper, de ses casseroles à minces filets de fumée, une odeur céleste de soupe aux choux et de haricots; et devant elle, aspirant avec ton doux nez l'odeur de ces légumes, regardant ton gros chat avec tes beaux yeux gris, ô Vierge au bol, tu essuyais ton vase! les bandeaux plats et clairs de tes cheveux se collaient pudiquement sur ton front jaune comme le soleil; de tes yeux courait un sillon bleuâtre jusqu'au milieu de ta joue, comme à Santa Teresa! ton nez, plein de l'odeur des haricots, soulevait ses narines délicates; un duvet léger, serpentant sur tes lèvres, ne contribuait pas peu à donner une belle énergie à ton visage; et, à ton menton, brillait un beau signe brun où frissonnaient de beaux poils follets: tes cheveux étaient sagement retenus à ton occiput par des épingles; mais une courte mèche s'en échappait... Je cherchai vainement tes seins; tu n'en as pas: tu dédaignes ces ornements mondains: ton cœur et tes seins! Quand tu te retournas pour frapper de ton pied large ton chat doré, je vis tes omoplates saillant et soulevant ta robe, et je fus percé d'amour, devant le tortillement gracieux des deux arcs prononcés de tes reins!...

Dès ce moment, je t'adorai: j'adorais, non pas tes cheveux, non pas tes omoplates, non pas ton tortillement inférieurement postérieur: ce que j'aime en une femme, en une vierge, c'est la modestie sainte; ce qui me fait bondir d'amour, c'est la pudeur et la piété; c'est ce que j'adorai en toi, jeune bergère!...

Je tâchais de lui faire voir ma passion; et, du reste, mon cœur, mon cœur me trahissait! Je ne répondais que par des paroles entrecoupées à ses interrogations; plusieurs fois, je lui dis Madame, au lieu de Mademoiselle, dans mon trouble! Peu à peu, aux accents magiques de sa voix, je me sentais succomber; enfin je résolus de m'abandonner, de lacher tout: et, à je ne sais plus quelle question qu'elle m'adressa, je me renversai en ar-

invocado em meu coração o sagrado nome de Maria: ergui o rosto ruborizado e, diante da beleza de minha interlocutora, não consegui senão balbuciar um débil: Senhorita ?...

Thimothina! como eras bela! Se eu fosse pintor, reproduziria numa tela teus traços sagrados sob o título: A Virgem da tigela! Mas não passo de um poeta, e minha língua não te pode celebrar senão muito incompletamente...

O negro fogão, com suas trempes por onde as brasas flamejavam como olhos rubros, deixava escapar do caldeirão, em finos fios de fumaça, um odor celestial de sopa de couve com feijão; e diante dele, aspirando com teu narizinho o odor desses legumes, ó Virgem da tigela, limpavas tua vasilha! as tranças lisas e claras de teus cabelos colavam-se pudicamente à tua fronte dourada como o sol; de teus olhos corria um sulco azulado até o meio de tua face, como à Santa Teresa![11] teu nariz, repleto do odor dos feijões, dilatava as narinas delicadas; uma leve penugem, serpenteando sobre teus lábios, contribuía bastante para emprestar uma bela força ao teu semblante; e, em teu queixo, brilhava um belo sinal escuro onde tremulavam belos pêlos brincalhões: teus cabelos estavam habilmente seguros em coque pelos grampos, mas uma curta mecha se desprendia deles... Em vão procurei pelos teus seios; mas não tens: desdenhas esses ornamentos mundanos: teu coração e teus seios!...[12] Quando te voltaste para espantar com o longo pé o teu gato dourado, vi teus ombros salientes se destacarem do vestido, e fui trespassado de amor, diante do contorcer gracioso dos dois arcos pronunciados de tuas ancas!...

A partir desse momento, eu te adorei: adorei, não apenas teus cabelos, não só tuas espáduas, não simplesmente teu contorcer ínfero-posterior: o que amo numa mulher, numa virgem, é a santa modéstia; o que me faz estremecer de amor, é o pudor e a devoção; foi o que adorei em ti, jovem pastora!...

Tratei de lhe demonstrar minha paixão: e, no entanto, meu coração, meu coração me traía! Só conseguia responder com palavras entrecortadas às suas indagações; por várias vezes, em meu acanhamento, chamei-a de Senhora, em vez de Senhorita! Pouco a pouco, aos mágicos acentos de sua voz, fui me sentindo sucumbir; por fim resolvi não mais resistir, entregar-me a tudo: e, a não sei que pergunta ela me fez, me reclinei sobre a cadeira,

rière sur ma chaise, je mis une main sur mon cœur, de l'autre, je saisis dans ma poche un chapelet dont je laissai passer la croix blanche, et, un œil vers Thimothine, l'autre au ciel, je répondis douloureusement et tendrement, comme un cerf à une biche:

"Oh! oui! Mademoiselle.... Thimothina!!!!"

Miserere! miserere! — Dans mon œil ouvert délicieusement vers le plafond tombe tout à coup une goutte de saumure, dégouttant d'un jambon planant au-dessus de moi, et, lorsque, tout rouge de honte, réveillé dans ma passion, je baissai mon front, je m'aperçus que je n'avais dans ma main gauche, au lieu d'un chapelet, qu'un biberon brun; — ma mère me l'avait confié l'an passé pour le donner au petit de la mère chose! — De l'œil que je tendais au plafond découla la saumure amère: — mais, de l'œil qui te regardait, ô Thimothina, une larme coula, larme d'amour, et larme de douleur!...

....

Quelque temps, une heure après, quand Thimothina m'annonça une collation composée de haricots et d'une omelette au lard, tout ému de ses charmes, je répondis à mi-voix: "J'ai le cœur si plein, voyez-vous, que cela me ruine l'estomac!" Et je me mis à table; oh! je le sens encore, son cœur avait répondu au mien dans son appel: pendant la courte collation, elle ne mangea pas:

"Ne trouves-tu pas qu'on sent un goût?" répétait-elle; son père ne comprenait pas; mais mon cœur le comprit: c'était la Rose de David, la Rose de Jessé, la Rose mystique de l'écriture; c'était l'Amour!

Elle se leva brusquement, alla dans un coin de la cuisine, et, me montrant la double fleur de ses reins, elle plongea son bras dans un tas informe de bottes, de chaussures diverses, d'où s'élança son gros chat; et jeta tout cela dans un vieux placard vide; puis elle retourna à sa place, et interrogea l'atmosphère d'une façon inquiète; tout à coup, elle fronça le front, et s'écria:

"Cela sent encore!...

— Oui, cela sent", répondit son père assez bêtement: (il ne pouvait comprendre, lui, le profane!).

Je m'aperçus bien que tout cela n'était dans ma chair vierge que les mouvements intérieurs de sa passion! Je l'adorais et je savourais avec amour l'omelette dorée, et mes mains battaient la mesure avec la fourchette, et, sous la table, mes pieds frissonnaient d'aise dans mes chaussures!...

pus uma das mãos sobre o coração e, com a outra, agarrei em meu bolso um terço do qual deixei sair a cruz branca, e, um olho em Thimothina, outro no céu, respondi dolorosa e ternamente, como um cervo à corça:

"Sim! sim! Senhorita... Thimothina!!!"

Miserere! miserere! — Em meu olho aberto suavemente para o teto caiu de repente uma gota de salmoura, que pingou de um presunto que pairava sobre mim, e, quando, rubro de vergonha, desperto de minha paixão, baixei a cabeça, percebi que tinha na mão esquerda, em vez do terço, uma chupeta escura, que minha mãe me confiara no ano passado para entregar ao filho da senhora fulana de tal! — Do olho que eu erguera para o teto corria uma salmoura amarga: mas, do olho com que te olhava, ó Thimothina, resvalou uma lágrima, lágrima de amor, lágrima de dor!...[13]

....

Algum tempo, uma hora depois, quando Thimothina me anunciou uma refeição composta de feijões e omelete de toucinho, emocionado com seus encantos, respondi à meia voz: "Tenho o coração tão cheio, vê só, que me arruína o estômago!" E me pus à mesa; oh! ainda o sinto, seu coração havia respondido ao apelo do meu: durante a curta refeição, ela quase não comeu: "Não estão sentindo um cheiro estranho?" perguntava insistente; e o pai nada compreendia, mas meu coração compreendeu: era a Rosa de David, a Rosa de Jessé, a Rosa mística da escritura; era o Amor!

Ergueu-se de súbito, foi a um canto da cozinha, e, mostrando-me a dupla flor de suas ancas, mergulhou o braço num monte informe de botas, de calçados diversos, onde estava metido o gordo gato; e atirou tudo aquilo num velho armário vazio; depois voltou ao seu lugar, interrogando a atmosfera, de uma forma inquieta; de repente, franziu o cenho e exclamou:

"Ainda estou sentindo!...

— É, também sinto", respondeu o pai de modo assaz estúpido (pois não podia compreender, um tal profano!)

Percebi logo que tudo aquilo não era em minha carne virgem senão os movimentos interiores da paixão! eu a adorava, e saboreava com amor a omelete dourada, enquanto minhas mãos batiam o compasso com o garfo, e, sob a mesa, meus pés estremeciam de contentamento dentro das botinas!...

Mais, ce qui me fut un trait de lumière, ce qui me fut comme un gage d'amour éternel, comme un diamant de tendresse de la part de Thimothina, ce fut l'adorable obligeance qu'elle eut, à mon départ, de m'offrir une paire de chaussettes blanches, avec un sourire et ces paroles:

"Voulez-vous cela pour vos pieds, Monsieur Léonard?"

....

16 mai.

Thimothina! je t'adore, toi et ton père, toi et ton chat:

Thimothina:
$$\begin{cases} \text{...Vas devotionis,} \\ \text{Rosa mystica,} \\ \text{Turris davidica, Ora pro nobis!} \\ \text{Cœli porta,} \\ \text{Stella maris,} \end{cases}$$

17 mai.

Que m'importent à présent les bruits du monde et les bruits de l'étude? Que m'importent ceux que la paresse et la langueur courbent à mes côtés? Ce matin, tous les fronts, appesantis par le sommeil, étaient collés aux tables; un ronflement, pareil au cri du clairon du jugement dernier, un ronflement sourd et lent s'élevait de ce vaste Gethsémani. Moi, stoïque, serein, droit, et m'élevant au-dessus de tous ces morts comme un palmier au-dessus des ruines, méprisant les odeurs et les bruits incongrus, je portais ma tête dans ma main, j'écoutais battre mon cœur plein de Thimothina, et mes yeux se plongeaient dans-l'azur du ciel, entrevu par la vitre supérieure de la fenêtre!

18 mai.

Merci à l'Esprit-Saint qui m'a inspiré ces vers charmants: ces vers, je vais les enchâsser dans mon cœur; et, quand le ciel me donnera de revoir Thimothina, je les lui donnerai, en échange de ses chaussettes!...

Je l'ai intitulée "La Brise":

Mas, o que foi para mim como um raio de luz, o que me foi como um penhor de amor eterno, como um diamante de ternura da parte de Thimothina, foi a adorável gentileza que teve, quando me fui embora, de me ofertar um par de meias brancas, com um sorriso e estas palavras:
"Quer levar isto para os seus pés, senhor Léonard?"

16 de maio.

Thimothina! Eu te adoro, a ti e a teu pai, a ti e a teu gato:

Thimothina
{
...Vas devotionis,
Rosa mystica,
Turris davidica, Ora pro nobis!
Coeli porta,
Stella maris,
}

17 de maio.

Que me importam agora os rumores do mundo e os rumores do estudo? Que me importam aqueles que a preguiça e o langor curvam ao meu lado? Hoje de manhã, todos os rostos, ainda pesados pelo sono, estavam caídos sobre a mesa; um ronco, semelhante ao toque de clarim do Juízo Final, um ronco surdo e lento se erguia desse vasto Getsêmani.[14] Eu, estóico, sereno, ereto, erguendo-me acima de todos aqueles mortos como uma palmeira sobre as ruínas, desprezando os odores e ruídos incôngruos, trazendo a cabeça nas mãos, ouvia bater meu coração repleto de Thimothina, e meus olhos mergulharam no azul do céu, que se entrevia pela vidraça superior da janela!...

18 de maio.

Graças ao Espírito Santo que me inspirou estes versos encantadores: estes versos, quero emoldurá-los em meu coração; e, quando o céu permitir que eu reveja a minha Thimothina, vou oferecê-los a ela, em retribuição às meias!...
Intitulei-os *"A Brisa"*:

> *Dans sa retraite de coton*
> *Dort le zéphyr à douce haleine:*
> *Dans son nid de soie et de laine*
> *Dort le zéphyr au gai menton!*
>
> *Quand le zéphyr lève son aile*
> *Dans sa retraite de coton,*
> *Quand il court où la fleur l'appelle,*
> *Sa douce haleine sent bien bon!*
>
> *Ô brise quintessenciée!*
> *Ô quintessence de l'amour!*
> *Quand la rosée est essuyée,*
> *Comme ça sent bon dans le jour!*
>
> *Jésus! Joseph! Jésus! Marie!*
> *C'est comme une aile de condor*
> *Assoupissant celui qui prie!*
> *Ça nous pénètre et nous endort!*

....

La fin est trop intérieure et trop suave: je la conserve dans le tabernacle de mon âme. À la prochaine sortie, je lirai cela à ma divine et odorante Thimothina.

Attendons dans le calme et le recueillement.

....

Date incertaine. — *Attendons!*.

....

16 juin!

— Seigneur, que votre volonté se fasse: je n'y mettrai aucun obstacle! Si vous voulez détourner de votre serviteur l'amour de Thimothina, libre à vous, sans doute: mais, Seigneur Jésus, n'avez-vous pas aimé vous-même, et la lance de l'amour ne vous a-t-elle pas appris à condescendre aux souffrances des malheureux! Priez pour moi!

Oh! j'attendais depuis longtemps cette sortie de deux heures

Em seu retiro de algodão
Dormita o hálito do vento:
Em seu ninho de seda e lã
O zéfiro de alegre mento![15]

Quando o zéfiro a asa agita
Em seu retiro de algodão,
Correndo aonde a flor palpita,
Seu doce hálito é fresco e são!

Ó brisa és como a quintessência!
Ó as quintessências do amor!
E quando o orvalho for ausência,
Terá o dia um bom odor!

Jesus! José! Nossa Senhora!
É como uma asa de condor
Enlanguescendo aquele que ora!
E nos penetra num torpor!

....

O final é muito íntimo e muito suave: conservo-o no tabernáculo de minha alma. Na próxima saída, irei lê-lo à minha divina e olorosa Thimothina.

Esperemos na calma e no recolhimento.

....

Data incerta. Esperemos!.

....

16 de junho.

Senhor, que vossa vontade seja feita: a ela não oporei qualquer óbice! Se quereis afastar de vosso servidor o amor de Thimothina, sois livre para fazê-lo, é claro: mas, Senhor Jesus, não tereis também amado, e a lança[16] do amor não vos ensinou a condescender com o sofrimento dos infelizes! Rogai por mim!

Oh! quanto tempo esperei por essa saída de duas horas no dia quinze de junho: havia sujeitado a minha alma lhe dizendo:

du 15 juin: j'avais contraint mon âme, en lui disant: Tu seras libre ce jour-là: le 15 juin, je m'étais peigné mes quelques cheveux modestes, et, usant d'une odorante pommade rose, je les avais collés sur mon front, comme les bandeaux de Thimothina; je m'étais pommadé les sourcils; j'avais minutieusement brossé mes habits noirs, comblé adroitement certains déficits fâcheux dans ma toilette, et je me présentai à la sonnette espérée de M. Césarin Labinette. Il arriva, après un assez long temps, la calotte un peu crânement sur l'oreille, une mèche de cheveux raide et fort pommadés lui cinglant la face comme une balafre, une main dans la poche de sa robe de chambre à fleurs jaunes, l'autre sur le loquet... Il me jeta un bonjour sec, fronça le nez en jetant un coup d'œil sur mes souliers à cordons noirs, et s'en alla devant moi, les mains dans ses deux poches, ramenant en devant sa robe de chambre, comme fait l'abbé*** avec sa soutane, et modelant ainsi à mes regards sa partie inférieure.

Je le suivis.

Il traversa la cuisine, et j'entrai après lui dans son salon. Oh! ce salon! Je l'ai fixé dans ma mémoire avec les épingles du souvenir! La tapisserie était à fleurs brunes; sur la cheminée, une énorme pendule en bois noir, à colonnes; deux vases bleus avec des roses; sur les murs, une peinture de la bataille d'Inkermann; et un dessin au crayon, d'un ami de Césarin, représentant un moulin avec sa meule souffletant un petit ruisseau semblable à un crachat, dessin que charbonnent tous ceux qui commencent à dessiner. La poésie est bien préférable!...

Au milieu du salon, une table à tapis vert, autour de laquelle mon cœur ne vit que Thimothina, quoiqu'il s'y trouvât un ami de M. Césarin, ancien exécuteur des œuvres sacristaines dans la paroisse de***, et son épouse, Madame de Riflandouille, et que M. Césarin lui-même vint s'y accouder de nouveau, aussitôt mon entrée.

Je pris une chaise rembourrée, songeant qu'une partie de moi-même allait s'appuyer sur une tapisserie faite sans doute par Thimothina, je saluai tout le monde, et, mon chapeau noir posé sur la table, devant moi, comme un rempart, j'écoutai...

Je ne parlais pas, mais mon cœur parlait! Les messieurs continuèrent la partie de cartes commencée: je remarquai qu'ils trichaient à qui mieux mieux, et cela me causa une surprise

Nesse dia serás livre: a quinze de junho, penteei meus ralos e modestos cabelos, e, usando uma pomada rósea perfumada, colei-os sobre a testa, como as trancas de Thimothina; passei pomada nas sobrancelhas; escovei minuciosamente minha roupa escura, arrematei com destreza certos senões desagradáveis de minha toalete, e toquei a suspirada sineta do senhor Césarin Labinette. Ele atendeu à porta, depois de algum tempo, o barrete ousadamente puxado sobre a orelha, uma mecha de cabelos ralos e muito empomadados a lhe atravessar a face como um talho, a mão direita no bolso do roupão de flores amarelas, a outra no ferrolho da porta... Atirou-me um seco bom-dia, franziu o nariz ao deitar uma olhada para os meus sapatos de cadarços negros, e lá se foi à minha frente, as duas mãos nos bolsos, esticando para a frente o roupão, como faz o abade *** com a batina, e modelando assim à minha vista a sua parte inferior.

Eu o segui.

Atravessou a cozinha, e entrei atrás dele na sala de visitas. Oh! que salão! fixei-o na memória com todos os grampos da lembrança! a tapeçaria era de flores escuras; sobre a lareira, uma enorme pêndula de madeira negra, de colunas; dois vasos azuis com rosas; numa das paredes, um quadro da batalha de Inkermann[17]; e um desenho a creiom, feito por um amigo de Césarin, representando um moinho com a roda a espadanar num pequeno riacho semelhante a uma cusparada, desse tipo de desenho que esboçam todos aqueles que começam a desenhar. É bem preferível a poesia!...

Em meio ao salão, uma mesa coberta por um forro verde, em torno da qual meu coração não viu senão Thimothina, embora ali se encontrassem um amigo do senhor Césarin, que fora sacristão-mor na paróquia de ***, e sua esposa, a senhora de Riflandouille,[18] junto à qual o senhor Césarin voltou a sentar-se, tão logo me fez entrar.

Apanhei uma cadeira estofada, sonhando que uma parte de mim mesmo iria apoiar-se sobre uma tapeçaria feita sem dúvida pelas mãos de Thimothina; cumprimentei as pessoas e, com meu chapéu[19] negro pousado sobre a mesa, como um baluarte, pus-me a ouvi-los...

Eu próprio não falava; falava meu coração! Os senhores continuaram a partida de cartas que haviam começado: eu observava

assez douloureuse. — La partie terminée, ces personnes s'assirent en cercle autour de la cheminée vide; j'étais à un des coins, presque caché par l'énorme ami de Césarin, dont la chaise seule me séparait de Thimothina; je fus content en moi-même du peu d'attention que l'on faisait à ma personne; relégué derrière la chaise du sacristain honoraire, je pouvais laisser voir sur mon visage les mouvements de mon cœur sans être remarqué de personne: je me livrai donc à un doux abandon; et je laissai la conversation s'échauffer et s'engager entre ces trois personnes; car Thimothina ne parlait que rarement; elle jetait sur son séminariste des regards d'amour, et, n'osant le regarder en face, elle dirigeait ses yeux clairs vers mes souliers bien cirés!... Moi, derrière le gros sacristain, je me livrais à mon cœur.

Je commençai par me pencher du côté de Thimothina, en levant les yeux au ciel. Elle était retournée. Je me relevai, et, la tête baissée vers ma poitrine, je poussai un soupir; elle ne bougea pas. Je remis mes boutons, je fis aller mes lèvres, je fis un léger signe de croix; elle ne vit rien. Alors, transporté, furieux d'amour, je me baissai très fort vers elle, en tenant mes mains comme à la communion, et en poussant un Ah!... prolongé et douloureux; Miserere! tandis que je gesticulais, que je priais, je tombai de ma chaise avec un bruit sourd, et le gros sacristain se retourna en ricanant, et Thimothina dit à son père: "Tiens, monsieur Léonard qui coule par terre!" Son père ricana! Miserere!

Le sacristain me repiqua, rouge de honte et faible d'amour, sur ma chaise rembourrée, et me fit une place. Mais je baissai les yeux, je voulus dormir! Cette société m'était importune, elle ne devinait pas l'amour qui souffrait là dans l'ombre: je voulus dormir! mais j'entendis la conversation se tourner sur moi!...

Je rouvris faiblement les yeux...
Césarin et le sacristain fumaient chacun un cigare maigre, avec toutes les mignardises possibles, ce qui rendait leurs personnes effroyablement ridicules; madame la sacristaine, sur le bord de sa chaise, sa poitrine cave penchée en avant, ayant derrière elle tous les flots de sa robe jaune qui lui bouffaient jusqu'au cou, et épanouissant autour d'elle son unique volant, effeuillait délicieusement une rose: un sourire affreux entr'ouvrait ses lèvres, et montrait à ses gencives maigres deux dents noires, jaunes, comme la faïence d'un vieux poêle. — *Toi, Thimothina,*

que trapaceavam a mais não poder, e isso me causou uma surpresa assaz dolorosa. — Terminada a partida, as pessoas sentaram-se em círculo em torno da lareira apagada; eu estava a um canto, quase escondido pelo enorme amigo de Césarin, cuja cadeira era o único obstáculo que me separava de Thimothina; no íntimo estava contente pela pouca atenção que davam à minha pessoa; relegado por trás da cadeira do sacristão honorário, podia deixar ver em minha face os movimentos de meu coração sem ser observado por ninguém: entreguei-me, pois, a um doce abandono; e deixei a conversação se aquecer e concentrar-se entre os três personagens; pois Thimothina só falava raramente, lançando sobre o seu seminarista uns olhares de amor, e, sem ousar encará-lo de frente, dirigia os olhos claros para os meus sapatos engraxados!... Eu, por trás do gordo sacristão, me entregava a meu coração.

Comecei por me inclinar para o lado de Thimothina, erguendo os olhos para o céu. Ela estava de costas. Levantei-me, e, de cabeça baixa contra o peito, deixei escapar um suspiro; ela nem mesmo se moveu. Abotoei a roupa, movimentei os lábios, fiz um ligeiro sinal da cruz, mas ela nada viu. Então, arrebatado, furioso de amor, inclinei-me decididamente em sua direção, com as mãos postas como se fosse comungar, lançando um Ah!... prolongado e doloroso; *Miserere!* — e enquanto gesticulava, enquanto rezava, caí da cadeira com um barulho surdo, e o gordo sacristão voltou-se para mim escarnecendo, enquanto Thimothina dizia ao pai: "Veja, o senhor Léonard caiu da cadeira!" O pai também se riu! *Miserere!*

O sacristão me reergueu, rubro de vergonha e enfraquecido de amor, sobre a cadeira estofada, e abriu lugar para mim ao seu lado. Mas eu baixava os olhos, queria dormir! Aquela companhia me era importuna, não podia conceber o meu amor que sofria na sombra: eu queria dormir! mas percebi que a conversa se voltava para mim!...

Reabri cansadamente os olhos...

Césarin e o sacristão fumavam cada qual um charuto fino,[20] com todas as afetações possíveis, o que tornava suas figuras terrivelmente ridículas; a mulher do sacristão, na extremidade da cadeira, o peito cavo inclinado para a frente, tendo atrás de si todas as ondas do vestido amarelo, que se ingurgitava até chegar-lhe ao pescoço, desabrochando em torno dela seu único

tu étais belle, avec ta collerette blanche, tes yeux baissés, et tes bandeaux plats!

"*C'est un jeune homme d'avenir: son présent inaugure son futur, disait en laissant aller un flot de fumée grise le sacristain...*

— *Oh! M. Léonard illustrera la robe!*", *nasilla la sacristaine: les deux dents parurent!...*

Moi je rougissais, à la façon d'un garçon de bien; je vis que les chaises s'éloignaient de moi, et qu'on chuchotait sur mon compte...

Thimothina regardait toujours mes souliers; les deux sales dents me menaçaient... le sacristain riait ironiquement: j'avais toujours la tête baissée!...

"*Lamartine est mort...*" *dit tout à coup Thimothina.*

Chère Thimothina! C'était pour ton adorateur, pour ton pauvre poète Léonard, que tu jetais dans la conversation ce nom de Lamartine; alors, je relevai le front, je sentis que la pensée seule de la poésie allait refaire une virginité à tous ces profanes, je sentais mes ailes palpiter, et je dis, rayonnant, l'œil sur Thimothina:

"*Il avait de beaux fleurons à sa couronne, l'auteur des Méditations poétiques!*

— *Le cygne des vers est défunt!* dit la sacristaine.

— *Oui, mais il a chanté son chant funèbre,* repris-je, enthousiasmé.

— *Mais,* s'écria la sacristaine, *M. Léonard est poète aussi! Sa mère m'a montré l'an passé des essais de sa muse...*"

Je jouai d'audace:

"*Oh! Madame, je n'ai apporté ni ma lyre ni ma cithare; mais...*

— *Oh! votre cithare! vous l'apporterez un autre jour...*

— *Mais, ce néanmoins, si cela ne déplaît pas à l'honorable,* — *et je tirai un morceau de papier de ma poche,* — *je vais vous lire quelques vers... Je les dédie à mademoiselle Thimothina.*

— *Oui! oui! jeune homme! très bien! récitez, récitez, mettez-vous au bout de la salle...*"

Je me reculai... Thimothina regardait mes souliers... La sacristaine faisait la Madone; les deux messieurs se penchaient l'un vers l'autre... Je rougis, je toussai, et je dis en chantant tendrement:

babado, desfolhava uma rosa:[21] um sorriso horrendo entreabria-lhe os lábios, e mostrava em suas gengivas secas dois dentes negros, amarelos, como a cerâmica de uma velha estufa.
— Tu, Thimothina, estavas bela, com tua golilha branca, teus olhos baixos, e teus lisos bandós!

"É um jovem de futuro; seu presente inaugura seu futuro, dizia deixando escapar uma onda de fumaça cinza o sacristão...

— Ah! o senhor Léonard honrará a batina!", fanhoseou sua mulher: os dois dentes se mostraram!... Eu enrubescia, à maneira de um rapaz de bem; percebi que as cadeiras se afastavam de mim, e que murmuravam a meu respeito... Thimothina continuava a observar os meus sapatos;[22] os dois imundos dentes me ameaçavam... o sacristão ria-se ironicamente: eu permanecia de cabeça baixa!...

"Morreu Lamartine..."[23] disse de repente Thimothina.

Cara Thimothina! Era para o teu adorador, o teu pobre poeta Leonard, que atiravas na conversação o nome de Lamartine; então, ergui a fronte, senti que só o pensamento da poesia poderia restaurar uma virgindade junto àqueles profanos, senti minhas asas se agitarem, e disse, radiante, fitando Thimothina:

"O autor das *Meditações poéticas* tinha belos florões em sua coroa!

— O cisne do verso expirou! disse a sacristã.

— Sim, mas antes entoou seu canto fúnebre, retomei, entusiasmado.

— Sabem, exclamou a sacristã, que o senhor Leonard também é poeta! A mãe dele me mostrou no ano passado alguns ensaios de sua lira...

Joguei com audácia:

"Ah! minha senhora, não trouxe comigo nem minha lira nem minha cítara; mas...

— Oh! a sua cítara! da próxima vez há de trazê-la...

— Mas, assim mesmo, se isso não desagrada aos circunstantes, — e tirei do bolso um pedaço de papel — irei ler-vos alguns versos... Dediquei-os à senhorita Thimothina.

— Muito bem, meu jovem! muito bem! vamos, recite, ponha-se ao fundo da sala..."

Recuei... Thimothina olhava os meus sapatos... A sacristã bancava a Madona; os dois senhores inclinavam-se um para o outro. Corei, tossi, e disse em voz cantante suavemente:

Dans sa retraite de coton
Dort le zéphyr à douce haleine...
Dans son nid de soie et de laine
Dort le zephyr au gai menton.

Toute l'assistance pouffa de rire: les messieurs se penchaient l'un vers l'autre en faisant de grossiers calembours; mais ce qui était surtout effroyable, c'était l'air de la sacristaine, qui, l'œil au ciel, faisait la mystique, et souriait avec ses dents affreuses! Thimothina, Thimothina crevait de rire! Cela me perça d'une atteinte mortelle, Thimothina se tenait les côtes!... "Un doux zéphyr dans du coton, c'est suave, c'est suave!.." faisait en reniflant le père Césarin... Je crus m'apercevoir de quelque chose... mais cet éclat de rire ne dura qu'une seconde: tous essayèrent de reprendre leur sérieux, qui pétait encore de temps en temps...

— Continuez, jeune homme, c'est bien, c'est bien!

Quand le zéphyr leve son aile
Dans sa retraite de coton,...
Quand il court où la fleur l'appelle,
Sa douce haleine sent bien bon...

Cette fois, un gros rire secoua mon auditoire; Thimothina regarda mes souliers: j'avais chaud, mes pieds brûlaient sous son regard, et nageaient dans la sueur; car je me disais: ces chaussettes que je porte depuis un mois, c'est un don de son amour, ces regards qu'elle jette sur mes pieds, c'est un témoignage de son amour: elle m'adore!

Et voici que je ne sais quel petit goût me parut sortir de mes souliers: oh! je compris les rires horribles de l'assemblée! Je compris qu'égarée dans cette société méchante, Thimothina Labinette, Thimothina ne pourrait jamais donner un libre cours à sa passion! Je compris qu'il me fallait dévorer, à moi aussi, cet amour douloureux éclos dans mon cœur une après-midi de mai, dans une cuisine des Labinette, devant le tortillement postérieur de la Vierge au bol!

— Quatre heures, l'heure de la rentrée, sonnaient à la pendule du salon; éperdu, brûlant d'amour et fou de douleur, je saisis mon chapeau, je m'enfuis en renversant une chaise, je tra-

> Em seu retiro de algodão
> Dormita o hálito do vento...
> Em seu ninho de seda e lã
> O zéfiro de alegre mento.

A assistência inteira estourou de rir: os senhores se inclinaram um para o outro dizendo grosseiras pilhérias; mas o mais terrível era sem dúvida o ar da sacristã, que, de olhos para o alto, fazia-se de mística, e sorria com seus dentes pavorosos! Thimothina, Thimothina arrebentava de rir! e, o que me apunhalava como um golpe mortal, Thimothina segurava a barriga!... "Em seu retiro de algodão, é delicado, é delicado!..." dizia fungando o velho Césarin... Pensei aperceber-me de algo.. mas aquele frouxo de riso não durou mais que um segundo: todos tentaram voltar ao sério, embora traquejando de tempos em tempos...

— Continua, meu jovem, estava indo bem!

> Quando o zéfiro a asa agita
> Em seu retiro de algodão,...
> Correndo aonde a flor palpita,
> Seu doce hálito é fresco e são...

Desta vez um forte riso sacudiu o auditório; Thimothina contemplou meus sapatos: senti calor, meus pés queimavam sob o seu olhar, e nadavam em suor; pois dizia comigo: estas meias que estou usando há já um mês, foram um presente de seu amor, e estes olhares que ela atira aos meus pés, um testemunho de seu amor; ela me adora!

E eis senão quando me pareceu que um certo cheiro me saía dos sapatos: oh! compreendi os risos horríveis da assembléia! Compreendi que perdida naquela sociedade malévola, Thimothina Labinette, Thimothina jamais poderia dar curso livre à sua paixão! Compreendi que eu teria necessidade de devorar, em mim mesmo, aquele amor doloroso que desabrochara em meu coração numa tarde de maio, na cozinha dos Labinettes, diante do retorcer posterior da Virgem da tigela!

— Quatro horas, a hora do regresso, soaram na pêndula da sala; perdido, ardendo de amor e enfurecido de dor, agarrei meu chapéu, precipitei-me derrubando uma cadeira, atravessei o cor-

versai le corridor en murmurant: J'adore Thimothina, et je m'enfuis au séminaire sans m'arrêter...

Les basques de mon habit noir volaient derrière moi, dans le vent, comme des oiseaux sinistres!...

....

30 juin.

Désormais, je laisse à la muse divine le soin de bercer ma douleur; martyr d'amour à dix-huit ans, et, dans mon affliction, pensant à un autre martyr du sexe qui fait nos joies et nos bonheurs, n'ayant plus celle que j'aime, je vais aimer la foi! Que le Christ, que Marie me pressent sur leur sein: je les suis: je ne suis pas digne de dénouer les cordons des souliers de Jésus; mais ma douleur! mais mon supplice! Moi aussi, à dix-huit ans et sept mois, je porte une croix, une couronne d'épines! mais, dans la main, au lieu d'un roseau, j'ai une cithare! Là sera le dictame à ma plaie!...

....

Un an après, 1er août.

Aujourd'hui, on m'a revêtu de la robe sacrée; je vais servir Dieu; j'aurai une cure et une modeste servante dans un riche village. J'ai la foi; je ferai mon salut, et sans être dispendieux, je vivrai comme un bon serviteur de Dieu avec sa servante. Ma mère la sainte Église me rechauffera dans son sein: qu'elle soit bénie! que Dieu soit béni!

... Quant à cette passion cruellement chérie que je renferme au fond de mon cœur, je saurai la supporter avec Constance: sans la raviver precisément, je pourrai m'en rappeler quelquefois le souvenir; ces choses-là sont bien douces! — Moi, du reste, j'etais né pour l'amour et pour la foi! — Peut-être un jour, revenu dans cette ville, aurai-je le bonheur de confesser ma chère Thimothina?... Puis, je conserve d'elle un doux souvenir: depuis un an, je n'ai pas défait les chaussettes qu'elle m'a données...

Ces chaussettes-là, mon Dieu! je les garderai à mes pieds jusque dans votre saint Paradis!....

redor murmurando: Eu adoro Thimothina, e fugi para o seminário sem me deter...

As faldas de meu hábito negro voavam por trás de mim, ao vento, como pássaros sinistros!...

....

30 de junho.

Doravante, deixo à musa divina o cuidado de embalar a minha dor; mártir de amor aos dezoito anos, e, na minha aflição, pensando em outro mártir do sexo que nos dá toda alegria e ventura, não tendo mais aquela a quem amo, amarei a fé! Que Cristo, que Maria me aperte contra o seio: eu os sigo: não sou digno de desatar as alpercatas de Jesus; mas que dor! que suplício! Também eu, aos dezoito anos e sete meses, carrego minha cruz, uma coroa de espinhos! mas, na mão, em vez do caniço, tenho uma cítara! Ela será o bálsamo de minha chaga!...

....

Um ano depois, 1º de agosto.

Hoje recebi as vestes sacerdotais; vou servir a Deus; terei uma paróquia e uma criada modesta em alguma cidade próspera. Tenho fé; conseguirei a salvação e, sem ser dispendioso, viverei como um bom servidor de Deus com sua serva. Minha madre e santa Igreja me reconfortará em seu seio: bendita seja! bendito seja Deus!

...Quanto àquela paixão cruelmente adorada que tranquei no fundo de meu coração, saberei suportá-la com constância: sem propriamente revivê-la, poderei evocá-la às vezes na lembrança; tais coisas são tão caras! — Além do mais, nasci para o amor e para a fé! — Possa um dia, voltando a este lugar, ter a felicidade de confessar minha cara Thimothina?... Além disso, dela conservo uma doce lembrança: há mais de um ano que venho usando as meias que ela me deu...

Essas meias, meu Deus!, quero tê-las nos pés quando entrar em vosso santo Paraíso!...

Desenho de Rimbaud à margem de sua carta

PRÉ-TEXTOS

A CARTA DE LAÏTOU
PROSAS EVANGÉLICAS
OS DESERTOS DO AMOR
OS RASCUNHOS DA SAISON

NOTA PRÉVIA

Em sua edição crítica de *Une Saison en Enfer*, Pierre Brunel acha que todo estudo sobre essa obra devia começar pela carta que R. dirigiu a seu colega e amigo Ernest Delahaye em maio de 1873, na qual menciona, pela primeira vez, seu projeto de escrever um "Livro pagão" ou "Livro negro", do qual — segundo ele — dependeria a sua sorte. O manuscrito dessa carta pertenceu à antiga coleção Saffrey e seu texto foi publicado pela primeira vez por Paterne Berrichon, cunhado de R., em *La Nouvelle Revue Française* de julho de 1914. Ela contém dois desenhos de R., no primeiro dos quais aparece o poeta de tamancos de madeira caminhando pelo campo com um cajado na mão, tendo a seu lado um marreco que exclama: *Ô nature, ô ma tante* (Ó natureza, ó minha tia) e ao fundo a figura de um camponês que diz *Ô nature, ô ma sœur!* (Ó natureza, ó minha irmã). O segundo desenho, na página seguinte, é bem menor e nele há o esboço de três casas enfileiradas de um lado, uma árvore ao centro, e duas outras casas do lado oposto; embaixo, a inscrição: *Laïtou — Mon village* (Laïtou — meu povoado).

Apesar de suas imprecisões, trata-se de um documento de capital importância, sobre o qual C. H. Hacckett assim se expressou: "Esta carta merece estudo pormenorizado, pois oferece numerosas semelhanças com *Uma Estadia no Inferno*. Em ambos os textos se manifesta a necessidade de se dirigir a um público ao mesmo tempo em que se fala a si mesmo; a obsessão fundamental de inocência (tema complexo e ambíguo, pois que o negro que encarna essa inocência é a um só tempo o primitivo em sua pureza intacta e a criança maldosa e culpável); o desprezo da Natureza 'romântica' e da província 'francesa'. Em ambos os textos observam-se alusões paródicas a pessoas ou a obras literárias, processos estilísticos (exclamações ou repetições); percorre-se uma gama inteira de tons, do cinismo ao desespero".

Do ponto de vista biográfico, sabemos que R. está, nessa época, na propriedade rural da família, em Roche, e que ali se encontra talvez à espera de que Verlaine resolva sua situação conjugal. Na carta, R. alude a um encontro com V., que se encontrava em casa de uma tia paterna em Jéhonville, na fronteira belga. R. não comparece e tampouco Delahaye. Verlaine escreve-lhe reclamando uma explicação (*"Envoie explanade"*) no mesmo dia do frustrado encontro (18 de maio) e R. vai reunir-se a ele uma semana depois, dali partindo ambos para o segundo *séjour* londrino.

R. afirma estar trabalhando "assiduamente" no projeto, mas não se tem certeza de que o levou avante. Entende Brunel que tal *Livro negro* não deva ser confundido com a *Estadia no Inferno*, embora o número de "histórias atrozes" que constituiriam o *Livro pagão* ou *Livro negro* corresponda exatamente ao número de partes da futura *Saison*.

A CARTA DE LAÏTOU
LA LETTRE DE LAÏTOU

Laïtou, (Roches), (canton d'Attigny) Mai 73

Cher ami, tu vois mon existence actuelle dans l'aquarelle ci-dessous.

Ô Nature! ô ma mère!

Quelle chierie! et quels monstres d'innocince, ces paysans. Il faut, le soir, faire deux lieues, et plus, sans boire un peu. La mother m'a mis là dans un triste trou.

Je ne sais comment en sortir: j'en sortirai pourtant. Je regrette cet atroce Charlestown, l'Univers, la Bibliothè., etc... Je travaille pourtant assez régulierement, je fais de petites histoires en prose, titre général; Livre païen, ou Livre nègre. C'est bête et innocent. Ô innocence! innocence, innocence, innoc..., fléau!

Verlaine doit t'avoir donné la malheureuse commission de parlementer avec le sieur Devin, imprimeux du Nôress. Je crois que ce Devin pourrait faire le livre de Verlaine à assez bon compte et presque proprement. (S'il n'emploie pas les caractères emmerdés du Nôress. Il serait capable d'en coller un cliché, une annonce!)

Je n'ai rien de plus à te dire, la contemplostate de la Nature m'absorculant tout entier. Je suis à toi, ô Nature, ô ma mère!

Je te serre les mains, dans l'espoir d'un revoir que j'active autant que je puis. R.

Je rouvre ma lettre. Verlaine doit t'avoir proposé un rendez-vol au Dimanche 18, à Boulion. Moi je ne puis y aller. Si tu y vas, il te chargera probablement de quelques fraguemants en prose de moi ou de lui, à me retourner.

La mère Rimb. Retournera à Charlestown dans le courant de Juin. C'est sûr, et je tâcherai de rester dans cette jolie ville, quelque temps.

Le soleil est accablant et il gèle le matin.

Laïtou,[1] (Roches),[2] (cantão de Attigny) Maio [de 18]73
　Caro amigo, veja minha existência atual na aquarela abaixo.
Ó Natureza! ó minha mãe![3]
　Que chateação! e que monstros de inuncência esses camponeses. À noite, é preciso andar duas léguas,[4] ou mais, para se beber um pouco. A *mother* me meteu num buraco bem triste.
　Não sei como sair desta: mas sairei, ao certo. Sinto falta da atroz Charlestown,[5] do Universo,[6] da Bibliot., etc... Apesar de tudo, trabalho com bastante regularidade, fazendo pequenas histórias em prosa, título geral: Livro pagão, ou Livro negro. É idiota e inocente. Ó inocência! inocência, inocência, inoc..., flagelo!
　Verlaine deve ter-lhe dado a infeliz incumbência de parlamentar com o senhor Devin, impressuor do Noress.[7] Creio que esse Devin poderia fazer o livro de Verlaine [8] a um preço razoável e quase decentemente. (Se não empregar os caracteres emporcalhados do Noress. Seria capaz de inserir um clichê, um anúncio!)
　Nada mais tenho a lhe dizer, a contemprostatação[9] da Natureza me o-cu-pa[10] inteiro. Sou teu, ó Natureza, ó minha mãe.
　Aperto-lhe as mãos, na esperança de um reencontro que apressarei[11] o mais possível. R.
　Reabri a carta. Verlaine deve ter-lhe proposto um entronco[12] no domingo 18, em Boulion.[13] Não vou poder ir.[14] Se você for, ele provavelmente o encarregará de me devolver alguns fraguimentos[15] em prosa, meus ou dele.
　A mãe Rimb. retornará certamente a Charlestown em junho próximo, e tratarei de ficar nesta bela cidade por algum tempo.
　O sol é opressivo e gela de manhã.

J'ai été avant-hier voir les Prussmars à Vouziers, une sous-préfecture de 10.000 âmes, à sept kilom. d'ici. Ça m'a ragaillardi.

Je suis abominablement gêné. Pas un livre, pas un cabaret à portée de moi, pas un incident dans la rue. Quelle horreur que cette campagne française. Mon sort depend de ce livre, pour lequel une demi-douzaine d'histoires atroces sont encore à inventer. Comment inventer des atrocités ici! Je ne t'envoie pas d'histoires, quoique j'en aie déjà trois, ça coûte tant! Enfin, voilà!

Au revoir, tu verras ça. Rimb.

Prochainement je t'enverrai des timbres pour m'acheter et m'envoyer le Faust *de Goethe, Biblioth. populaire. Ça doit coûter un sou de transport.*

Dis-moi s'il n'y a pas des traduct. de Shakespeare dans les nouveaux livres de cette biblioth. Si même tu peux m'en envoyer le catalogue le plus nouveau, envoie.
R.

Fui antes de ontem ver os prussimars[16] em Vouziers, uma sub-prefeitura de 10.000 almas, a sete quil. daqui. Isto me reanimou.

Estou abominavelmente entediado. Nem um livro, um bar a meu alcance, nem um incidente nas ruas. Que horror a vida rural francesa. Minha sorte depende desse livro, para o qual me falta ainda inventar uma meia dúzia de histórias atrozes. Mas como inventar atrocidades aqui! Não lhe envio as histórias, embora já tenha três, pois *isto custa caro*![17] Enfim, é isto!

Até breve, você verá. Rimb.

Brevemente lhe enviarei selos para que me compre e mande o *Fausto*[18] de *Goethe*, Bibliot. popular; deve custar um soldo de porte.

Diga-me se há traduc. de Shakespeare nos novos lançamentos dessa coleção. Se puder mesmo me enviar o catálogo mais recente, envie.

R.

Reprodução da página inicial do manuscrito de *Prosas Evangélicas*

NOTA PRÉVIA

Estas *Prosas Evangélicas* são textos fragmentários que figuram na face ou verso das folhas em que foram escritos os rascunhos (ou primeiras versões) de *Sangue Mau* e de *Noite do Inferno*, da *Saison*. O fragmento que se inicia por *Beth-Saïda, la piscine...* foi, por muito tempo, lido como *Cette saison, la piscine*, o que levou Berrichon a considerá-lo uma página inédita de *Uma Estadia no Inferno* quando o publicou pela primeira vez na *Revue blanche*, em setembro de 1897.

O erro foi finalmente retificado por Bouillane de Lacoste, quando os dois outros fragmentos foram encontrados, com o que ficava evidente tratar-se de uma seqüência de "glosas" ao Evangelho de são João. Por esse motivo, os primeiros editores da Pléiade (Renéville e Mouquet) deram a esses textos a denominação de *Suite Johannique*, aliás tão arbitrária quanto o de *Prosas Evangélicas*, preferido por Antoine Adam nas edições posteriores.

Esta espécie de re-escritura dos capítulos II, III, IV e V do Evangelho de são João, feita contemporaneamente à composição da *Estadia*, tem sido interpretada de modo diverso pelos comentaristas e estudiosos da obra: Paterne Berrichon e Delahaye vêem nela uma preocupação religiosa, um retorno à palavra divina, depois de R. ter passado por agudas crises de anticatolicismo e anticlericalismo. Delahaye chega mesmo a supor tratar-se de uma "conversão esboçada e *interrompida*". Para Suzane Bernard e, principalmente, para René Étiemble, o sentido estaria no registro oposto: R., talvez influenciado pela leitura de Renan, apresentaria aqui a figura de um Cristo "desmitificado", um Cristo "sem milagres". Além disso, Betsaida representa para Étiemble "a miséria mais profunda na qual apodrecem *todos* os homens, a corrupção universal que seria preciso curar, mas para a qual o milagre não se realiza", sendo o Paralítico "o próprio

Rimbaud que se evade, deixando para trás o Cristo, o demônio e os danados". Além disso, aponta para o caráter *visual* da narrativa e Margone salienta "a habilidade com a qual R. sabe realizar seu ponto de vista ambíguo, servindo-se de um estilo que é a um só tempo objetivo e alusivo, oscilando entre o sim e o não, a participação e o distanciamento".

Evidentemente, esses textos tão curtos, elípticos e ambíguos não constituem terreno suficiente para conclusões seguras, tudo girando na órbita das suposições. Mais evidente é a mestria estilística de R. em "melhorar", em "re-ler" um texto pré-estabelecido, como fazia ao pastichar nas *Poesias* os grandes parnasianos de seu tempo.

PROSAS EVANGÉLICAS
PROSES ÉVANGÉLIQUES

PROSES ÉVANGÉLIQUES

*****

A Samarie, plusieurs ont manifesté leur foi en lui. Il ne les a pas vus. Samarie la parvenue, l'égoïste, plus rigide observatrice de sa loi protestante que Juda des tables antiques. Là la richesse universelle permettait bien peu de discussion éclairée. Le sophisme, esclave et soldat de la routine, y avait déjà après les avoir flattés, égorgé plusieurs prophètes.

C'était un mot sinistre, celui de la femme à la fontaine: "Vous êtes prophète, vous savez ce que j'ai fait."

Les femmes et les hommes croyaient aux prophètes. Maintenant on croit à l'homme d'état.

À deux pas de la ville étrangère, incapable de la menacer matériellement, s'il était pris comme prophète, puisqu'il s'était montré là si bizarre, qu'aurait-il fait?

Jésus n'a rien pu dire a Samarie.

*****

L'air léger et charmant de la Galilée: les habitants le reçurent avec une joie curieuse: ils l'avaient vu, secoué par la sainte colère, fouetter les changeurs et les marchands de gibier du temple. Miracle de la jeunesse pâle et furieuse, croyaient-ils.

Il sentit sa main aux mains chargées de bagues et à la bouche d'un officier. L'officier était à genoux dans la poudre: et sa tête était assez plaisante, quoique à demi chauve.

Les voitures filaient dans les étroites rues; un mouvement, assez fort pour ce bourg; tout semblait devoir être trop content ce soir-là.

Jésus retira sa main: il eut un mouvement d'orgueil enfantin et féminin: "Vous autres, si vous ne voyez des miracles, vous ne croyez point."

PROSAS EVANGÉLICAS

*****

Em Samaria,[1] muitos lhe manifestaram fé. Ele não os viu.[2] Samaria [orgulhava-se] a emergente, [a pérfida], a egoísta, mais rígida observadora da lei protestante[3] do que Judá das tábuas[4] antigas. Ali a opulência geral pouco permitia a discussão esclarecida. O sofisma, escravo e soldado da rotina, já havia depois de exaltá-los, enforcado vários profetas.

Era uma frase sinistra,[5] a da mulher na fonte: "Sois profeta, sabeis bem o que fiz."

As mulheres e os homens acreditavam nos profetas. Hoje acredita-se no homem de Estado.

A dois passos da cidade estrangeira,[6] incapaz de ameaçá-la materialmente,[7] que faria se o tomassem por profeta, já que se havia ali mostrado tão estranho?

Jesus nada pôde dizer em Samaria.[8]

*****

O ar leve e agradável da Galiléia: os habitantes os acolheram com alegria curiosa: haviam-no visto, transtornado pela santa cólera, a chicotear os cambistas e os mercadores do templo. Milagre da juventude pálida e furiosa, achavam eles.[9]

Sentiu sua mão nas mãos carregadas de anéis e junto à boca de um oficial. O oficial estava de joelhos no pó: e sua cabeça era bastante graciosa, embora um tanto calva.

As viaturas corriam pelas ruas estreitas [da cidade]; um movimento, bastante intenso para aquele burgo;[10] tudo parecia alegre demais naquela tarde.

Jesus retirou a mão: teve um movimento de orgulho infantil e feminino: "Vós outros, se não virdes milagres, não credes."

Jésus n'avait point encor fait de miracles. Il avait, dans une noce, dans une salle à manger verte et rose, parlé un peu hautement à la Sainte Vierge. Et personne n'avait parlé du vin de Cana à Capharnaüm, ni sur le marché, ni sur les quais. Les bourgeois peut-être.

Jésus dit: "Allez, votre fils se porte bien." L'officier s'en alla, comme on porte quelque pharmacie légère, et Jésus continua par les rues moins fréquentées. Des liserons [oranges], des bourraches montraient leur lueur magique entre les pavés. Enfin il vit au loin la prairie poussiéreuse, et les boutons d'or et les marguerites demandant grâce au jour.

*****

Bethsaïda, la piscine des cinq galeries, était un point d'ennui. Il semblait que ce fût un sinistre lavoir, toujours accablé de la pluie et moisi, et les mendiants s'agitant sur les marches intérieures, — blêmies par ces lueurs d'orages précurseurs des éclairs d'enfer, en plaisantant sur leurs yeux bleus aveugles, sur les linges blancs ou bleus dont s'entouraient leurs moignons. Ô buanderie militaire, ô bain populaire. L'eau était toujours noire, et nul infirme n'y tombait même en songe.

C'est là que Jésus fit la première action grave; avec les infâmes infirmes. Il y avait un jour, de février, mars ou avril, ou le soleil de deux heures après midi, laissait s'étaler une grande faux de lumière sur l'eau ensevelie; et comme, là-bas, loin derrière les infirmes, j'aurais pu voir tout ce que ce rayon seul éveillait de bourgeons et de cristaux et de vers, dans ce reflet, pareil à un ange blanc couché sur le côté, tous les reflets infiniment pâles remuaient.

Alors tous les péchés, fils légers et tenaces du démon, qui pour les cœurs un peu sensibles, rendaient ces hommes plus effrayants que les monstres, voulaient se jeter à cette eau. Les infirmes descendaient, ne raillant plus; mais avec envie.

Les premiers entrés sortaient guéris, disait-on. Non. Les péchés les rejetaient sur les marches, et les forçaient de chercher d'autres postes: car leur Démon ne peut rester qu'aux lieux ou l'aumône est sûre.

Jésus entra aussitôt après l'heure de midi. Personne ne

Jesus não havia ainda feito milagres.[11] Havia, numas bodas, na sala de jantar verde e rosa, falando um tanto altivo à Santa Virgem.[12] E ninguém falara do vinho de Caná em Cafarnaum, nem no mercado, nem no cais.[13] Os burgueses talvez.

Jesus disse: "Vai, teu filho está bem". O oficial se foi, como se levasse um fármaco suave, e Jesus seguiu pelas ruas menos freqüentadas. Campânulas [amarelas], borragens[14] mostravam seu luzir mágico entres as pedras da rua. Por fim viu ao longe a campina empoeirada, com os botões-de-ouro e as margaridas dando graças ao dia.

*****

Betsaida,[15] a piscina das cinco galerias, era um recanto de tédio. Parecia um sinistro lavadouro, sempre castigado pela chuva e o mofo,[16] onde os mendigos se agitavam nos degraus interiores, empalidecidos por esses clarões das tempestades precursores de raios infernais, escarnecendo de seus olhos azuis cegos, envolvendo com panos brancos ou azuis seus membros estropiados. Ó aguadouro militar, ó banho público. A água estava sempre negra, e nenhum enfermo nela se atirava nem em sonho.

Foi lá que Jesus praticou sua primeira ação grave;[17] com os infames enfermos. Era um dia, de fevereiro, março ou abril, em que o sol das duas deixava um grande feixe de luz estender-se sobre a água sepulta; e, como se estivesse[18] lá embaixo, à distância, por detrás dos enfermos, podendo ver tudo o que esse único raio despertava de borbulhas, de cristais e vermes, nesse reflexo semelhante a um anjo branco que repousasse de lado — todos os reflexos infinitamente pálidos se moviam.

Então todos os pecados, filhos levianos e tenazes do demônio, que aos corações um tanto sensíveis, tornavam esses homens mais horrendos que os monstros, queriam atirar-se nessa água. Os enfermos desciam, já sem escárneos; mas com vontade.

Os que entravam primeiro saíam curados,[19] dizia-se. Não. Os pecados os repeliam de volta aos degraus; e os obrigavam a procurar outros sítios: pois seu Demônio só pode permanecer nos lugares onde a esmola é certa.

Jesus entrou pouco depois do meio-dia.[20] Ninguém dava de beber ou banhava os animais. A luz na piscina era amarelada

lavait ni ne descendait de bêtes. La lumière dans la piscine était jaune comme les dernières feuilles des vignes. Le divin maître se tenait contre une colonne: il regardait les fils du Péché; le démon tirait sa langue en leur langue; et riait ou niait.

Le Paralytique se leva, qui était resté couché sur le flanc, et ce fut d'un pas singulièrement assuré qu'ils le virent franchir la galerie et disparaître dans la ville, les Damnés.

como as últimas folhas das vinhas. O divino mestre se apoiara a uma coluna: contemplava os filhos do Pecado; o demônio estirava a língua em suas línguas; e se ria ou negava.

O Paralítico, que permanecia encolhido a um canto, levantou-se, e foi com um passo sigularmente firme que o viram, os Danados, atravessar a galeria e desaparecer na cidade.

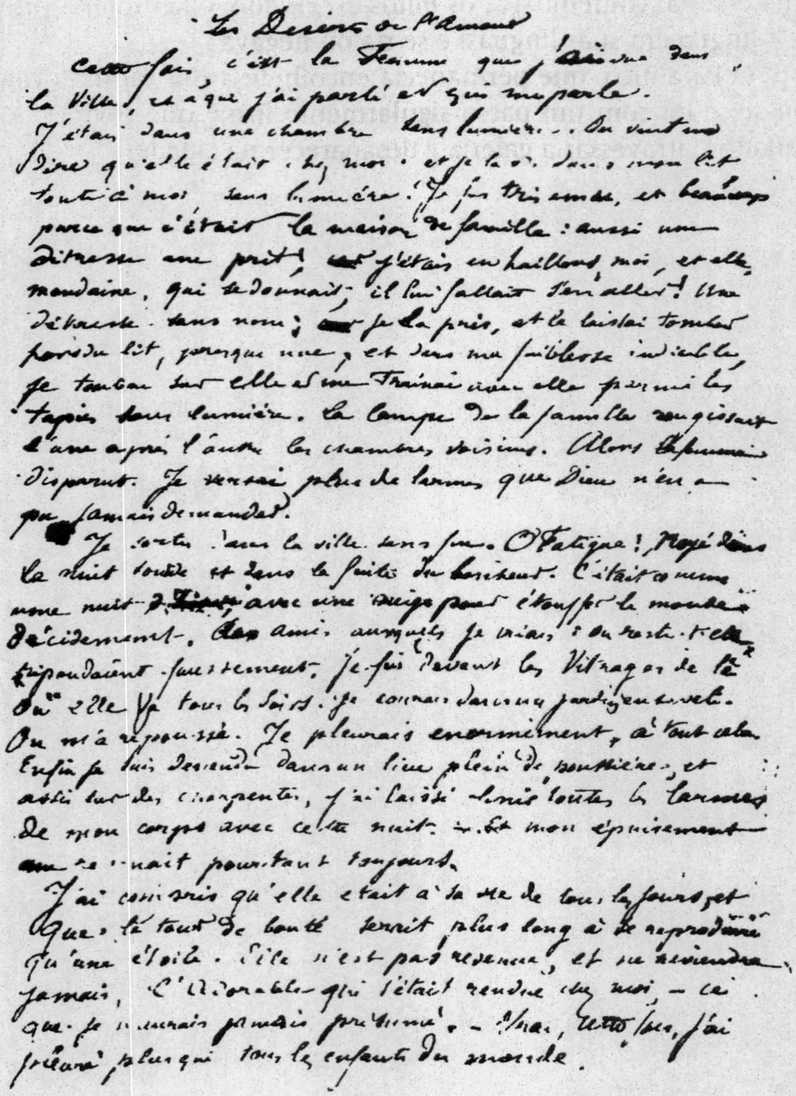

Autógrafo da 1ª. pág de *Os Desertos do Amor*

OS DESERTOS DO AMOR

NOTA PRÉVIA

A primeira referência que se tem deste fragmento é devida a Ernest Delahaye (*Rimbaud, l'artiste et l'être moral*, Messein, 1923): "Na primavera desse ano [1871], cumpre mencionar um gênero de trabalho literário em que R. se iniciava e que seria em seguida levado por ele às suas culminâncias. A leitura de Baudelaire sugeriu-lhe tentar os *poemas em prosa*. Compôs o início de uma série que tinha por título *Os Desertos do Amor*". Delahaye informa ainda que o texto foi copiado em 1906 por Georges Maurevert, que o enviou à *Revue littéraire de Paris et de Champagne*, onde saiu publicado pela primeira vez naquele mesmo ano. Quanto à data de composição, há grande incerteza entre os críticos: para Delahaye, 1871; Bouillane de Lacoste, com base em seus estudos grafológicos dos manuscritos, opina por 1872, e outros editores, como A. Adam e I. Margoni, optam por 1873 sob o argumento de que foi nesse ano que R. o enviou a Forain. Nesse último caso, o escrito seria contemporâneo da maior parte dos últimos poemas e canções.

Não se sabe se R. levou avante o projeto ou desistiu dele: os dois fragmentos apresentados (que não formam um texto contínuo) são tudo o que subsiste da pretendida série.

O estilo elíptico de R. aqui se revela de maneira faustuosa, e o onirismo, que será uma das pedras de toque de *Uma Estadia no Inferno*, já se faz presente. Ao relatar dois sonhos — *"meus amores!"* — o poeta fornece, aos estudiosos da psicanálise, indícios seguros de um misoginismo que teria nascido de sua inaptidão no trato com as mulheres. O narrador aparece como um tímido recalcado. O amor físico, com o qual tanto sonha, não se realiza nem mesmo em sonho. E no entanto ele se reconhece "cheio de sangue", feito para uma vida normal e aventurosa. Ao mencionar que o narrador é um "jovem *homem* [...] sem mãe, sem pátria, [...] escapando a toda força moral", ele como que se justifica por entregar-se a "erros estranhos e tristes". Do ponto de vista da temática, *Os Desertos do Amor* antecipam de certa forma *Uma Estadia no Inferno*: o mesmo inconformismo, a juventude erradia e solitária, a oposição à moral e à família; os temas da alucinação, do ódio e da morte.

Não obstante a objurgatória de Étiemble, que vê no texto "a expressão de um romantismo ingênuo e banal", os demais críticos são unânimes em proclamar as qualidades estilísticas destes fragmentos, chegando Ivos Margoni a comentar que "são um dos textos mais perfeitos de R., talvez o arquétipo daquele onirismo erótico destinado aos fastos da psicanálise e do surrealismo, primeiro exemplo de transcrição não mediata organizada ou transposta de íncubos *sexuais*. R. descobre um estilo e uma técnica narrativa absolutamente inéditos e pessoais".

OS DESERTOS DO AMOR
LES DÉSERTS DE L'AMOUR

LES DÉSERTS DE L'AMOUR

AVERTISSEMENT

Ces écritures-ci sont d'un jeune, tout jeune homme, *dont la vie s'est développée n'importe où; sans mère, sans pays, insoucieux de tout ce qu'on connaît, fuyant toute force morale, comme furent déjà plusieurs pitoyables jeunes hommes. Mais, lui, si ennuyé et si troublé, qu'il ne fit que s'amener à la mort comme à une pudeur terrible et fatale; n'ayant pas aimé de femmes — quoique plein de sang! — il eut son âme et son cœur, toute sa force, élevés en des erreurs étranges et tristes. Des rêves suivants, — ses amours! — qui lui vinrent dans ses lits ou dans les rues, et de leur suite et de leur fin, de douces considérations religieuses se dégagent — peut-être se rappellera-t-on le sommeil continu des Mahométans légendaires, — braves pourtant et circoncis! Mais, cette bizarre souffrance possédant une autorité inquiétante, il faut sincèrement désirer que cette âme, égarée parmi nous tous, et qui veut la mort, ce semble, rencontre en cet instant-là des consolations sérieuses, et soit digne!*

A. RIMBAUD.

OS DESERTOS DO AMOR

ADVERTÊNCIA

Estes escritos são de um *homem*[1] muito jovem, cuja vida se desenrolou não importa onde; sem mãe, sem pátria[2], indiferente a tudo aquilo que se conhece, escapou a toda força moral, como fora o caso de muitos outros jovens dignos de compaixão. Mas este era tão aborrecido e conturbado que se entregou à morte como a um pudor terrível e fatal. Não tendo amado mulheres, — embora cheio de sangue![3] — toda a sua alma e seu coração, toda a sua energia, foram aplicados em tristes e estranhos erros. Dos sonhos que se seguem, — seus amores! — que lhe vieram em seus leitos ou nas ruas, e de sua continuidade e fim, desprendem-se doces reflexões religiosas, que talvez nos façam pensar no sono contínuo dos maometanos legendários,[4] — corajosos no entanto e circuncisos! Ora, sendo que esse estranho sofrimento possui em si uma autoridade inquietante, devemos desejar sinceramente que essa alma, perdida entre todos e a desejar a morte, encontre nessa hora sérios consolos e se mostre digna!

A. RIMBAUD

LES DESERTS DE L'AMOUR

C'est certes la même campagne. La même maison rustique de mes parents: la salle même où les dessus de porte sont des bergeries roussies, avec des armes et des lions. Au dîner, il y a un salon, avec des bougies et des vins et des boiseries rustiques. La table à manger est très grande. Les servantes! elles étaient plusieurs, autant que je m'en suis souvenu. — Il y avait là un de mes jeunes amis anciens, prêtre et vêtu en prêtre, maintenant: c'était pour être plus libre. Je me souviens de sa chambre de pourpre, à vitres de papier jaune: et ses livres, cachés, qui avaient trempé dans l'océan!

Moi j'étais abandonné, dans cette maison de campagne sans fin: lisant dans la cuisine, séchant la boue de mes habits devant les hôtes, aux conversations du salon: ému jusqu'à la mort par le murmure du lait du matin et de la nuit du siècle dernier.

J'étais dans une chambre très sombre: que faisais-je? Une servante vint près de moi: je puis dire que c'était un petit chien: quoique belle, et d'une noblesse maternelle inexprimable pour moi: pure, connue, toute charmante! Elle me pinça le bras.

Je ne me rappelle même plus bien sa figure: ce n'est pas pour me rappeler son bras, dont je roulai la peau dans mes deux doigts: ni sa bouche, que la mienne saisit comme une petite vague désespérée, minant sans fin quelque chose. Je la renversai dans une corbeille de coussins et de toiles de navire en un coin noir. Je ne me rappelle plus que son pantalon à dentelles blanches. — Puis, ô désespoir, la cloison devint vaguement l'ombre des arbres, et je me suis abîmé sous la tristesse amoureuse de la nuit.

OS DESERTOS DO AMOR

É sem dúvida a mesma campina.[5] A mesma casa rústica de meus pais: a mesma sala em que os frisos do alto das portas são róseas cenas pastoris, com armas e leões. À hora do jantar, a grande sala, com velas e vinhos e rústicos trabalhos de madeira. A mesa da sala é imensa. As criadas! Eram tantas, tanto quanto me recordo. — Lá estava um de meus velhos amigos, padre, e vestido agora de padre: era para ser mais livre.[6] Recordo-me do quarto cor de púrpura, com vidraças de papel amarelo; e seus livros, escondidos, que se haviam mergulhado no oceano!

Eu me sentia abandonado nessa imensa casa de campo interminável: lendo na cozinha, secando a lama de minhas roupas na presença dos hóspedes, nas conversações do salão: comovido até a morte pelo ruído do leite da manhã e da noite do século passado.[7]

Estava num quarto escuro: que fazia aí? Uma criada acercou-se de mim: posso dizer que era um cãozinho:[8] embora fosse bonita, e de uma nobreza maternal inexprimível para mim: pura, conhecida, totalmente encantadora! Beliscou-me o braço.

Não me lembro sequer muito bem de seu aspecto: e menos ainda de seu braço, cuja pele eu enrolava entre os dedos; nem de sua boca, que minava[9] a minha como uma pequena vaga desesperada, a corroer sem fim alguma coisa. Derrubei-a, num canto escuro, sobre um cesto de travesseiros e velas de navio. Só me lembro de suas calcinhas de babados brancos.[10] — Depois, ó desespero, o tabique transformou-se vagamente na sombra das árvores e eu me abismei na tristeza amantíssima da noite.

*****

  Cette fois, c'est la Femme que j'ai vue dans la Ville, et à qui j'ai parlé et qui me parle.

  J'étais dans une chambre sans lumière. On vint me dire qu'elle était chez moi: et je la vis dans mon lit, toute à moi, sans lumière! Je fus très ému, et beaucoup parce que c'était la maison de famille: aussi une détresse me prit; j'étais en haillons, moi, et elle, mondaine, qui se donnait; il lui fallait s'en aller! Une détresse sans nom; je la pris, et la laissai tomber hors du lit, presque nue; et dans ma faiblesse indicible, je tombai sur elle et me traînai avec elle parmi les tapis sans lumière. La lampe de la famille rougissait l'une après l'autre les chambres voisines. Alors la femme disparut. Je versai plus de larmes que Dieu n'en a pu jamais demander.

  Je sortis dans la ville sans fin. Ô Fatigue! Noyé dans la nuit sourde et dans la fuite du bonheur. C'était comme une nuit d'hiver, avec une neige pour étouffer le monde décidément. Les amis auxquels je criais: où reste-t-elle, répondaient faussement. Je fus devant les vitrages de là où elle va tous les soirs: je courais dans un jardin enseveli. On m'a repoussé. Je pleurais énormément à tout cela. Enfin je suis descendu dans un lieu plein de poussière, et assis sur des charpentes, j'ai laissé finir toutes les larmes de mon corps avec cette nuit. — Et mon épuisement me revenait pourtant toujours.

  J'ai compris qu'elle était à sa vie de tous les jours; et que le tour de bonté serait plus long à se reproduire qu'une étoile. Elle n'est pas revenue, et ne reviendra jamais, l'Adorable qui s'était rendue chez moi, — ce que je n'aurais jamais présumé. — Vrai, cette fois, j'ai pleuré plus que tous les enfants du monde.

*****

Desta vez, foi a Mulher que vi no povoado, com quem falei e que fala comigo.

Eu estava num quarto sem iluminação. Vieram dizer-me que ela estava ali em casa: e eu a vi em minha cama, toda minha, no escuro! Fiquei muito emocionado, e mais ainda porque era a casa da família: por isso uma angústia se apossou de mim! eu era um andrajoso, e ela, uma mundana que se entregava; tinha que ir-se embora! Num desespero sem nome, agarrei-a e deixei-a cair da cama, quase nua; e em minha indizível fraqueza, caí sobre ela e me arrastei com ela pelos tapetes na escuridão. A candeia familiar aclarava um após outro os aposentos vizinhos. Então a mulher desapareceu. Verti mais lágrimas do que Deus poderia pedir.

Saí pela cidade infinda. Ó Fadiga! Abismado na noite surda e na fuga da felicidade. Era como numa noite de inverno, com neve feita decerto para afogar o mundo. Os amigos a quem gritava: onde se meteu, respondiam falsamente.

Pus-me diante das vidraças ali onde ela ia todas as noites: corri por um jardim sepulto. Expulsaram-me de lá. Chorei longamente, por tudo isso. Por fim desci para um lugar cheio de pó, e sentei-me sobre uns estrados de madeira, deixando acabar com essa noite todas as lágrimas de meu corpo. — Mas minha exaustão sempre retornava.

Compreendi que ela voltara à sua vida de todos os dias; e que o impulso de bondade demoraria mais a se reproduzir do que uma estrela. Ela não voltou, nem voltará jamais, essa Adorável que fora à minha casa, — coisa que jamais teria presumido. — Desta vez, é certo, chorei mais do que todas as crianças do mundo.

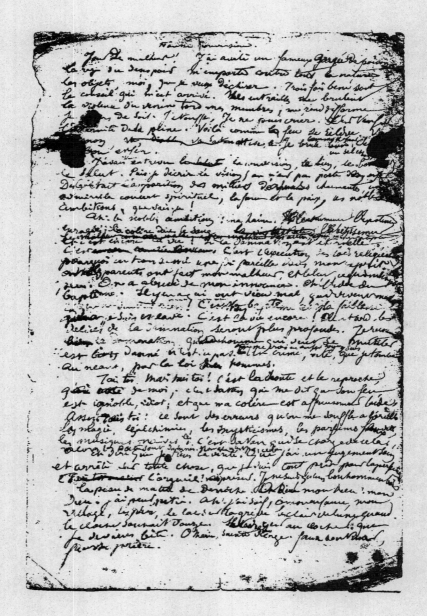

Rascunho de *Falsa Confissão*

RASCUNHOS DE
"UMA ESTADIA NO INFERNO"

*BROUILLONS D´UNE
SAISON EN ENFER*

Estes rascunhos de *Noite do Inferno* (aqui denominado *Falsa Conversão*) e da *Alquimia do Verbo* foram publicados pela primeira vez por Paterne Berrichon em agosto de 1914 na *Nouvelle Revue Française*. Berrichon, que recebera os originais de F.-A. Cazals, a quem Verlaine os havia presenteado, assim os descreve: "Estão escritos em duas folhas separadas: os rascunhos de *Alquimia do Verbo* ocupam a face e o verso da primeira; a de *Noite do Inferno* apenas a face da segunda". Um terceiro rascunho foi encontrado por Matarasso e Bouillane de Lacoste nos papéis de A. Massein (editor). Como duas das folhas trazem no verso fragmentos das *"Prosas evangélicas"*, e Verlaine fosse o seu depositário inicial, há suposições de que sejam de data anterior a 1873, precedendo portanto àqueles relatos. Seriam esses fragmentos as *três histórias atrozes* a que R. alude em sua carta (Laïtou) a Ernest Delahaye (maio de 1873), já *inventados* para o "Livro Negro" ou "Livro Pagão", que então projetava escrever? A. Borer não aceita esta hipótese tranqüilamente; acredita que os três fragmentos podem ser apenas parte de um rascunho muito mais extenso.

De difícil leitura, dado ao grande número de palavras cortadas e emendadas, lacunas provenientes de rasgões das páginas, borrões de tinta, letra ilegível, tais rascunhos apresentam contudo um interesse documental considerável, porquanto nos permitem ver R. em sua plena atividade criadora, a corrigir, polir, refazer, numa atitude bem diversa daquela do idealizado R. todo inspiração. Sua comparação com o texto final da *Estadia no Inferno* possibilita novos entendimentos sobre alguns pontos de difícil compreensão.

[I]

Oui, c'est un vice que j'ai, qui s'arrête et qui remarque avec moi, et, ma poitrine ouverte, je verrais un horrible cœur infirme. Dans mon enfance, j'entends les racines de souffrance jetée à mon flanc; aujourd'hui elle a poussé au ciel, elle est bien plus

forte que moi, elle me bat, me traîne, me jette à terre.

C'est dit. — Donc renier la joie, éviter le devoir, ne pas porter au monde mon dégoût et mes trahisons supérieures... la dernière innocence, la dernière timidité

Allons, la marche! le désert, le fardeau, les coups, le malheur, l'ennui, la colère, — l'enfer, la science et les délices de l'esprit et des sens dispersés.

A quel démon me louer? Quelle bête faut-il adorer? dans quel sang faut-il marcher? Quels cris faut-il pousser? Quel mensonge faut-il soutenir? Quelle sainte image faut-il attaquer? Quels cœurs faut-il briser?

Plutôt; éviter la main bruta[le] la stupide justice de la mort, j'entendrais les complaintes chantées dans les marchés. Point de popularité.

la dure vie, l'abrutissement pur, — et puis soulever d'un poing séché le couvercle du cercueil, s'asseoir et s'étouffer.

Pas de vieillesse. Point de dangers, la terreur n'est pas française.

Ah! Je suis tellement délaissé, que j'offre à n'importe quelle divine image des élans vers la perfection. Autre marché grotesque.

Ô mon abnegation, ô ma charité

inouïes, De profundis, domine! je suis bête?

Assez. Voici la punition! Plus à parler d'innocence. En marche. Oh! les reins se déplantent, le cœur gronde, la poitrine brûle, la tête est battue, la nuit roule dans les yeux, au Soleil

[I]

Sim, é um vício que tenho, que se detém e volta a caminhar comigo, e, abrindo o peito, eu veria um horrível coração enfermo. De minha infância, escuto as raízes de sofrimento atiradas ao meu flanco; hoje ela se ergueu aos céus, é bem mais forte do que eu, me bate, me arrasta, me atira ao chão.

Já disse. — Logo renegar a alegria, evitar o dever, não expor ao mundo meu desgosto e minhas traições superiores... a última inocência, a última timidez.

Vamos, em marcha! o deserto, o fardo, os golpes, a infelicidade, o tédio, a cólera — o inferno, a ciência e as delícias do espírito e dos sentidos dispersos.

A que demônio alugar-me? Que animal é preciso adorar? Em que sangue é preciso pisar? Que gritos preciso soltar? Que mentira devo sustentar? Que santa imagem atacaremos? Que corações destruirei?

Antes de tudo; evitar a mão bruta[l] a estúpida justiça da morte, ouvirei as queixas cantadas nos mercados. Nada de popularidade a dura vida, o embrutecimento puro, — e depois erguer com o punho seco a tampa do caixão, entrar nele e sufocar. Nada de velhice. Nada de perigos, o terror não é francês.

Ah! Estou de tal forma desamparado, que oferto a não importa que divina imagem os meus anseios de perfeição. Outro mercado grotesco.

Ó minha abnegação, minha caridade inauditas, De profundis, domine! serei imbecil?

Chega. Eis a punição! Chega de falar de inocência. Em marcha. Oh! os rins se transplantam, o coração brame, o peito queima, a cabeça está abatida, a noite rola nos olhos, ao Sol

Où va-t-on? A la bataille?

Ah! mon ami, ma sale jeunesse!... Va..., va, les autres avancent les autels les armes

Oh! oh. C'est la faiblesse, c'est la bêtise, moi!

Allons, feu sur moi. Ou je me rends! Qu'on me blesse, je me jette à plat ventre, foulé aux pieds des chevaux.

Ah!

Je m'y habituerai.

Ah ça, je mènerais la vie française, et je suivrais le sentier de l'honneur.

[II]

FAUSSE CONVERSION

Jour de malheur! J'ai avalé une fameuse gorgée de poison La rage du désespoir m'emporte contre tout, la nature les objets, moi, que je veux déchirer, Trois fois béni soit le conseil qui m'est arrivé. Mes entrailles me brûlent, la violence du venin tord mes membres, me rend difforme je m[eu]rs de soif. J'étouffe. Je ne puis crier. C'est l'enfer l'éternité de la peine. Voilà comme le feu se relève. Va démon, attise-le. Je brûle comme il faut. C'est [un] bon enfer, un bel et bon [enfer]...

J'avais entrevu la conversion, le bien, le bon[heur], le salut. Puis-je décrire la vision, on n'est pas poète en enfer C'était des milliers d'opéras, un admirable concert spirituel, la force et la paix, les nobles ambitions, que sais-je!

Ah, les nobles ambitions! ma haine. C'est l'existence enragée: la colère dans le sang l'abêtissement et c'est encore la vie! Si la damnation est éternelle. C'est l'exécution des lois religieuses pourquoi a-t-on semé une foi pareille dans mon esprit. Mes parents ont fait mon malheur, et le leur, ce qui m'importe peu. On a abusé de mon innocence. Oh! l'idée du baptême. Il y en a qui ont vécu mal, qui vivent mal, et qui ne sentent rien! C'est mon baptême et ma faiblesse dont je suis esclave. C'est la vie encore! Plus tard, les délices de la damnation seront plus profondes. Je reconnais la damnation. Un homme qui veut se mutiler est damné n'est-ce pas. Je me crois en enfer donc j'y suis

Un crime, vite, que je tombe au néant, par la loi des hommes.

Onde se vai? À batalha?

Ah! meu amigo, minha sórdida juventude! Vai..., vai, os outros avançam os altares as armas.

Oh! Oh! É a fraqueza, é a tolice, eu!

Vamos, fogo sobre mim. Ou eu me rendo! Que me firam, atiro-me de borco, pisado pelos cavalos.

Ah!

Eu me habituarei.

Ah isto, eu levaria a vida francesa, e seguiria o caminho da honradez.

[II]

FALSA CONVERSÃO

Dia infeliz! Traguei uma talagada de veneno A raiva do desespero me leva contra tudo, a natureza os objetos, eu, tudo quero estraçalhar, Três vezes bendito seja o conselho que me chegou. As entranhas queimam a violência do veneno torce meus membros, me faz disforme eu m[or]ro de sede. Sufoco. Não consigo gritar. É o inferno a eternidade da pena. Eis como o fogo se levanta. Vai demônio, atiça-o. Queimo como se deve. É de fato un [inferno] [um] belo e bom inferno...

Havia entrevisto a conversão, o bem, a feliz[cidade], a salvação. Possa descrever a visão, não se é poeta no inferno. Eram milhares de óperas, um admirável concerto espiritual, a força e a paz, as nobres ambições, que sei!

Ah! As nobres ambições! meu ódio. É a existência enraivecida: a cólera no sangue o embrutecimento e é ainda a vida! Se a danação é eterna. É a execução das leis religiosas por que semearam semelhante fé em meu espírito. Meus pais fizeram minha infelicidade, e a deles, o que me importa pouco. Abusaram de minha inocência. Oh! a idéia do batismo. Há aqueles que viveram mal, que vivem mal, e que não sentem nada! É meu batismo e minha fraqueza de que sou escravo. É a vida ainda! Mais tarde, as delícias da danação serão mais profundas. Reconheço bem a danação. Um homem que quer se mutilar é danado não é. Creio-me no inferno logo estou nele.

Um crime, rápido, antes que eu tombe no vazio, pela lei dos homens.

Tais-toi mais tais-toi! C'est la honte et le reproche à côté de moi; c'est Satan qui me dit que son feu est ignoble, idiot; et que ma colère est affreusement laide. Assez. Tais-toi! ce sont des erreurs qu'on me souffle à l'oreille les magie[s], les alchimies, les mysticismes, les parfums faux les musiques naïves. C'est Satan qui se charge de cela Alors les poètes sont damnés. Non ce n'est pas cela.

Et dire que je tiens la vérité. Que j'ai un jugement sain et arrêté sur toute chose, que je suis tout prêt pour la perfection. C'[est] l'orgueil! à présent. Je ne suis qu'un bonhomme en bois la peau de ma tête se dessèche. Ô Dieu! mon Dieu! mon Dieu. J'ai peur, pitié. Ah! j'ai soif, ô mon enfance, mon village, les prés, le lac! et la grève les clairs de lune quand le clocher sonnait douze. Satan est au clocher. Que je deviens bête. Ô Marie, Sainte Vierge, faux sentiment, fausse prière.

[III]

Enfin mon esprit devin
de Londres ou de Pékin, ou Ber
qui disparaisse   sur
de réjouissance populaire. Voilà

J'aurais voulu le désert orageux de ma campagne
J'adorai les boissons tiédies, les boutiques fanées, les vergers brûlés Je restais de longues heures la langue pendante, comme les bêtes harassées, je me traînais dans les ruelles puantes, et, les yeux fermés, je m'offrais au Dieu de feu, qu'il me renversât. Général, roi, disais-je, s'il reste un vieux canon sur tes remparts qui dégringolent, bombarde les hommes avec des morceaux de terre sèche.
Aux glaces des magasins splendides! Dans les salons frais!

Fais manger sa poussière à la ville! Oxyde des gargouilles. A l'heure emplis les boudoirs [de] sable brûla[nt] de rubis.
Je
      cassais des pierres sur des routes balayées toujours.
                         Le soleil souverain
donnait une merde, dans la vallée au centre de la terre, le

Cala-te mas cala-te! É a vergonha e a reprovação ao meu lado; é Satan que me diz que seu fogo é ignóbil, idiota; e que minha cólera é terrivelmente feia. Basta. Cala-te! são erros que me sopram ao ouvido as magia[s], as alquimias, os misticismos, os perfumes falsos as músicas ingênuas. É Satan que se encarrega disso. Então os poetas estão condenados. Não não é isto.

E dizer que possuo a verdade. Que tenho um julgamento sadio e seguro de todas as coisas, que estou pronto para a perfeição. E['] o orgulho! agora. Não passo de um boneco de madeira a pele de minha cabeça se desseca. Ó Deus! meu Deus! meu Deus. Tenho medo, piedade. Ah! tenho sede, ó minha infância, minha cidade, os campos, o lago! e a margem do rio ao luar quando o sino soava a meia-noite. Satan era o sineiro. Como me torno idiota. Ó Maria, Santa Virgem. falso sentimento, falsa prece.

[III]

Enfim meu espírito adivinho [tornou-se]
    de Londres ou Pequim, ou Ber
que desaparecem   sobre
a alegria popular. Eis

Gostaria de ter o deserto tempestuoso de meu campo
Adorava as bebidas tépidas, as lojas falidas, os vergéis crestados. Passava longas horas com a língua pendente, como os animais exaustos, arrastava-me pelas ruelas fétidas, e, de olhos fechados, me oferecia ao Deus do fogo, para que me derrubasse. General, rei, dizia-me, se ainda resta um velho canhão em tuas muralhas que desabam, bombardeie os homens com blocos de terra seca.
Às vitrines dos magazins esplêndidos! Nos salões frios!

Faça a cidade comer sua poeira! Oxide as gárgulas. Lance já uma chuva de areia ardente de rubis nas alcovas.
eu me
    quebrava pedras nas estradas varridas sempre.
                              O sol soberano
dardejava uma merda, no vale ao centro da terra, o besouro

moucheron enivré à la pissotière de l'auberge isolée, amoureux de la bourrache,
    et dissous au Soleil

    [Faim]
    Je réfléchis au bonheur des bêtes; les chenilles étaient les foule corps blancs des limbes les innocents: l'araignée
                la punaise brune personne, attendait qu'on passionne. Heureuse la taupe, sommeil de toute la virginité!
    Je m'éloignais Étonnante virginité, de l'écrire avec une espèce de romance [Chanson de la plus haute tour.]
    Je crus avoir trouvé raison et bonheur. J'écartais le ciel, l'azur, qui est du noir, et je vivais, étincelle d'or de la lumière nature. C'était très sérieux. J'exprimai, le bêtement
    [Éternité]
Et De joie, je devins un opéra fabuleux. [Age d'or.]
A cette c'était ma vie éternelle, non écrite, non chantée, — quelque chose comme la Providence les lois du monde. l'essence à laquelle on croit et qui ne chante pas.
    Après ces nobles minutes, stupidité complète. Je vis une fatalité de bonheur dans tous les êtres: l'action n'était qu'une façon
de gâcher une satiété de vie:
    un hasard sinistre et doux, un énervement, errement. La morale était la faiblesse de la cervelle
    êtres et toutes choses. m'apparaissent
    d'autres vies autour d'elles. Ce monsieur
    un ange. Cette famille n'est pas
    . Avec plusieurs hommes
        moment d'une de leurs autres vies
    histoire plus de principes — Pas un des sophismes la folie enfermée Je pourrais les redire tous, et d'autres et bien d'autres, et d'autres Je sais le système Je n'éprouvais plus rien.
    Mais maintenant je n'essaierais pas de me faire écouter
    Un mois de cet exercice: ma santé fut menacée. J'avais bien autre chose à faire que de vivre. Les hallucinations étant plus vives la terreur venait! Je faisais des sommeils de plusieurs

embriagado no mictório do albergue isolado, apaixonado pela borragem,
 e dissolvido ao Sol

  [Fome]
 Refleti sobre a felicidade dos animais; os bichos-da-seda eram os multidão corpos brancos dos limbos os inocentes: a aranha
   o percevejo escura pessoa, esperava nossa paixão. Feliz da toupeira, sonho de toda a virgindade!
 Eu me afastava Espantosa virgindade, escrevê-la com uma espécie de romance [Canção da torre mais alta]
 Pensei haver achado razão e felicidade. Descartei o ceu, o azul, que é negro, e vivia, centelha de ouro da luz *natural*.
Era muito sério. Exprimia, do modo mais estúpido
  [Eternidade]
E De alegria, tornei-me uma opera fabulosa. [Idade de Ouro]
A esta era minha vida eterna, não escrita, não cantada, — algo como a Providência as leis do mundo. a essência na qual se crê e que não canta
 Apos estes nobres minutos, estupidez completa. Via uma fatalidade de ventura em todos os seres: a ação não era senão uma forma
de malbaratar uma saciedade de vida:
 um acaso sinistro e doce, um enervamento, erramento. A moral era a fraqueza da mente
  seres e todas as coisas me apareciam
  com outras vidas em torno delas. Este senhor
  um anjo. Esta família não é
   Com vários homens
   momento de uma de suas outras vidas
  história mais de princípios — Nem um dos sofismas da loucura aprisionada Poderia repeti-los todos, e outros e mais outros, e outros Conheço o sistema Não experimentaria mais nada.
 Mas agora não procurarei fazer-me ouvir
 Um mês desse exercício: minha saúde se abalou. Tinha coisa melhor a fazer do que viver. As alucinações ficando mais vivas traziam o terror! Entregava-me ao sono por dias seguidos,

jours, et, levé continuais les rêves les plus tristes égarés partout
[Mémoire]
Je me trouvais mûr pour le trépas, et ma faiblesse me tirait jusqu'aux confins du monde et de la vie, où le tourbillon dans la Cimmérie noire, patrie des morts, où un grand une route de dangers Laissé presque toute l'âme aux
        épouvantes [Confins du monde]
    Je voyageai un peu. J'allai au nord: je fermai mon cerveau. Je voulus reconnaître là toutes mes odeurs féodales, bergères, sources sauvages.
    J'aimais la mer, bonhomme de peu, isoler les principes l'anneau magique sous l'eau lumineuse comme si elle dût me laver d'une
        souillure. Je voyais la croix
consolante. J'avais été damné par l'arc-en-ciel et les magies religieuses; et pour le Bonheur, ma fatalité, mon ver, et qui Quoique le monde me parût très nouveau, à moi qui avais levé toutes les impressions possibles: faisant ma vie trop immense
      pour aimer bien réellement la force et
        la beauté.
    Dans les plus grandes villes, à l'aube, ad matutinum, au
          Christus venit,
      sa dent, douce à la mort, m'avertissait avec le chant du coq Bon[heu]r
    Si faible je ne me crus plus supportable dans la société, qui à force de bienveill[ance]
    Quel cloître possible pour ce beau dégoût?
cela s'est passé peu à peu.
    Je hais maintenant les élans mystiques et les bizarreries de style Maintenant je puis dire que l'art est une sottise Nos poètes est aussi facile: l'art est une sottise
    Salut à la bon

e, levantando continuava a ter os sonhos mais tristes perdido de todo [Memória]
Encontrava-me preparado para o trespasse, e minha fraqueza me arrastava aos confins do mundo e da vida, onde o turbilhão na Ciméria negra, pátria dos mortos, onde uma grande   uma estrada de perigos Deixado quase toda a alma aos
      espantos [Confins do mundo]
    Viajava um pouco. Seguia para o norte: fechava a mente. Lá queria reconhecer todos os meus odores feudais, pastoris, fontes selvagens para,
    Amava o mar, boneco há pouco, isolar os princípios   o anel mágico sob a água luminosa como se ela devesse me lavar de uma
      nódoa. Via a cruz
consoladora. Tinha sido condenado pelo arco-íris e as magias religiosas; e pela Felicidade, meu remorso, minha fatalidade, meu verme, e que   Ainda que o mundo me parecesse novíssimo, a mim que havia levantado todas as impressões possíveis: tornando minha vida por demais imensa
      para só amar bem realmente a força e
      a beleza.
    Nas maiores cidades, de madrugada, ad matutinum, ao
              Christus venit,
      seu dente, mortalmente doce, me advertia
com o canto do galo   [Felicidade]
    Tão fraco não me acreditei mais suportável na sociedade, senão à força de benevolência
    Que clausura possível para este belo desgosto?
    isso passou-se aos poucos.
    Odeio agora os arroubos místicos e as **extravagâncias de estilo**
    Agora posso dizer que a arte é uma tolice Nossos poetas arte tão fácil: a arte é uma tolice
    Salve a bon

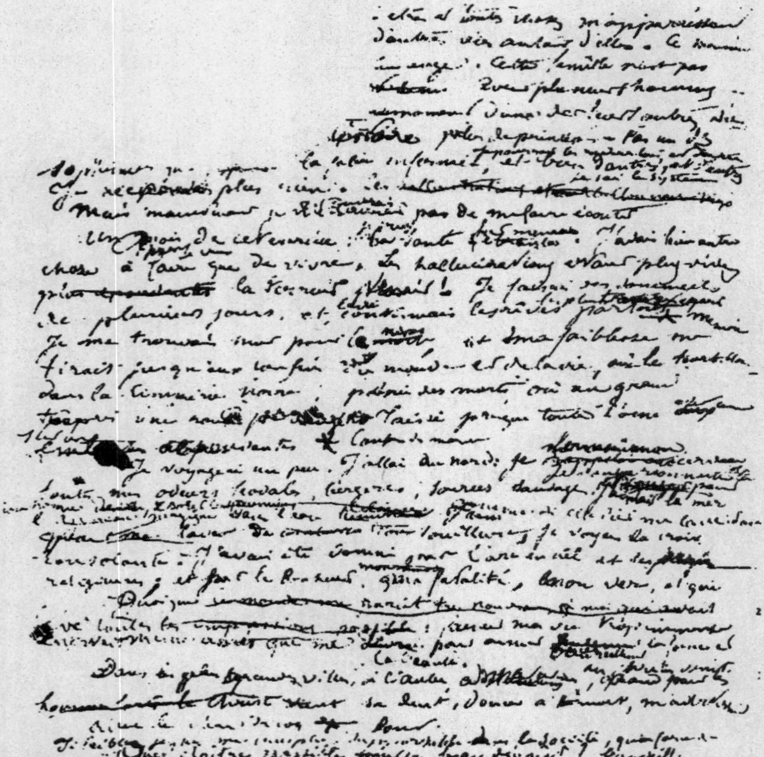

Última página dos "Rascunhos"

UMA ESTADIA
NO INFERNO

NOTA PRÉVIA

Um dos maiores conhecedores da obra de Rimbaud, seu conterrâneo Pierre Petitfils, no ensaio bíblio-iconográfico *L'œuvre et le Visage d'Arthur Rimbaud* (Nizet Éditeur, Paris, 1949), assinala "cinco atos — como na tragédia grega — e um epílogo" em torno da gênese, elaboração, catarse, publicação e destruição (seguida — quase 30 anos depois — pela redescoberta) de *Une Saison en Enfer*.

O primeiro "ato" ocorre entre 11 de abril e 24 de maio de 1873. O local é Roche, propriedade rural da família Rimbaud, nas proximidades de Charleville. Em casa estão a mãe, o irmão mais velho, Frédéric, e as duas irmãs, Vitalie, de 15 anos, e Isabelle, de 13. O dia é uma sexta-feira santa; alguém bate à porta. "Corri a abrir... e imaginem que surpresa ao deparar-me com Arthur"— registra Vitalie em seu diário. "Após os primeiros momentos de espanto, o recém-chegado nos explica o motivo da vinda; grande foi nossa alegria e seu contentamento ao nos ver tão satisfeitos". A irmã não esclarece "o motivo da vinda", mas o tom eufórico parece descrever a chegada de um colegial em férias; na verdade, Arthur havia abandonado Verlaine e vinha procurar o abrigo da família, que se encontrava no campo. Se a chegada e o acolhimento são festivos, logo a permanência o enfara.

O segundo "ato" vem logo a seguir: entre 24 de maio e 20 de julho de 1873. Rimbaud "sai" afinal de Roche e vai com o amigo Delahaye até Bouillon, uma cidadezinha na fronteira belga. Aí se encontra com Verlaine, que viera de Londres hospedar-se em casa de uma tia paterna, em Jéhonville, na Bélgica. Em companhia deste resolve regressar a Londres, e Delahaye retorna sozinho e melancólico a Charleville. Na capital inglesa, Rimbaud teria dado continuidade à obra; um desenho de Verlaine — hoje desaparecido, mas cuja existência foi assinalada até 1901, por Charles Houin — representa Rimbaud de chapéu alto, a escrever num *pub*, com a seguinte legenda: "Como se fez *Une Saison en Enfer* — Londres 72-73".

A nova *saison* londrina está longe de ser mais calma que a primeira. Os amigos discutem. Miséria total. Verlaine, amargurado com os sarcasmos de Rimbaud, resolve regressar para junto da esposa. Segue-se o abandono, o reencontro em Bruxelas, a tentativa de homicídio. Enquanto Verlaine é condenado a dois anos pela justiça belga, Rimbaud, ainda com o braço na tipóia, regressa à propriedade rural de Roche, no mais deplorável estado de espírito. Isolando-se num sótão, põe-se a trabalhar com afinco e conclui a obra, em meio a "soluços convulsivos, entrecortados de gemidos, escárnios, gritos de cólera, maldições" (conforme depoimento da irmã, Isabelle, divulgado pelo marido, Paterne Berrichon). Eis o resumo do terceiro "ato", ocorrido entre julho e agosto de 1873.

Quarto "ato" (outubro do mesmo ano): Rimbaud lê o manuscrito para a mãe, que o interroga sobre o significado do texto. A resposta teria sido (ainda segundo Isabelle): "Quis dizer o que está dito, literalmente e em todos os sentidos". Madame Rimbaud, surpreendentemente, aquiesce em adiantar-lhe a soma necessária à edição da obra, confiada aos livreiros *Poot & Cie.*, de Bruxelas.

Rimbaud recebe alguns exemplares de autor, que distribui entre os amigos (Delahaye, Millot, Forain; o de Verlaine leva a sóbria dedicatória, "A P. Verlaine, A. Rimbaud"). A edição será de 500 exemplares, a serem vendidos a um franco o volume. Mas Rimbaud vai a Paris, provavelmente com o dinheiro que a mãe lhe dera para saldar a dívida com o impressor; lá, evitado pelos conhecidos e os homens de letras, em conseqüência do "affaire" com Verlaine, deixa com seu amigo Forain alguns exemplares da obra e regressa a casa, onde — último "ato", novembro de 73 — num acesso de irritação e amargura, atira na lareira os exemplares que lhe restam, bem como rascunhos, manuscrito, notas, reminiscências (sempre de conformidade com o depoimento familiar).

Epílogo: a edição original, que se julgava destruída nesse auto-de-fé voluntário, é descoberta por acaso, em 1901; pelo advogado belga Léon Losseau, que procurava, nas antigas oficinas gráficas de Jacques Poot, uma tiragem espécial da revista *La Belgique Judiciaire*. Um pacote, que acumulara a poeira de 28 anos, parcialmente mofado por ter permanecido em local sujeito a goteiras, continha os 500 exemplares da obra cuja fatura Rimbaud não havia pago; 75 exemplares imprestáveis foram queimados, e os restantes 425, adqiridos por Losseau que, somente em 1914, revelou sua descoberta à Sociedade dos Bibliófilos Belgas, deitando por terra a versão do "auto-de-fé" consciente, arquitetada (de boa ou má-fé) pelo cunhado e a irmã do poeta.

A. RIMBAUD

UNE

SAISON EN ENFER

PRIX : UN FRANC

BRUXELLES
ALLIANCE TYPOGRAPHIQUE (M.-J. POOT ET COMPAGNIE)
37, rue aux Choux, 37
—
1873

Capa da 1.ª edição de *Une Saison en Enfer*

DATA VENIA[1]

Prefácio de Alceu Amoroso Lima escrito especialmente para a 1ª edição de *Uma Estadia no Inferno*, publicada em 1977.

Relata a conhecida lenda grega que alguns pescadores, passando à noite por uma praia deserta da Ática, ouviram uma voz misteriosa lançar um longo grito: "O grande Pan está morto!".

Esse grito atravessou os séculos. Nietzsche o recolheu entre as névoas germânicas. E mergulhou no "eterno retorno", que o levaria à insanidade total. Ao passo que, do outro lado do Reno, entre as mansas colinas da "doulce France", o eco respondeu pela voz de outro gênio quase adolescente, há precisamente cem anos. Em pleno século da euforia progressista. Marcado embora, na França, pelo ferro em brasa da humilhação de 1871. Foi Rimbaud quem soltou o novo grito lancinante. Mas enquanto a agonia pagã chorava "a morte do grande Pan", a agonia cristã se desesperava pelo que julgava ser "a morte do grande Pai". E enquanto o eco de além-Reno levava o gênio germânico à loucura, o eco de aquém-Reno levava o jovem gênio gaulês, que herdara dos antepassados *"l'idolatrie et l'amour du sacrilège"*, a uma *Saison en enfer*, de onde só sairia para as areias do Saara, de um saara do espírito, mais árido e agressivo do que o próprio Saara das dunas africanas.

A *Saison en enfer* ficou sendo, desde então, o maior grito poético do mundo moderno. Grito solitário. Grito inconfundível. Grito sem eco aparente. Ou, porventura, com algum eco vindouro em pleno século XXI, que lance aos céus do futuro o mesmo clamor de desespero pela morte do que hoje está nascendo, nos horizontes da agonia do mundo burguês, como sendo a aurora de um mundo proletário, que Karl Marx anunciou para o futuro, enquanto Rimbaud acolhia os estertores de uma geração desesperada pelo que julgava ser "a morte de Deus". Essa morte, que parecia anunciar o triunfo satânico de nossos dias, há pouco denunciado pelo próprio Papa, e que Álvares de

Azevedo, o nosso Rimbaud romântico e diluído, trouxera, havia um século, para as brumas paulistanas.

O poema rimbaldiano coloca, pois, a Poesia no próprio cerne da história do mundo. A poesia como bomba de retardamento no âmago dos acontecimentos históricos, diria Platão. A poesia como expressão suprema da Palavra, que se torna explosiva e destruidora, quando não se transforma em Silêncio, como diria São João da Cruz. Platão, um Platão redivivo, apontaria para o exemplo dos territórios de Tel Aviv ou dos "mafiosos" do Brasil, para argumentar em defesa de sua tese, de atirar os poetas pelas muralhas da Cidade, embora "coroados de rosas". E apontaria para o poema de Rimbaud encontrado, em Israel, no bolso de um dos terroristas japoneses da tragédia do aeroporto. Ou para o mesmo poema, encontrado entre os objetos de uso diário de uma das "mafiosas", pertencente a um bando de tenebrosos traficantes de entorpecentes numa praia deserta de Santa Catarina. "Bomba de retardamento", diria o Filósofo. Sim, responderia o Santo, quando a palavra não se transforma em Silêncio, isto é, não alcança a sua plenitude. Quando não passa do *Nada* ao *Todo*, segundo o caminho de seu próprio poema imortal, *Todo y Nada*, em busca da perfeição. Como a fé, a poesia é por natureza ambivalente. Assim como a fé, ao converter-se em fanatismo, torna-se a mais destruidora das máquinas infernais, a poesia, quando se volta contra si mesma, e toda grande prosa é poesia, por não encontrar a saída suprema do silêncio, — pois Deus é o silêncio do perfeito Amor —, pode levar à loucura ou ao suicídio.

Foi o que aconteceu a Nietzsche. Como foi o que sucedeu com Rimbaud, Kleist, Hemingway ou Montherlant. Especialmente no contato com o Todo ou o Nada da existência humana e da transcendência divina ou demoníaca. A *Saison en enfer* não foi apenas uma descida literária ou filosófica aos infernos, como a dos poemas clássicos ou maometanos. Ou mesmo como o poema supremo do cristianismo, com Dante em plena Idade Média. Neles, o poeta não *se fez poesia*. Apenas *fez poesia*. Construiu um poema. Por mais imortal que tenha sido. Por mais completo, como a Divina Comédia. Dante, porém, não *foi* a Divina Comédia. Dante não *viveu o Inferno*. Cantou-o de modo sublime. Infinitamente mais sublime e completo do que Rimbaud. Mas não *participou* dele. Ao passo que o genial adolescente francês, em pleno século XIX, *desceu ao inferno em vida*. Vendeu-se ao demônio, como um novo Fausto. Mas Goethe também não se tornou demoníaco. Entregou ao demônio apenas *um personagem* de sua genial criação poética. Ao passo que Rimbaud *viveu no inferno* ao menos "uma estação do ano". Pois, como disse: *"Je me crois en enfer. Donc j'y suis"*. E foi por ele contaminado *in aeternum*. Ou pelo menos julgou eterna e irremediável a contaminação. Soltou, por isso, seu terrível grito poético, que de certo modo o matou em vida. Ao qual não sobreviveu. Pois não resistiu à participação nesse verão infernal, estação do eterno desconforto, como o inverno era para ele *"la saison du comfort"*. O grande clamor de desespero rimbaldiano foi de ter realmente acreditado na morte de Deus, na morte do Pai. *"Hélas, l'Évangile a passé"*, como quem diz: está ultrapassada a palavra de Deus. E, no entanto, no fundo de seu coração de *"damné"*, de precito, toda a doçura do Amor continua a existir como um paraíso perdido. *"Ó pureté! pureté! c'est cette minute d'éveil qui m'a donné la vision de la pureté! Par l'esprit on va à Dieu! Déchirante infortune!"* Saber que é pelo *espírito que se vai a Deus*, ao Pai, mas o Pai está morto e o caminho do Espírito em direção à pureza definitivamente interditado, "ó dilacerante desgraça!"

No fundo do horizonte, entretanto, não pode livrar-se da visão do *"horrible arbrisseau"*, desse horrível arbusto *que é a cruz do Cristo*, pregada à distância, como o eterno remorso de um mundo irremediavelmente perdido. *"Si Dieu m'accordait le calme céleste aérien, la prière, comme les anciens saints. Ces saints! des fortes!"* Mas o que *participou* realmente do "inferno" está, para quem perdeu a Caridade, isto é a Esperança, condenado a "marchar" eternamente como o Judeu Errante. E finalmente a reconciliar-se com o Mal, com a morte do Eterno, resignado a contentar-se com "a verdade em uma alma e um corpo". Apenas. No deserto de Deus. Inconsolável, na aceitação da irremediável condenação à marcha, à dança, à mediocridade. *"Il faut être absolument moderne"*, em face da morte do Eterno. Inconsolavelmente. Desesperadamente. Terrível poema de desespero, do "combate espiritual tão brutal como a guerra dos homens". De uma noite de agonia sem amanhã. Tão diferente do combate de Jacó com o Anjo. Tão contrário ao da noite de Pascal: *"pleurs, pleurs de joie"*. A noite de

Rimbaud foi a dos olhos sem lágrimas. A do sangue que secou na face esturricada pelo fogo do inferno em vida. A noite das trevas que se ignoram e que se julgam luz. Ou, pior ainda, — pois no inferno não se perde, antes se aguça, a visão da Verdade —, a consciência de uma irremediável reconciliação com o Mal, pelo definitivo afastamento do Bem. O desespero do irreparável. A consciência clara da própria condenação irremediável pelo pecado irremissível contra a Esperança. Tudo isso se encontra nesse terrível grito poético que ressoará ao longo da história do pensamento humano, enquanto houver Poesia sobre a face da Terra. E um poeta "ponha a Beleza sobre os joelhos e a encontre amarga"... O segredo da grande poesia é que sobre ela se pode indefinidamente discretear e nela tudo se encontra, pois suas janelas, ora cerradas, ora escancaradas, permitem o vôo de todas as exegeses. E poucos poetas modernos terão sido mais desencontradamente interpretados como o autor do *Bateau Ivre*, que não apenas tentou *descrever o inferno*, mas *viveu nele* e se deixou irremediavelmente consumir pelo espírito de negação, como a "virgem louca" de seu primeiro "delírio".

Não é de espantar, portanto, que o poema imortal tenha despertado, por toda a parte, a ânsia de ser traduzido. Entre nós já tivemos, que eu saiba, duas traduções completas, a de Xavier Placer e a de Lêdo Ivo. Temos agora esta terceira, a de Ivo Barroso. Uma tradução admirável. Por mais que ainda venha a ser acompanhada de outras muitas, pois cada um de nós arrasta consigo o grande poeta que admira. E os grandes poetas já não se pertencem. São devorados pelos seus leitores. Existem, por isso mesmo, centenas de Homeros. Como milhares de Dantes ou de Shakespeares. E até mesmo, em claves menores, muitas dúzias de Rimbauds. Há quinze ou vinte anos, o poema do jovem "gaulês" despertou em Ivo Barroso uma destas paixões devastadoras, que só mesmo podem despertar as obras-primas. Particularmente aquelas que foram escritas, não só com a paixão da Beleza, mas como fruto ácido de uma luta titânica para a superação do que há de "amargo" e de insuficiente na própria Beleza, que fez com que Rimbaud fizesse explodir, com o seu verbo revolucionário, toda a tradição clássica e romântica da poesia francesa, para abrir, com Baudelaire a seu lado, as comportas espumantes da poesia moderna. A tradução do poema, por Ivo Barroso, foi feita ao mesmo tempo com o maior respeito pelo pensamento do autor, na fidelidade aos mais sutis reflexos de sua expressão verbal, e com a constante preocupação de uma correspondência integral na linguagem vernácula mais depurada. A "estação no inferno" apresenta, como se sabe, uma fusão perfeita entre a mais requintada expressão sonora nos jogos sutis de suas "alquimias verbais" e a chama mais incendiária de uma alma totalmente consumida... pela sua vivência. Ia escrevendo "pelo seu tema". Mas recuei a tempo, pois nesse poema não existe um "tema". O inferno, que o poeta não apenas canta, mas antes brada, urra, vomita, entoa, dança, arrastado pelo seu próprio "élan vital", no que tem de mais profundo e de *comum a toda a humanidade* (pois o poema oscila entre o máximo subjetivismo e o máximo unanimismo do poeta se vendo viver através dos séculos) — esse inferno é o destino dos precitos da mensagem judeu-cristã e não apenas o Hades pagão e muito menos um tema ideológico com variações literárias. É a própria cacofonia satânica, no avesso do que deve ser a Vida tal como Deus a criou e o homem traiu, arrastado pelo Inimigo da criação divina e pela sua própria liberdade devastadora.

De modo que nada mais difícil do que manter essa fusão constante entre o dilaceramento do Verbo e o dilaceramento da Alma, consumidos pelas chamas do Mal. E tudo isso sem perder o sentido da Beleza, naquilo que ela não é amarga e nada tem de triste, representando, pelo contrário, a fusão platônica, em essência, do Belo com a Verdade e o Bem. Trilogia estética, refletindo a Trindade divina, através de sua *negação pelo demônio*, — eis o desafio que Rimbaud lançou aos seus nervos humanos, humanos demais. E por isso não resistiram. Mas o poema resistiu. E se integrou no que de eternidade pode haver no tempo. Pois o que ele viveu *"c'était bien l'enfer; l'ancien, celui dont le fils de l'homme ouvrit les portes"*. Mas a Eternidade já era apenas, para Rimbaud, *"la mer mêlé au soleil "*. Neste mundo. Sem esperança de um mundo melhor. Essa fusão do eterno, na essência das coisas, com o efêmero da expressão verbal foi a *"gageure"* do poeta. Não será este aliás o desafio de todos os poetas? Por mais difícil que fosse a tarefa, seu tradutor vigilante não permitiu que sua atenção se desviasse, levando-o da tradução à traição. Conseguiu, com isso, respeitar o segredo da beleza global do poema, através da soma de parcelas mínimas. A beleza do conjunto alcançada como expressão do cuidado com o detalhe. Conta um crítico de Rodin que, louvando a *vida* de um torso grego autêntico de seu ateliê, pediu-lhe o grande escultor que voltasse, *à noite*, para saber o segredo do escultor anônimo de trinta séculos passados. E na mesma noite, *à luz de uma vela*, mostrou a Paul Gsell que o segredo daquela vibração do mármore era a soma de mínimas ondulações, que o cinzel delicadamente cavara no mármore e que a luz da vela revelava pelas sombras, enquanto a luz do dia só o mostrava *em conjunto*, na forma total do torso, que fazia o mármore vibrar como carne viva! É assim que a técnica serve à Arte. Esse o segredo das grandes obras de beleza. Esse o segredo da vida coletiva pela soma, inapreciável a olhos nus, das minúcias da expressão verbal, que existe no poema rimbaldiano e seu tradutor procurou reproduzir, o mais fielmente possível, em nossa língua, com uma ciência aguda dos dois idiomas. E, acima de tudo, pela empatia com o drama do poeta.

Honra, pois, ao bravo Ênio Silveira, o mais perseguido e o mais perseverante dos nossos grandes editores, assim como a esse corajoso empreendedor de uma árdua tarefa como essa, a da transposição ao nosso vernáculo de uma das expressões mais difíceis da poesia universal, por se proporem a dar aos leitores brasileiros esta primorosa edição bilíngue. Uma verdadeira Frinéia literária, em que o tradutor não pode esconder nada do seu trabalho, podendo o leitor colaborar inclusive com suas próprias soluções. E na qual o poeta e o poema se apresentam, a nossos olhos, como a própria imagem da poesia, sempre *em marcha* e em *luta*, enquanto a palavra não encontra a paz do Silêncio.

TRISTÃO DE ATHAYDE

1972

UMA ESTADIA NO INFERNO
UNE SAISON EN ENFER

*****

  Jadis, si je me souviens bien, ma vie était un festin où, s'ouvraient tous les cœurs, où tous les vins coulaient.

  Un soir, j'ai assis la Beauté sur mes genoux. — Et je l'ai trouvée amère. — Et je l'ai injuriée.

  Je me suis armé contre la justice.

  Je me suis enfui. Ô sorcieres, ô misères, ô haine, c'est à vous que mon trésor a été confié!

  Je parvins à faire s'évanouir dans mon esprit toute l'espérance humaine. Sur toute joie pour l'etrangler j'ai fait le bond sourd de la bête féroce.

  J'ai appelé les bourreaux pour, en périssant, mordre la crosse de leurs fusils. J'ai appelé les fléaux, pour m'étouffer avec le sable, le sang. Le malheur a été mon dieu. Je me suis allongé dans la boue. Je me suis séché à l'air du crime. Et j'ai joué de bons tours à la folie.

  Et le printemps m'a apporté l'affreux rire de l'idiot.

  Or, tout dernièrement m'étant trouvé sur le point de faire le dernier couac! *j'ai songé à rechercher la clef du festin ancien, où je reprendrais peut-être appétit.*

  La charité est cette clef. — Cette inspiration prouve que j'ai rêvé!

  "Tu resteras hyène, etc.", se récrie le démon qui me couronna de si aimables pavots. "Gagne la mort avec tous tes appétits, et ton égoïsme et tous les péchés capitaux."

  Ah! j'en ai trop pris: — Mais, cher Satan, je vous en conjure, une prunelle moins irritée! et en attendant les quelques petites lâchetés en retard, vous qui aimez dans l'écrivain l'absence des facultés descriptives ou instructives, je vous détache ces quelques hideux feuillets de mon carnet de damné.

*****1

"Outrora,² se bem me lembro, minha vida era um festim³ — aberto a todos os corações, regado por todos os vinhos.

Um dia, sentei a Beleza⁴ no meu colo. — Achei-a amarga. — E injuriei-a.

Contra justiça armei-me.⁵

E fugi. Ó feiticeiras, ó miséria, ó ódio⁶ — o meu tesouro foi confiado a vós!

Cheguei a dissipar de meu espírito o último traço de esperança⁷ humana. Num salto surdo de animal feroz, pulei sobre cada alegria para estrangulá-la.

Invoquei verdugos para, agonizando, morder-lhes a coronha dos fuzis. Invoquei flagelos, para me sufocar nos areais, no sangue. Fiz da desgraça um deus. E me espojei na lama. E me estendi a secar na aura do crime. E andei pregando peças à loucura.

A primavera trouxe a mim o riso horrível do idiota.

Mas, como estive ultimamente à beira de sofrer meu último *engasgo!*⁸ sonhei reencontrar a chave do festim antigo, onde talvez pudesse recuperar o apetite.

A chave se chama caridade.⁹ — Essa inspiração é prova que sonhei!

"Sempre hás-de ser hiena, etc...", reclama o demônio que me coroou de tão amáveis papoulas.¹⁰ "Alcança a morte com todos os teus apetites, teu egoísmo e todos os pecados capitais."

Ah! que os provei demais: — Porém, caro Satan,¹¹ eu vos conjuro,¹² uma pupila menos carregada! e à espera de minhas pequenas covardias em atraso, para vós que apreciais no escritor a ausência de faculdades descritivas ou instrutivas — arranco estas páginas odientas de meu caderno de maldito.

133

MAUVAIS SANG

J'ai de mes ancêtres gaulois l'œil bleu blanc, la cervelle étroite, et la maladresse dans la lutte. Je trouve mon habillement aussi barbare que le leur. Mais je ne beurre pas ma chevelure.

Les Gaulois étaient les écorcheurs de bêtes, les brûleurs d'herbes les plus ineptes de leur temps.

D'eux, j'ai: l'idolâtrie et l'amour du sacrilège; — oh! tous les vices, colère, luxure, — magnifique, la luxure; — surtout mensonge et paresse.

J'ai horreur de tous les métiers. Maîtres et ouvriers, tous paysans, ignobles. La main à plume vaut la main à charrue. — Quel siècle à mains! — Je n'aurai jamais ma main. Après, la domesticité mène trop loin. L'honnêteté de la mendicité me navre. Les criminels dégoûtent comme des châtrés: moi, je suis intact, et ça m'est égal.

Mais! qui a fait ma langue perfide tellement, qu'elle ait guidé et sauvegardé jusqu'ici ma paresse? Sans me servir pour vivre même de mon corps, et plus oisif que le crapaud, j'ai vécu partout. Pas une famille d'Europe que je ne connaisse. — J'entends des familles comme la mienne, qui tiennent tout de la déclaration des Droits de l'Homme. — J'ai connu chaque fils de famille!

Si j'avais des antécédents à un point quelconque de l'histoire de France!

Mais non, rien.

Il m'est bien évident que j'ai toujours été race inférieure. Je ne puis comprendre la révolte. Ma race ne se souleva jamais que pour piller: tels les loups à la bête qu'ils n'ont pas tuée.

Je me rappelle l'histoire de la France fille aînée de l'Église. J'aurais fait, manant, le voyage de terre sainte; j'ai dans la tête des routes dans les plaines souabes, des vues de Byzance, des

SANGUE MAU

Herdei de meus antepassados gauleses os olhos azuis claros, a mente estreita[1] e esta inabilidade para a luta. Acho-me no vestir tão bárbaro quanto eles. Só não besunto a cabeleira.

Os gauleses foram os mais ineptos esfoladores de animais e queimadores de ervas, de seu tempo.

Deles, guardo: a idolatria, o amor ao sacrilégio; oh! todos os vícios, cólera, luxúria, — que magnífica, a luxúria; — e principalmente a preguiça e a mentira.

Tenho horror a todos os empregos.[2] Operários e patrões, todos rústicos, ignóbeis. A mão que escreve vale a mão que lavra. — Que século de mãos! — Jamais darei as minhas. Mesmo porque, o servilismo leva[3] a longe demais. A honradez da mendicância me exaspera. Os criminosos repugnam como castrados: quanto a mim, estou intacto, e isso tanto faz.[4]

Mas! quem me fez a língua assim tão pérfida, capaz de conduzir e proteger minha indolência até agora? Sem me servir para viver sequer do corpo, e mais ocioso do que o sapo, andei por toda parte. Não há família da Europa que não tenha conhecido. — Famílias, bem entendido, iguais à minha, que têm tudo da declaração dos Direitos do Homem. — Conheci cada filho de família!

Se ao menos eu tivesse antecedentes num ponto qualquer da história da França!

Mas não, nenhum.

É de todo evidente que sempre fui raça inferior. Não consigo compreender a revolta. Minha raça jamais se rebelou, senão para pilhar: como os lobos ao animal que não mataram.

Rememoro a história da França filha primaz da Igreja.[5] Teria, servo da gleba,[6] demandado a terra santa; na mente guardo caminhos de planícies suábias, paisagens de Bizâncio, mura-

remparts de Solyme; le culte de Marie, l'attendrissement sur le crucifié s'éveillent en moi parmi mille féeries profanes. — Je suis assis, lépreux, sur les pots cassés et les orties, au pied d'un mur rongé par le soleil. — Plus tard, reître, j'aurais bivaqué sous les nuits d'Allemagne.

Ah! encore: je danse le sabbat dans une rouge clairière, avec des vieilles et des enfants.

Je ne me souviens pas plus loin que cette terre-ci et le christianisme. Je n'en finirais pas de me revoir dans ce passé. Mais toujours seul; sans famille; même, quelle langue parlais-je? Je ne me vois jamais dans les conseils du Christ; ni dans les conseils des Seigneurs, — représentants du Christ.

Qu'étais-je au siècle dernier: je ne me retrouve qu'aujourd'hui. Plus de vagabonds, plus de guerres vagues. La race inférieure a tout couvert — le peuple, comme on dit, la raison; la nation et la science.

Oh! la science! On a tout repris. Pour le corps et pour l'âme, — le viatique, — on a la médecine et la philosophie, — les remèdes de bonnes femmes et les chansons populaires arrangées. Et les divertissements des princes et les jeux qu'ils interdisaient! Géographie, cosmographie, mécanique, chimie!...

La science, la nouvelle noblesse! Le progrès. Le monde marche! Pourquoi ne tournerait-il pas?

C'est la vision des nombres. Nous allons à l'Esprit. C'est très-certain, c'est oracle, ce que je dis. Je comprends, et ne sachant m'expliquer sans paroles païennes, je voudrais me taire.

Le sang païen revient! L'Esprit est proche, pourquoi Christ ne m'aide-t-il pas, en donnant à mon âme noblesse et liberté. Hélas! l'Évangile a passé! l'Évangile! l'Évangile.

J'attends Dieu avec gourmandise. Je suis de race inférieure de toute éternité.

Me voici sur la plage armoricaine. Que les villes s'allument dans le soir. Ma journée est faite; je quitte l'Europe. L'air marin brûlera mes poumons; les climats perdus me tanneront. Nager, broyer l'herbe, chasser, fumer surtout; boire des liqueurs fortes comme du métal bouillant, — comme faisaient ces chers ancêtres autour des feux.

lhas de Jerusalém;[7] o culto de Maria, a compaixão pelo crucificado despertam em mim entre mil encantamentos profanos. — Vejo-me, leproso, sentado sobre cacos e urtigas, ao pé de um muro carcomido pelo sol. — Mais tarde, mercenário,[8] teria bivacado[9] sob as noites da Alemanha.

Ah! tem mais: danço o sabá numa clareira rubra, em meio a velhas e crianças.

De nada mais me lembro anterior a esta terra e o cristianismo. Nunca iria acabar de me rever nesse passado. Mas sempre só; sem família; e até mesmo que língua eu falaria? Nunca me vejo nos conselhos do Cristo; nem nos concílios dos Senhores, — representantes do Cristo.

Quem quer que eu fosse no século passado: só hoje me reencontro. Nada de vagabundos, nem de guerras vagas. A raça inferior se sobrepõe a tudo — o povo, como se diz, a razão; a nação e a ciência.

Oh! a ciência! Tudo foi revisto. Para o corpo e a alma, — o viático,[10] — tem-se a medicina e a filosofia, — os remédios caseiros e as canções populares adequadas. E as distrações dos príncipes e os jogos por eles proibidos! Geografia, cosmografia, química, mecânica!...[11]

Ciência, a nova nobreza! O progresso. O mundo marcha! Por que não haveria de girar?[12]

É a visão dos números. Vamos em direção do *Espírito*. É mais-que-certo, oracular, o que ora digo. Compreendo, mas incapaz de me explicar sem palavras pagãs, preferiria emudecer.

Ressurge o sangue pagão! O Espírito está próximo, por que Cristo não me ampara, dando à minha alma nobreza e liberdade. Mas qual! o Evangelho passou! o Evangelho! o Evangelho.[13]

Espero Deus com verdadeira gula.[14] Sou de raça inferior por toda a eternidade.

Eis-me na praia armoricana.[15] Que as cidades se iluminem na noite. Minha jornada chega ao fim; deixarei a Europa.[16] A brisa marinha há-de crestar os meus pulmões; climas perdidos curtirão a minha pele. Nadar, macerar ervas, caçar, fumar principalmente; beber licores fortes como metal fervente, — como faziam meus caros ancestrais em volta das fogueiras.

Je reviendrai, avec des membres de fer, la peau sombre, l'œil furieux: sur mon masque, on me jugera d'une race forte. J'aurai de l'or: je serai oisif et brutal. Les femmes soignent ces féroces infirmes retour des pays chauds. Je serai mêlé aux affaires politiques. Sauvé.

Maintenant je suis maudit, j'ai horreur de la patrie. Le meilleur, c'est un sommeil bien ivre, sur la grève.

On ne part pas. — Reprenons les chemins d'ici, chargé de mon vice, le vice qui a poussé ses racines de souffrance à mon côté, dès l'âge de raison — qui monte au ciel, me bat, me renverse, me traîne.

La dernière innocence et la dernière timidité. C'est dit. Ne pas porter au monde mes dégoûts et mes trahisons.

Allons! La marche, le fardeau, le désert, l'ennui et la colère.

À qui me louer? Quelle bête faut-il adorer? Quelle sainte image attaque-t-on? Quels cœurs briserai-je? Quel mensonge dois-je tenir? — Dans quel sang marcher?

Plutôt, se garder de la justice. — La vie dure, l'abrutissement simple, — soulever, le poing desséché, le couvercle du cercueil, s'asseoir, s'étouffer. Ainsi point de vieillesse, ni de dangers: la terreur n'est pas française.

— Ah! je suis tellement délaissé que j'offre à n'importe quelle divine image des élans vers la perfection.

Ô mon abnégation, ô ma charité merveilleuse! ici-bas, pourtant!

De profundis Domine, suis-je bête!

Encore tout enfant, j'admirais le forçat intraitable sur qui se referme toujours le bagne; je visitais les auberges et les garnis qu'il aurait sacrés par son séjour; je voyais avec son idée *le ciel bleu et le travail fleuri de la campagne; je flairais sa fatalité dans les villes. Il avait plus de force qu'un saint, plus de bon sens qu'un voyageur — et lui, lui seul! pour témoin de sa gloire et de sa raison.*

Sur les routes, par des nuits d'hiver, sans gîte, sans habits, sans pain, une voix étreignait mon cœur gelé: "Faiblesse ou

Retornarei, membros de ferro, pele queimada, olhar em fúria: a julgar pela máscara, dirão que sou de alguma raça forte. Terei ouro: serei indolente e brutal. As mulheres assistem esses ferozes inválidos em seu regresso dos países quentes. Estarei envolvido nas questões políticas. Salvo.

Por ora sou maldito, tenho horror à pátria. O melhor será dormir, embriagado sobre a areia.

Mas não se parte.[17] — Retomemos os caminhos do aqui, a carregar meu vício,[18] que desde a idade da razão deitou raízes de sofrimento no meu flanco — que ergue ao céu, me açoita, me derruba e arrasta.

Última inocência e última timidez. Já disse. Não transmitir ao mundo minhas repugnâncias e minha traições.

Vamos! A marcha, o fardo, o deserto, o tédio e a fúria.

A quem vender-me? Que animal é preciso adorar? Que santa imagem atacaremos? Que corações destruirei? Que mentiras devo sustentar? — Sobre que sangue prosseguir?

Melhor, precaver contra a justiça.[19] — A vida difícil, o simples embrutecimento, — erguer, com o punho descarnado, a tampa do caixão, entrar nele, sufocar.[20] Assim nada de velhice, nem perigos: o terror não é francês.

— Ah! sinto-me tão desamparado que ofereço seja a qual for imagem os meus anseios de perfeição.

Ó minha abnegação, ó minha caridade espantosa! mas aqui, neste mundo!

De profundis Domine, idiota que sou!

Bem menino ainda, admirava o forçado[21] intratável contra quem se cerram sempre as grades da prisão; visitava os albergues e pensões que ele teria santificado com a sua estadia; via *em sua mente* o céu azul e a florida faina dos campos; farejava sua fatalidade pelas ruas. Ele tinha mais força que um santo, mais intuição que um viajante — e a si, só a si! por testemunha de sua glória e de sua razão.

Nos caminhos, em noites de inverno, sem pousada, sem roupa, sem comida, uma voz me estreitava o coração gelado:

force: te voilà, c'est la force. Tu ne sais ni où tu vas ni pourquoi tu vas, entre partout, réponds à tout. On ne te tuera pas plus que si tu étais cadavre." Au matin j'avais le regard si perdu et la contenance si morte, que ceux que j'ai rencontrés ne m'ont peut-être pas vu.

Dans les villes la boue m'apparaissait soudainement rouge et noire, comme une glace quand la lampe circule dans la chambre voisine, comme un trésor dans la forêt! Bonne chance, criais-je, et je voyais une mer de flammes et de fumée au ciel; et, à gauche, à droite, toutes les richesses flambant comme un milliard de tonnerres.

Mais l'orgie et la camaraderie des femmes m'étaient interdites. Pas même un compagnon. Je me voyais devant une foule exaspérée, en face du peloton d'exécution, pleurant du malheur qu'ils n'aient pu comprendre, et pardonnant! — Comme Jeanne d'Arc! — "Prêtres, professeurs, maîtres, vous vous trompez en me livrant à la justice. Je n'ai jamais été de ce peuple-ci; je n'ai jamais été chrétien; je suis de la race qui chantait dans le supplice; je ne comprends pas les lois; je n'ai pas le sens moral, je suis une brute: vous vous trompez..."

Oui, j'ai les yeux fermés à votre lumière. Je suis une bête, un nègre. Mais je puis être sauvé. Vous êtes de faux nègres, vous maniaques, féroces, avares. Marchand, tu es nègre; magistrat, tu es nègre; général, tu es nègre; empereur, vieille démangeaison, tu es nègre: tu as bu d'une liqueur non taxée, de la fabrique de Satan. — Ce peuple est inspiré par la fièvre et le cancer. Infirmes et vieillards sont tellement respectables qu'ils demandent à être bouillis. — Le plus malin est de quitter ce continent, où la folie rôde pour pourvoir d'otages ces misérables. J'entre au vrai royaume des enfants de Cham.

Connais-je encore la nature? me connais-je? — Plus de mots. J'ensevelis les morts dans mon ventre. Cris, tambour, danse, danse, danse, danse! Je ne vois même pas l'heure où, les blancs débarquant, je tomberai au néant.

Faim, soif, cris, danse, danse, danse, danse!

———

Les blancs débarquent. Le canon! Il faut se soumettre au baptême, s'habiller, travailler.

"Fraqueza ou força: aqui estás, é a força. Não sabes aonde vais nem por que vais, mas entra em toda parte, aberto a tudo. Não te matarão mais do que se já fosses cadáver." Pela manhã meu olhar era tão vago e minha aparência tão morta, que as pessoas que encontrei *talvez nem me tenham visto*.[22]

Nas cidades via a lama surgir vermelha e negra de repente como um espelho quando no quarto ao lado uma lâmpada circula, como um tesouro na floresta! Bom sinal, exclamava, e via no céu um mar de chamas e fumaça; e, à esquerda, à direita, todas as riquezas a flamejar como um bilhão de raios.

Mas a orgia e a camaradagem das mulheres me estavam proibidas. Nem mesmo um companheiro. Eu me via frente à multidão exasperada, diante do pelotão de fuzilamento, chorar pela desgraça de não me terem podido compreender, e perdoando! — Como Joana d'Arc! — "Padres, patrões e mestres, enganai-vos entregando-me à justiça. Jamais pertenci a este povo; nunca fui cristão; sou da raça que cantava no suplício; não compreendo as leis; não tenho senso moral, sou um bruto: enganai-vos..."

É verdade, meus olhos estão fechados para a vossa luz. Sou um bicho, um negro. Mas posso ser salvo.[23] Falsos negros que sois, vós maníacos, perversos, avaros. Mercador, és negro; magistrado, és negro; general, és negro; imperador, velha comichão,[24] és negro: bebeste um licor clandestino, do fabrico de Satan. — Este povo se inspira na febre e no câncer. Velhos e inválidos são de tal modo respeitáveis que pedem para ser cozidos. — O mais sagaz será deixar tal continente, onde a loucura ronda a prover reféns a esses miseráveis. Penetro o verdadeiro reino dos filhos de Cam.[25]

Ainda conheço a natureza? será que me conheço? — *Chega de frases*. Enterro os mortos no meu ventre.[26] Gritos, tambor, dança, dança, dança, dança! Não vejo nem mesmo a hora em que, desembarcando os brancos, cairei no nada.

Fome, sede, gritos, dança, dança, dança, dança!

Os brancos desembarcam. O canhão! Há que submeter-se ao batismo, vestir-se, trabalhar.

J'ai reçu au cœur le coup de la grâce. Ah! je ne l'avais pas prévu!

Je n'ai point fait le mal. Les jours vont m'être légers, le repentir me sera épargné. Je n'aurai pas eu les tourments de l'âme presque morte au bien, où remonte la lumière sévère comme les cierges funéraires. Le sort du fils de famille, cercueil prématuré couvert de limpides larmes. Sans doute la débauche est bête, le vice est bête; il faut jeter la pourriture à l'écart. Mais l'horloge ne sera pas arrivée à ne plus sonner que l'heure de la pure douleur! Vais-je être enlevé comme un enfant, pour jouer au paradis dans l'oubli de tout le malheur!

Vite! est-il d'autres vies? — Le sommeil dans la richesse est impossible. La richesse a toujours été bien public. L'amour divin seul octroie les clefs de la science. Je vois que la nature n'est qu'un spectacle de bonté. Adieu chimères, idéals, erreurs.

Le chant raisonnable des anges s'élève du navire sauveur: c'est l'amour divin. — Deux amours! je puis mourir de l'amour terrestre, mourir de dévouement. J'ai laissé des âmes dont la peine s'accroîtra de mon départ! Vous me choisissez parmi les naufragés; ceux qui restent sont-ils pas mes amis?

Sauvez-les!

La raison m'est née. Le monde est bon. Je bénirai la vie. J'aimerai mes frères. Ce ne sont plus des promesses d'enfance. Ni l'espoir d'échapper à la vieillesse et à la mort. Dieu fait ma force, et je loue Dieu.

L'ennui n'est plus mon amour. Les rages, les débauches, la folie, dont je sais tous les élans et les désastres, — tout mon fardeau est déposé. Apprécions sans vertige l'étendue de mon innocence.

Je ne serais plus capable de demander le réconfort d'une bastonnade. Je ne me crois pas embarqué pour une noce avec Jésus-Christ pour beau-père.

Je ne suis pas prisonnier de ma raison. J'ai dit: Dieu. Je veux la liberté dans le salut: comment la poursuivre? Les goûts frivoles m'ont quitté. Plus besoin de dévouement ni d'amour divin. Je ne regrette pas le siècle des cœurs sensibles. Chacun a sa raison, mépris et charité: je retiens ma place au sommet de cette angélique échelle de bon sens.

Recebo o golpe da graça[27] em pleno coração. Ah! não o havia previsto!

Nunca pratiquei o mal. Leves me serão os dias, poupado de todo arrependimento. Não terei padecido os tormentos da alma quase morta para o bem, por onde ascende a luz severa como círios fúnebres. A sorte do filho de família, esquife prematuro coberto de límpidas lágrimas. Sem dúvida a devassidão é tola, o vício estúpido; é preciso pôr a podridão à parte. Mas o relógio não conseguirá fazer soar apenas a hora da pura dor! Será que irei ao paraíso, levado como uma criança, para brincar no esquecimento de todas as desgraças!

Dizei! Haverá outras vidas? — O sono na riqueza é impossível. A riqueza sempre foi bem público. Só o amor divino outorga as chaves da ciência. Vejo que a natureza é toda um espetáculo de bondade. Adeus quimeras, ideais, enganos.

O canto racional dos anjos se eleva da nave salvadora: é o amor divino. — Dois amores! posso morrer de amor terrestre, morrer de devoção. Abandonei almas cuja dor se acresceu desse abandono! Vós me escolheis entre os náufragos; mas os que ficam não são acaso meus amigos?

Salvai-os!

Nasceu-me a razão. O mundo é bom. Bendirei a vida. Amarei meus irmãos. Já não são as promessas da infância. Nem a esperança de escapar à velhice e à morte. Deus dá-me forças, e bendigo a Deus.

O tédio não é mais meu amor.[28] As violências, os deboches, a loucura, de que conheço todos os impulsos e reveses, — todo o meu fardo está deposto. Apreciemos sem vertigem a extensão desta inocência.

Já não serei capaz de reclamar o reconforto de uma bastonada.[29] Não me creio a caminho de núpcias tendo Jesus Cristo como sogro.[30]

Não sou prisioneiro da razão. Já disse: Deus. Quero liberdade na salvação: como alcançá-la? Prazeres frívolos já me abandonaram. Basta de devido amor e amor divino.[31] Não lastimo o século dos corações sensíveis. Cada qual tem sua razão, desprezo e caridade: matenho meu lugar no alto dessa escada angélica de bom senso.

Quant au bonheur établi, domestique ou non... non, je ne peux pas. Je suis trop dissipé, trop faible. La vie fleurit par le travail, vieille vérité: moi, ma vie n'est pas assez pesante, elle s'envole et flotte loin au-dessus de l'action, ce cher point du monde.

Comme je deviens vieille fille, à manquer du courage d'aimer la mort!

Si Dieu m'accordait le calme céleste, aérien, la prière, — comme les anciens saints. — Les saints! des forts! les anachorètes, des artistes comme il n'en faut plus!

Farce continuelle! Mon innocence me ferait pleurer. La vie est la farce à mener par tous.

———

Assez! *voici la punition.* — En marche!

Ah! les poumons brûlent, les tempes grondent! la nuit roule dans mes yeux, par ce soleil! le cœur... les membres...

Où va-t-on? au combat? Je suis faible! les autres avancent. Les outils, les armes... le temps!...

Feu! feu sur moi! Là! ou je me rends. — Lâches! — Je me tue! Je me jette aux pieds des chevaux!

Ah!...

— *Je m'y habituerai.*

Ce serait la vie française, le sentier de l'honneur!

———

Quanto à felicidade convencional, doméstica ou não... não, não agüento. Sou por demais devasso, fraco demais. A vida floresce com o trabalho, velha verdade: mas eu, não acho a vida assim pesada, ela se evola e flutua longe muito acima da ação, ponto axial do mundo.

Que solteirona estou ficando, por não ter coragem de adorar a morte!

Se Deus me concedesse a calma celestial, etérea, a prece, — como os santos de outrora. — Os santos! uns fortes! os anacoretas, artistas como não se devem mais fazer![32]

Perpétua farsa! Minha inocência me faria chorar. A vida é farsa a ser levada por todos.

Basta! Eis o castigo. — *Em marcha!*

Ah! os pulmões me queimam, as têmporas latejam! a noite rola nos meus olhos, com este sol! o coração... os membros...

Aonde vamos? ao combate? Sou um fraco! os outros avançam. Os petrechos, as armas... o tempo!...

Fogo! fogo sobre mim! Vamos! ou me entrego. — Covardes! — Eu me mato! Atiro-me às patas dos cavalos!

Ah!...

— Eu me habituarei.

Seria a vida francesa, o caminho da honradez!

NUIT DE L'ENFER

J'ai avalé une fameuse gorgée de poison. — Trois fois béni soit le conseil qui m'est arrivé! — Les entrailles me brûlent. La violence du venin tord mes membres, me rend difforme, me terrasse. Je meurs de soif, j'étouffe, je ne puis crier. C'est l'enfer, l'éternelle peine! Voyez comme le feu se relève! Je brûle comme il faut. Va, démon!

J'avais entrevu la conversion au bien et au bonheur, le salut. Puis-je décrire la vision, l'air de l'enfer ne souffre pas les hymnes! C'était des millions de créatures charmantes, un suave concert spirituel, la force et la paix, les nobles ambitions, que sais-je?

Les nobles ambitions!

Et c'est encore la vie! — Si la damnation est éternelle! Un homme qui veut se mutiler est bien damné, n'est-ce pas? Je me crois en enfer, donc j'y suis. C'est l'exécution du catéchisme. Je suis esclave de mon baptême. Parents, vous avez fait mon malheur et vous avez fait le vôtre. Pauvre innocent! — L'enfer ne peut attaquer les païens. — C'est la vie encore! Plus tard, les délices de la damnation seront plus profondes. Un crime, vite, que je tombe au néant, de par la loi humaine.

Tais-toi, mais tais-toi!... C'est la honte, le reproche, ici: Satan qui dit que le feu est ignoble, que ma colère est affreusement sotte. — Assez!... Des erreurs qu'on me souffle, magies, parfums faux, musiques puériles. — Et dire que je tiens la vérité, que je vois la justice: j'ai un jugement sain et arrêté, je suis prêt pour la perfection... Orgueil. — La peau de ma tête se dessèche. Pitié! Seigneur, j'ai peur. J'ai soif, si soif! Ah! l'enfance, l'herbe, la pluie, le lac sur les pierres, le clair de lune quand le clocher sonnait douze... le diable est au clocher, à cette heure. Marie! Sainte-Vierge!... — Horreur de ma bêtise.

Là-bas, ne sont-ce pas des âmes honnêtes, qui me veulent

NOITE DO INFERNO

Tomei uma talagada de veneno.[1] — Bendito seja três vezes o conselho que me veio! Ardem-me as entranhas. A violência do veneno me retorce, me deforma, me derruba. Morro de sede, sufoco, não consigo gritar. É o inferno, a pena eterna! Vede como o fogo se aviva! Ardo de verdade. Vem, demônio!

Havia vislumbrado a conversão ao bem e à felicidade, a salvação. Poderei descrever a visão, o ar do inferno não suporta hinos![2] Eram milhões de criaturas encantadoras, um suave concerto espiritual, a força e a paz, as nobres ambições, nem sei mais.

As nobres ambições!

E ainda é a vida! — Mas se a danação é eterna! Um homem que deseja mutilar-se é bem um condenado, não é mesmo? Eu me creio no inferno, logo estou nele. É a concretização do catecismo. Sou escravo de meu batismo. Pais, fizestes minha desgraça e bem assim a vossa. Pobre inocente! — O inferno não atinge os pagãos. — É a vida ainda! Mais tarde, serão mais profundas as delícias da condenação. Um crime, rápido, para que eu me precipite no nada, segundo a lei humana.

Mas cala-te, cala-te!... É a vergonha, a reprimenda, aqui: Satan achando o fogo ignóbil e minha ira horrivelmente estúpida. — Chega!... Erros que me segredam, magias, enganosos perfumes, músicas pueris. — E dizer que possuo a verdade, que enxergo a justiça: tenho um julgamento sadio e firme, estou pronto para a perfeição... Orgulho. — Tosta-me o couro da cabeça. Piedade! Senhor, tenho medo. Tenho sede, tanta sede! Ah! a infância, a relva, a chuva, o lago sobre as pedras, *a lua quando o sino à meia-noite soa*...[3] o diabo é o sineiro, nessa hora. Maria! Virgem Santa!... — Horror de minha estupidez.

Não estarão, lá embaixo, almas honestas que me querem

du bien... Venez... J'ai un oreiller sur la bouche, elles ne m'entendent pas, ce sont des fantômes. Puis, jamais personne ne pense à autrui. Qu'on n'approche pas. Je sens le roussi, c'est certain.

Les hallucinations sont innombrables. C'est bien ce que j'ai toujours eu: plus de foi en l'histoire, l'oubli des principes. Je m'en tairai: poètes et visionnaires seraient jaloux. Je suis mille fois le plus riche, soyons avare comme la mer.

Ah çà! l'horloge de la vie s'est arrêtée tout à l'heure. Je ne suis plus au monde. — La théologie est sérieuse, l'enfer est certainement en bas — et le ciel en haut. — Extase, cauchemar, sommeil dans un nid de flammes.

Que de malices dans l'attention dans la campagne... Satan, Ferdinand, court avec les graines sauvages... Jésus marche sur les ronces purpurines, sans les courber... Jésus marchait sur les eaux irritées. La lanterne nous le montra debout, blanc et des tresses brunes, au flanc d'une vague d'émeraude...

Je vais dévoiler tous les mystères: mystères religieux ou naturels, mort, naissance, avenir, passé, cosmogonie, néant. Je suis maître en fantasmagories.

Écoutez!...

J'ai tous les talents! — Il n'y a personne ici et il y a quelqu'un: je ne voudrais pas répandre mon trésor. — Veut-on des chants nègres, des danses de houris? Veut-on que je disparaisse, que je plonge à la recherche de l'anneau? Veut-on? Je ferai de l'or, des remèdes.

Fiez-vous donc à moi, la foi soulage, guide, guérit. Tous, venez, — même les petits enfants, — que je vous console, qu'on répande pour vous son cœur, — le cœur merveilleux! — Pauvres hommes, travailleurs! Je ne demande pas de prières; avec votre confiance seulement, je serai heureux.

— Et pensons à moi. Ceci me fait peu regretter le monde. J'ai de la chance de ne pas souffrir plus. Ma vie ne fut que folies douces, c'est regrettable.

Bah! faisons toutes les grimaces imaginables.

Décidément, nous sommes hors du monde. Plus aucun son. Mon tact a disparu. Ah! mon château, ma Saxe, mon bois de saules. Les soirs, les matins, les nuits, les jours... Suis-je las!

Je devrais avoir mon enfer pour la colère, mon enfer pour l'orgueil, — et l'enfer de la caresse; un concert d'enfers.

bem?... Vinde... Tenho um travesseiro sobre a boca, elas não me ouvem, são fantasmas. Além disso, ninguém pensa nos outros. Que não se aproximem. Cheiro a queimado, com certeza.

As alucinações são incontáveis. Exatamente o que sempre tive: nenhuma fé na história, descaso pelos princípios. Mas nada direi: poetas e visionários morreriam de inveja. Sou de longe o mais rico, sejamos avaro como o mar.

Esta agora! o relógio da vida estancou de repente. Não estou mais no mundo. — A teologia sabe o que diz, o inferno certamente está *em baixo* — e o céu em cima. — Êxtase, pesadelo, sono em um ninho de chamas.

Quanta malícia na atenciosidade do campo... Satan, Ferdinando,[4] corre com os grãos selvagens... Jesus caminha sobre as sarças púrpuras, sem curvá-las... Jesus caminhava sobre as águas iradas. A lanterna mágica o mostrava de pé, pálido, com suas tranças castanhas ao flanco de uma onda de esmeralda...[5]

Vou desvendar todos os mistérios: mistérios religiosos ou naturais, morte, nascimento, futuro, passado, cosmogonia, nada. Sou mestre em fantasmagorias.

Escutai!...

Tenho todos os talentos! — Aqui não há ninguém e há alguém: não quisera repartir o meu tesouro. — Querem cantos negros, danças de huris? Querem que eu desapareça, que mergulhe em demanda do *anel*?[6] Querem? Farei ouro, remédios.

Confiai pois em mim, a fé conforta, guia, cura. Vinde, todos — até mesmo as criancinhas, — para que vos console, para que se derrame por vós seu coração, — o coração maravilhoso! — Pobres homens, trabalhadores! Não suplico orações; vossa confiança me basta para ser feliz.

— E pensemos em mim. Isso me faz sentir pouca falta do mundo. Tenho a sorte de não sofrer mais. Minha vida não passou de doces loucuras, é lastimável.

Ora essa! façamos todas as caretas possíveis.

Estamos, positivamente, fora do mundo.[7] Nem mais um som. Meu tato desapareceu. Ah! meu castelo, minha Saxônia,[8] meu bosque de salgueiros. As tardes, as manhãs, as noites, os dias... Cansado estou!

Eu devia merecer meu inferno pela cólera, meu inferno pelo orgulho, — e o inferno da carícia; um concerto de infernos.

Je meurs de lassitude. C'est le tombeau, je m'en vais aux vers, horreur de l'horreur! Satan, farceur, tu veux me dissoudre, avec tes charmes. Je réclame. Je réclame! un coup de fourche, une goutte de feu.

Ah! remonter à la vie! Jeter les yeux sur nos difformités. Et ce poison, ce baiser mille fois maudit! Ma faiblesse, la cruauté du monde! Mon Dieu, pitié, cachez-moi, je me tiens trop mal! — Je suis caché et je ne le suis pas.

C'est le feu qui se relève avec son damné.

Morro de fadiga. É o túmulo, vou-me aos vermes,[9] o horror dos horrores! Satan, farsante, queres dissolver-me, com teus encantos. Exijo. Exijo! uma gota de fogo, um golpe de tridente.

Ah! voltar à tona da vida! Contemplar nossas deformidades. E este veneno, este beijo mil vezes maldito! Minha fraqueza, a crueldade do mundo! Piedade, meu Deus, oculta-me, que não me agüento mais! — Estou oculto e não estou.

É o fogo que se aviva ardendo o condenado.[10]

DÉLIRES

I

VIERGE FOLLE

L'Époux Infernal

Écoutons la confession d'un compagnon d'enfer:
"Ô divin Époux, mon Seigneur, ne refusez pas la confession de la plus triste de vos servantes. Je suis perdue. Je suis soûle. Je suis impure. Quelle vie!

"Pardon, divin Seigneur, pardon! Ah! pardon! Que de larmes! Et que de larmes encore plus tard, j'espère!

"Plus tard, je connaîtrai le divin Époux! Je suis née soumise à Lui. — L'autre peut me battre maintenant!

"À présent, je suis au fond du monde! Ô mes amies!... non, pas mes amies... Jamais délires ni tortures semblables... Est-ce bête!

"Ah! je souffre, je crie. Je souffre vraiment. Tout pourtant m'est permis, chargée du mépris des plus méprisables cœurs.

"Enfin, faisons cette confidence, quitte à la répéter vingt autres fois, — aussi morne, aussi insignifiante!

"Je suis esclave de l'Époux infernal, celui qui a perdu les vierges folles. C'est bien ce démon-là. Ce n'est pas un spectre, ce n'est pas un fantôme. Mais moi qui ai perdu la sagesse, qui suis damnée et morte au monde, — on ne me tuera pas! — Comment vous le décrire! Je ne sais même plus parler. Je suis en deuil, je pleure, j'ai peur. Un peu de fraîcheur, Seigneur, si vous voulez, si vous voulez bien!

"Je suis veuve... — J'étais veuve... — mais oui, j'ai été bien sérieuse jadis, et je ne suis pas née pour devenir squelette!... — Lui était presque un enfant... Ses délicatesses mystérieuses m'avaient séduite. J'ai oublié tout mon devoir humain pour le

DELÍRIOS[1]

I

VIRGEM LOUCA

O Esposo Infernal

Ouçamos a confissão de um companheiro de inferno:

"Ó divino Esposo,[2] meu Senhor, não desdenheis a confissão da mais triste de vossas servas. Sou uma perdida.[3] Uma bêbeda.[4] Uma impura. Ah! que vida!

"Perdão, perdão, Senhor divino! Ah! perdão! Quantas lágrimas! E quantas ainda por chorar mais tarde, espero!

"Mais tarde, conhecerei o Divino Esposo! Nasci submissa a Ele. — O outro[5] pode me espancar agora!

"Hoje estou no fim do mundo! Ó minhas amigas!... não, minhas amigas não...[6] Nunca delírios e torturas semelhantes... Que estupidez!

"Ah! sofro, choro. Sofro deveras. No entanto, tudo me é permitido, desprezada pelos mais desprezíveis corações.

"Mas, façamos afinal a confidência, pronta a repeti-la vinte outras vezes, — por inócua, insignificante que seja!

"Sou escrava do Esposo infernal, o que levou à perdição as virgens loucas. Dele mesmo, esse demônio. Não de um espectro, ou de um fantasma. Mas eu que perdi a prudência,[7] que estou condenada e morta para o mundo, — a mim não matarão! — Como descrevê-lo a vós! Já não sei mesmo nem falar. Estou de luto, choro, tremo, temo. Dai-me, Senhor, um refrigério, por piedade, eu vos suplico!

"Sou viúva... — Eu era viúva...[8] mas sim, fui muito honrada antigamente, e não nasci para virar esqueleto!... — Ele, quase uma criança... Fui seduzida por suas misteriosas delicadezas. Larguei todo dever humano para segui-lo. Que vida! A verda-

suivre. Quelle vie! La vraie vie est absente. Nous ne sommes pas au monde. Je vais où il va, il le faut. Et souvent il s'emporte contre moi, moi, la pauvre âme. *Le Démon!* — C'est un Démon, vous savez, ce n'est pas un homme.

"Il dit: "Je n'aime pas les femmes. L'amour est à réinventer, on le sait. Elles ne peuvent plus que vouloir une position assurée. La position gagnée, cœur et beauté sont mis de côté: il ne reste que froid dédain, l'aliment du mariage, aujourd'hui. Ou bien je vois des femmes, avec les signes du bonheur, dont, moi, j'aurais pu faire de bonnes camarades, dévorées tout d'abord par des brutes sensibles comme des bûchers..."

"Je l'écoute faisant de l'infamie une gloire, de la cruauté un charme. "Je suis de race lointaine: mes pères étaient Scandinaves: ils se perçaient les côtes, buvaient leur sang. — Je me ferai des entailles par tout le corps, je me tatouerai, je veux devenir hideux comme un Mongol: tu verras, je hurlerai dans les rues. Je veux devenir bien fou de rage. Ne me montre jamais de bijoux, je ramperais et me tordrais sur le tapis. Ma richesse, je la voudrais tachée de sang partout. Jamais je ne travaillerai..." Plusieurs nuits, son démon me saisissant, nous nous roulions, je luttais avec lui! — Les nuits, souvent, ivre, il se poste dans des rues ou dans des maisons, pour m'épouvanter mortellement. — "On me coupera vraiment le cou; ce sera dégoûtant." Oh! ces jours où il veut marcher avec l'air du crime!

"Parfois il parle, en une façon de patois attendri, de la mort qui fait repentir, des malheureux qui existent certainement, des travaux pénibles, des départs qui déchirent les cœurs. Dans les bouges où nous nous enivrions, il pleurait en considérant ceux qui nous entouraient, bétail de la misère. Il relevait les ivrognes dans les rues noires. Il avait la pitié d'une mère méchante pour les petits enfants. — Il s'en allait avec des gentillesses de petite fille au catéchisme. — Il feignait d'être éclairé sur tout, commerce, art, médecine — Je le suivais, il le faut!

"Je voyais tout le décor dont, en esprit, il s'entourait; vêtements, draps, meubles: je lui prêtais des armes, une autre figure. Je voyais tout ce qui le touchait, comme il aurait voulu le créer pour lui. Quand il me semblait avoir l'esprit inerte, je le suivais, moi, dans des actions étranges et compliquées, loin, bonnes ou mauvaises: j'étais sure de ne jamais entrer dans son monde. À

deira vida está ausente. Não estamos neste mundo. Vou para onde ele vai, tenho que ir. E não raro ele se volta contra *mim, a pobre alma*. O Demônio! — Ele é mesmo um Demônio, bem sabeis, *e não um homem*.

"Ouço-o dizer: 'Não amo as mulheres. O amor precisa ser reiventado, bem sabemos. Elas só podem querer a segurança. Uma vez obtida, põem de lado a beleza e o coração: resta um frio desdém, que alimenta hoje em dia o casamento. Ou vejo então mulheres, com todos os sinais da ventura, com quem poderia fazer camaradagem, cedo devoradas por uns brutamontes tão sensíveis quanto as fogueiras...'

"Vejo-o fazer da infâmia a glória, da crueldade um atrativo. 'Pertenço a uma raça longínqua: meus pais eram escandinavos: vazavam o flanco, bebiam o próprio sangue. — Cobrirei de incisões o meu corpo, vou tatuar-me, quero ficar horrendo como um mongol: tu verás, urrarei pelas ruas. Quero enlouquecer de raiva. Nunca me mostres jóias, eu me contorceria e me arrastaria pelo chão. Quisera minha riqueza toda manchada de sangue. Jamais trabalharei...' Em muitas noites seu demônio me agarrava e rolávamos lutando pelo chão! — Em outras, bêbedo, postava-se nas ruas ou nas casas, para assustar-me mortalmente. — 'Um dia me cortarão mesmo o pescoço; vai ser repugnante.' Oh, os dias em que procura assumir um ar de crime!

"Vez por outra fala, numa espécie de algaravia comovida, sobre a morte que leva ao arrependimento, sobre os infelizes que certamente existem, os trabalhos penosos, as despedidas que estraçalham corações. Nos antros em que nos embebedávamos, chorava ao observar a gente em torno, rebanho da miséria. Soerguia os bêbedos das vielas escuras. Tinha essa piedade que a mãe perversa demonstra pelos filhos. — E lá se ia com a delicadeza de uma menina que vai ao catecismo. — Afetava saber de tudo, arte, comércio, medicina. — Eu o seguia, era fatal!

"Eu via toda a encenação de que ele, mentalmente, se cercava: vestes, roupagens, móveis; eu lhe atribuía armas, uma nova imagem. Eu via tudo o que lhe respeitava, da maneira como ele o teria querido criar para si. Quando me parecia estar de ânimo abatido, lá o seguia eu, nos seus atos estranhos e complicados, aonde fosse, bons ou maus: tinha certeza de jamais penetrar o seu mundo. Junto ao amado corpo adormecido,

côté de son cher corps endormi, que d'heures des nuits j'ai veillé, cherchant pourquoi il voulait tant s'évader de la réalité. Jamais homme n'eut pareil vœu. Je reconnaissais, — sans craindre pour lui — qu'il pouvait être un sérieux danger dans la société. — Il a peut-être des secrets pour changer la vie? Non, il ne fait qu'en chercher, me répliquais-je. Enfin sa charité est ensorcelée, et j'en suis la prisonnière. Aucune autre âme n'aurait assez de force, — force de désespoir! — pour la supporter, — pour être protégée et aimée par lui. D'ailleurs, je ne me le figurais pas avec une autre âme: on voit son Ange, jamais l'Ange d'un autre, — je crois. J'étais dans son âme comme dans un palais qu'on a vidé pour ne pas voir une personne si peu noble que vous: voilà tout. Hélas! je dependais bien de lui. Mais que voulait-il avec mon existence terne et lâche? Il ne me rendait pas meilleure, s'il ne me faisait pas mourir! Tristement dépitée, je lui dis quelquefois: "Je te comprends." Il haussait les épaules.

"Ainsi, mon chagrin se renouvelant sans cesse, et me trouvant plus égarée à mes yeux, — comme à tous les yeux qui auraient voulu me fixer, si je n'eusse été condamnée pour jamais à l'oubli de tous! — j'avais de plus en plus faim de sa bonté. Avec ses baisers et ses étreintes amies, c'était bien un ciel, un sombre ciel, où j'entrais, et ou j'aurais voulu être laissée, pauvre, sourde, muette, aveugle. Déjà j'en prenais l'habitude. Je nous voyais comme deux bons enfants, libres de se promener dans le Paradis de tristesse. Nous nous accordions. Bien émus, nous travaillions ensemble. Mais, après une pénétrante caresse, il disait: "Comme ça te paraîtra drôle, quand je n'y serai plus, ce par quoi tu as passé. Quand tu n'auras plus mes bras sous ton cou, ni mon cœur pour t'y reposer, ni cette bouche sur tes yeux. Parce qu'il faudra que je m'en aille, très loin, un jour. Puis il faut que j'en aide d'autres: c'est mon devoir. Quoique ce ne soit guère ragoûtant..., chère âme..." Tout de suite je me pressentais, lui parti, en proie au vertige, précipitée dans l'ombre la plus affreuse: la mort. Je lui faisais promettre qu'il ne me lâcherait pas. Il l'a faite vingt fois, cette promesse d'amant. C'était aussi frivole que moi lui disant:"Je te comprends."

"Ah! je n'ai jamais été jalouse de lui. Il ne me quittera pas, je crois. Que devenir? Il n'a pas une connaissance, il ne travaillera jamais. Il veut vivre somnambule. Seules, sa bonté et sa

quantas horas nas noites velei, a indagar porque ele ansiava tanto fugir à realidade. Jamais alguém teve tamanho anseio. Reconhecia, — sem temer por sua vida, — que ele podia representar um sério perigo para a sociedade. — Possui talvez segredos para *mudar a vida*? Não, só vive a procurá-los, replicava comigo. Mas certo é que sua caridade tem feitiço, e dela estou prisioneira. Alma alguma teria tanta força, — a força do desespero! — para suportá-la, — para ser protegida e amada por ele. Aliás, não o conseguia imaginar com outra alma: podemos ver o nosso Anjo, jamais o Anjo dos outros, — eu suponho. Em sua alma eu vivia como num palácio que esvaziamos para não ver ali ninguém tão pouco nobre como nós: eis tudo. Ai de mim! dependia muito dele. Mas ele, que pretendia de minha existência apagada e tímida? Não me tornava melhor, embora não me fizesse morer! Tristemente despeitada, eu lhe dizia às vezes: "Eu te compreendo". Ele erguia os ombros.

"Desse modo, renovando-se sem cessar meu padecer, e me encontrando cada vez mais perdida ante meus olhos — e aos de todos que me quisessem fixar, não fosse eu condenada para sempre a total esquecimento! — cada vez mais sentia fome de sua bondade. Seus beijos e abraços amigos abriam-me um céu, sombrio céu onde entrava e gostaria de ficar, pobre, surda, muda, cega. Já me estava acostumando. Eu nos via, como a duas crianças inocentes, livres a passear no Paraíso da tristeza. Nós nos entendíamos. Cheios de emoção, trabalhávamos juntos. Mas, ao fim de penetrante carícia, me dizia: 'Como te parecerá estranho tudo isto por que passaste quando eu não estiver mais aqui. Quando não mais tiveres meus braços ao redor de teu pescoço, nem meu peito para nele repousares, nem esta boca em tuas pálpebras. Pois força é que um dia eu me vá para bem longe. Pois tenho que ajudar os outros: é meu dever. Ainda que não me seja nada aprazível... alma querida...' Eu me antevia então, se ele partisse, tombando na vertigem, precipitada na sombra mais atroz: a morte. Forçava-o prometer que não me deixaria nunca. Vinte vezes me fez essa promessa de amante. Tão frívola quanto ao lhe dizer: 'Eu te compreendo'.

"Ah! nunca tive ciúmes dele. Não creio que me abandone. Que futuro teria? Não tem conhecimentos, nunca trabalhará. Só quer viver sonâmbulo. Bastariam sua caridade e sua bondade

charité lui donneraient-elles droit dans le monde réel? Par instants, j'oublie la pitié où je suis tombée: lui me rendra forte, nous voyagerons, nous chasserons dans les déserts, nous dormirons sur les pavés des villes inconnues, sans soins, sans peines. Ou je me réveillerai, et les lois et les mœurs auront changé, — grâce à son pouvoir magique, — le monde, en restant le même, me laissera à mes désirs, joies, nonchalances. Oh! la vie d'aventures qui existe dans les livres des enfants, pour me récompenser, j'ai tant souffert, me la donneras-tu? Il ne peut pas. J'ignore son idéal. Il m'a dit avoir des regrets, des espoirs: cela ne doit pas me regarder. Parle-t-il à Dieu? Peut-être devrais-je m'adresser à Dieu. Je suis au plus profond de l'abîme, et je ne sais plus prier.

"*S'il m'expliquait ses tristesses, les comprendrais-je plus que ses railleries? Il m'attaque, il passe des heures à me faire honte de tout ce qui m'a pu toucher au monde, et s'indigne si je pleure.*

"*Tu vois cet élégant jeune homme, entrant dans la belle et calme maison: il s'appelle Duval, Dufour, Armand, Maurice, que sais-je? Une femme s'est dévouée à aimer ce méchant idiot: elle est morte, c'est certes une sainte au ciel, à present. Tu me feras mourir comme il a fait mourir cette femme. C'est notre sort, à nous, cœurs charitables...*" *Hélas! il avait des jours où tous les hommes agissant lui paraissaient les jouets de délires grotesques: il riait affreusement, longtemps. — Puis, il reprenait ses manières de jeune mère, de sœur aimée. S'il était moins sauvage, nous serions sauvés! Mais sa douceur aussi est mortelle. Je lui suis soumise. — Ah! je suis folle!*

"*Un jour peut-être il disparaîtra merveilleusement; mais il faut que je sache, s'il doit remonter à un ciel, que je voie un peu l'assomption de mon petit ami!*"

Drôle de ménage!

para lhe dar direito ao mundo real? Esqueço, por instantes, a miséria em que me encontro: ele me dará forças, viajaremos juntos, caçaremos nos desertos, dormiremos nas calçadas de cidades desconhecidas, sem cuidados, sem preocupações. Ou despertarei de repente, e as leis e costumes terão mudado, — graças a seu poder mágico, — o mundo, permanecendo o mesmo, me deixará entregue a meus desejos, alegrias, despreocupações. Oh! me darás essa vida aventurosa que existe nos livros infantis, para recompensar-me do tanto que sofri? Ele não pode. Ignoro seu ideal. Disse-me ter remorsos, esperanças: mas não deve referir-se a mim. Será que fala com Deus? Talvez eu me devesse dirigir a Deus. Estou no mais profundo abismo, e não sei mais rezar.

"Se me explicasse suas tristezas, poderia compreendê-las melhor que a seus escárnios? Ele me provoca, passa horas fazendo-me envergonhar de tudo que me impressionava no mundo, e se irrita quando choro.

" 'Estás vendo aquele jovem elegante, que entra numa bela e calma residência: seu nome é Duval, Dufour, Armand,[9] Maurice, sei lá. Uma mulher devotou amor a esse malvado idiota: já morreu, e hoje é decerto uma santa no céu. Tu me farás morrer, como ele fez a essa mulher. É nosso destino, o nosso, o dos corações caridosos...' Pobre de mim! havia dias em que todas as pessoas em ação lhe pareciam joguetes de delírios grotescos: ria-se horrivelmente, um tempo imenso. — Depois, readquiria seu jeito de jovem mãe, de irmã amada. Se ele fosse menos selvagem, estaríamos salvos! Mas até sua doçura é mortal. Eu o sigo submissa. — Ah! louca que sou!

"Um dia talvez desapareça por milagre; mas, se ele subir a um céu, força é que eu saiba, para que possa ver um pouco a assunção de meu amante!"

Que casal mais doido![10]

DÉLIRES

II

ALCHIMIE DU VERBE

À moi. L'histoire d'une de mes folies.

Depuis longtemps je me vantais de posséder tous les paysages possibles, et trouvais dérisoires les célébrités de la peinture et de la poésie moderne.

J'aimais les peintures idiotes, dessus de portes, décors, toiles de saltimbanques, enseignes, enluminures populaires; la littérature démodée, latin d'église, livres érotiques sans orthographe, romans de nos aïeules, contes de fées, petits livres de l'enfance, opéras vieux, refrains niais, rhythmes naïfs.

Je rêvais croisades, voyages de découvertes dont on n'a pas de relations, républiques sans histoires, guerres de religion étouffées, révolutions de mœurs, déplacements de races et de continents: je croyais à tous les enchantements.

J'inventai la couleur des voyelles! — A noir, E blanc, I rouge, O bleu, U vert. — Je réglai la forme et le mouvement de chaque consonne, et, avec des rhythmes instinctifs, je me flattai d'inventer un verbe poétique accessible, un jour ou l'autre, à tous les sens. Je réservais la traduction.

Ce fut d'abord une étude. J'écrivais des silences, des nuits, je notais l'inexprimable. Je fixais des vertiges.

Loin des oiseaux, des troupeaux, des villageoises,
Que buvais-je, à genoux dans cette bruyère
Entourée de tendres bois de noisetiers,
Dans un brouillard d'après-midi tiède et vert?

DELÍRIOS

II

ALQUIMIA DO VERBO

Minha vez.[1] A história de uma de minhas loucuras.

Desde muito me ufanava em possuir todas as paisagens possíveis, e tinha por irrisórias as celebridades da pintura e da poesia moderna.

Admirava as pinturas medíocres, bandeiras de portas, cenários, telões de saltimbancos, letreiros, iluminuras populares; a literatura antiquada, latim de igreja, livros eróticos sem ortografia, romances dos tempos da avó, contos de fadas, almanaques infantis, óperas antigas, refrãos simplórios, ritmos singelos.

Sonhava cruzadas, viagens de descobertas cujos relatos não existem, repúblicas sem história, guerras de religião reprimidas, revoluções de costumes, deslocamentos de raças e de continentes: acreditava em todos os sortilégios.

Inventei a cor das vogais! — *A* negro, *E* branco, *I* rubro, *O* azul, *U* verde.[2] — Regulei a forma e o movimento de cada consoante, e, com ritmos instintivos, me vangloriava de inventar um verbo poético acessível, algum dia, a todos os sentidos. Eu me reservava a tradução.

A princípio era apenas um estudo. Escrevia silêncios, noites, anotava o inexprimível. Fixava vertigens.

Longe de pássaros, de rebanhos e aldeãs,[3]
Numa clareira, o que estaria eu a beber de
Joelhos, tendo em volta uns bosques de avelãs,
Na cerração de um meio-dia úmido e verde?

Que pouvais-je boire dans cette jeune Oise,
— Ormeaux sans voix, gazon sans fleurs, ciel couvert! —
Boire à ces gourdes jaunes, loin de ma case
Chérie? Quelque liqueur d'or qui fait suer.

Je faisais une louche enseigne d'auberge.
— Un orage vint chasser le ciel. Au soir
L'eau des bois se perdait sur les sables vierges,
Le vent de Dieu jetait des glaçons aux mares;

Pleurant, je voyais de l'or — et ne pus boire. —

―――――

À quatre heures du matin, l'été,
Le sommeil d'amour dure encore.
Sous les bocages s'évapore
    L'odeur du soir fêté.

Là-bas, dans leur vaste chantier
Au soleil des Hespérides,
Déjà s'agitent — en bras de chemise —
    Les Charpentiers.

Dans leurs Déserts de mousse, tranquilles,
Ils préparent les lambris précieux
    Où la ville
    Peindra de faux cieux.

Ô, pour ces Ouvriers charmants
Sujets d'un roi de Babylone,
Vénus! quitte un instant les Amants
    Dont l'âme est en couronne.

    Ô Reine des Bergers,
Porte aux travailleurs l'eau-de-vie,
Que leurs forces soient en paix
En attendant le bain dans la mer à midi.

―――――

O que haveria eu de beber nesse Oise infante,
— Olmos sem voz, relva sem flores, céu sem mira! —
Beber em cuias amarelas, bem distante
Da tenda? Algum licor dourado que transpira.

A torpe insígnia de um albergue eu parecia.
— Um temporal varreu o céu. No anoitecer
Na areia branca a água dos bosques se perdia,
No charco o vento de Deus flocos fez descer;

Chorando, eu via o ouro — e sem poder beber. —

    Verão, às quatro da madrugada,[4]
    O sono do amor ainda demora.
    Nos arvoredos se evapora
        O odor da noite festejada.

    Ao sol das Hespérides, canteiros
    Imensos de obras se mobilizam,
    Chegando — em mangas de camisa —
        Os Carpinteiros.

    Em seus desertos de serragem,
        Gentis, atentos,
    Fazem lambris em que a cidade
    Há-de ver falsos firmamentos.

    Pelos Obreiros bons, vassalos
    De um rei da Babilônia, ó Vênus!
    Deixa os amantes de alma em halos
        Por um instante ao menos.

    Dá-lhes, Rainha dos Pastores,
    A aguardente de cada dia;
    Que tenham forças quando forem
    Ao seu banho de mar do meio-dia.

La vieillerie poétique avait une bonne part dans mon alchimie du verbe.

Je m'habituai à l'hallucination simple: je voyais très-franchement une mosquée à la place d'une usine, une école de tambours faite par des anges, des calèches sur les routes du ciel, un salon au fond d'un lac; les monstres, les mystères; un titre de vaudeville dressait des épouvantes devant moi.

Puis j'expliquai mes sophismes magiques avec l'hallucination des mots!

Je finis par trouver sacré le désordre de mon esprit. J'etais oisif, en proie à une lourde fièvre: j'enviais la félicité des bêtes, — les chenilles, qui représentent l'innocence des limbes, les taupes, le sommeil de la virginité!

Mon caractère s'aigrissait. Je disais adieu au monde dans d'espèces de romances:

As velharias poéticas entravam em boa parte na minha alquimia do verbo.

Habituei-me à alucinação simples: via honestamente uma mesquita no lugar de uma fábrica, uma escolta de tambores formada por anjos, diligências a rodar nas estradas do céu, um salão no fundo de um lago; os monstros, os mistérios; os letreiros de um teatro de revista despertavam assombros ante mim.

Em seguida explicava meus sofismas mágicos pela alucinação das palavras!

Acabei achando sagrada a desordem de meu espírito. Andava ocioso, presa de opressiva febre: invejava a felicidade dos bichos, — as lagartas, que representam a inocência dos limbos, as toupeiras, o sono da virgindade!

Minha natureza exasperava-se. Dizia adeus ao mundo sob a forma de romanças:

CHANSON DE LA PLUS HAUTE TOUR

Qu'il vienne, qu'il vienne,
Le temps dont on s'éprenne.

J'ai tant fait patience
Qu'à jamais j'oublie.
Craintes et souffrances
Aux cieux sont parties.
Et la soif malsaine
Obscurcit mes veines.

Qu'il vienne, qu'il vienne,
Le temps dont on s'éprenne.

Telle la prairie
À l'oubli livrée,
Grandie, et fleurie
D'encens et d'ivraies,
Au bourdon farouche
Des sales mouches.

Qu'il vienne, qu'il vienne,
Le temps dont on s'éprenne.

J'aimai le désert, les vergers brûlés, les boutiques fanées, les boissons tiédies. Je me traînais dans les ruelles puantes et, les yeux fermés, je m'offrais au soleil, dieu de feu.

"Général, s'il reste un vieux canon sur tes remparts en ruines, bombarde-nous avec des blocs de terre sèche. Aux glaces des magasins splendides! dans les salons! Fais manger sa pous-

CANÇÃO DA TORRE MAIS ALTA[6]

Que venha, que venha,
O tempo em que se empenha.

Tamanha paciência
Não me hei-de esquecer.
Temores, dolências
Aos céus fiz erguer.
E esta sede estranha
Me escurece a entranha.

Que venha, que venha,
O tempo em que se empenha.

Tal o campo imenso
Condenado a olvido,
Coberto e florido
De joio e de incenso,
Ao feroz zunzum das
Moscas imundas.

Que venha, que venha,
O tempo em que se empenha.

Amava o deserto, os vergéis crestados, as lojas decadentes, as bebidas insípidas. Eu me arrastava pelos becos infectos e, de olhos fechados, me ofertava ao sol, deus de fogo.
"General, se resta um velho canhão nessas muralhas em ruínas, bombardeia-nos com blocos de terra seca. Às vitrinas esplêndidas das grandes lojas! Obriga a cidade a comer sua pró-

sière à la ville. Oxyde les gargouilles. Emplis les boudoirs de poudre de rubis brûlante..."

Oh! le moucheron enivré à la pissotière de l'auberge, amoureux de la bourrache, et que dissout un rayon!

pria poeira. Enferruja as gárgulas. Enche os toucadores com o pó ardente dos rubis..."

Oh! o mosquito embriagado no mictório do albergue, amante da borragem, e que um raio de sol dissolve!

FAIM

Si j'ai du goût, ce n'est guère
Que pour la terre et les pierres.
Je déjeune toujours d'air,
De roc, de charbons, de fer.

Mes faims, tournez. Paissez, faims,
    Le pré des sons.
Attirez le gai venin
    Des liserons.

Mangez les cailloux qu'on brise,
Les vieilles pierres d'églises;
Les galets des vieux déluges,
Pains semés dans les vallées grises.

———————

Le loup criait sous les feuilles
En crachant les belles plumes
De son repas de volailles:
Comme lui je me consume.

Les salades, les fruits
N'attendent que la cueillette;
Mais l'araignée de la haie
Ne mange que des violettes.

Que je dorme! que je bouille
Aux autels de Salomon.
Le bouillon court sur la rouille,
Et se mêle au Cédron.

FOME[7]

Meu gosto agora se encerra
Em comer pedras e terra.
Só me alimento de ar, de ro-
chas, de carvão, de ferro.

Pastai o prado de feno,
    Ó fomes minhas.
Chamai o gaio veneno
    Das campainhas.

Comei cascalho que seja
De velhas pedras de igreja;
Seixos de antigos dilúvios,
Pão semeado em vales turvos.

―――――

Uiva o lobo na folhagem[8]
Cuspindo a bela plumagem
Das aves de seu repasto:
É assim que me desgasto.

As hortaliças, as frutas
Esperam só a colheita.
Mas o aranhão da hera
Não come senão violetas.

Que eu adormeça, que eu arda
Nas aras de Salomão.
Na ferrugem escorre a calda
E se mistura ao Cedrão.

Enfin, ô bonheur, ô raison, j'écartai du ciel l'azur, qui est du noir, et je vécus, étincelle d'or de la lumière nature. *De joie, je prenais une expression bouffonne et égarée au possible:*

>Elle est retrouvée!
>Quoi? l'éternité.
>C'est la mer mêlée
>   Au soleil.
>
>Mon âme éternelle,
>Observe ton vœu
>Malgré la nuit seule
>Et le jour en feu.
>
>Donc tu te dégages
>Des humains suffrages,
>Des communs élans!
>Tu voles selon...
>
>— Jamais l'espérance.
>   Pas d'orietur.
>Science et patience,
>Le supplice est sûr.
>
>Plus de lendemain,
>Braises de satin,
>   Votre ardeur
>   Est le devoir.
>
>Elle est retrouvée!
>— Quoi? — l'Éternité.
>C'est la mer mêlée
>   Au soleil.

Je devins un opéra fabuleux: je vis que tous les êtres ont une fatalité de bonheur: l'action n'est pas la vie, mais une façon de gâcher quelque force, un énervement. La morale est la faiblesse de la cervelle.

À chaque être, plusieurs autres vies me semblaient dues. Ce

Enfim, ó ventura, ó razão, removi do céu o azul, que é negro, e vivi, centelha de ouro da luz *pura*. Por prazer, adotava a expressão mais ridícula e desvairada possível:

    Achada, é verdade?![9]
    Quem? A eternidade.
    É o mar que o sol
        Invade.

    Observa, minh'alma
    Eterna, o teu voto
    Seja noite só,
    Torre o dia em chama.

    Que então te avantajes
    A humanos sufrágios,
    A impulsos comuns!
    Tu voas como os...

    — Esperança ausente,
    Nada de *oriétur*.
    Ciência e paciência,
    Só o suplício é certo.

    O amanhã não vem,
    Brasas de cetim.
    Deves o ardor
    Ao dever doar.

    Achada, é verdade?!
    — Quem? — A Eternidade.
    É o mar que o sol
        Invade.

Vim a ser uma ópera fantástica: percebi que todos os seres têm o fatalismo da felicidade: a ação não é a vida, mas uma forma de esbanjar a força, um enervamento. A moral é a fraqueza do cérebro.

A cada ser, muitas *outras* vidas me pareciam devidas. Este

monsieur ne sait ce qu'il fait: il est un ange. Cette famille est une nichée de chiens. Devant plusieurs hommes, je causai tout haut avec un moment d'une de leurs autres vies. — Ainsi, j'ai aimé un porc.

Aucun des sophismes de la folie, — la folie qu'on enferme, — n'a été oublié par moi: je pourrais les redire tous, je tiens le système.

Ma santé fut menacée. La terreur venait. Je tombais dans des sommeils de plusieurs jours, et, levé, je continuais les rêves les plus tristes. J'étais mur pour le trépas, et par une route de dangers ma faiblesse me menait aux confins du monde et de la Cimmérie, patrie de l'ombre et des tourbillons.

Je dus voyager, distraire les enchantements assemblés sur mon cerveau. Sur la mer, que j'aimais comme si elle eût dû me laver d'une souillure, je voyais se lever la croix consolatrice. J'avais été damné par l'arc-en-ciel. Le Bonheur était ma fatalité, mon remords, mon ver: ma vie serait toujours trop immense pour être dévouée à la force et à la beauté.

Le Bonheur! Sa dent, douce à la mort, m'avertissait au chant du coq, — *ad matutinum, au Christus venit,* — dans les plus sombres villes:

Ô saisons, ô chateaux!
Quelle âme est sans défauts?

J'ai fait la magique étude
Du bonheur, qu'aucun n'élude.

Salut à lui, chaque fois
Que chante le coq gaulois.

Ah! je n'aurai plus d'envie:
Il s'est chargé de ma vie.

Ce charme a pris âme et corps
Et dispersé les efforts.

Ô saisons, ô chateaux!

senhor ignora o que faz: é um anjo. Esta família é uma cambada de cães. Em presença de vários homens, conversei em voz alta com algum outro momento de suas vidas. — Foi assim que amei um porco.[10]

Nenhum dos sofismas da loucura, — da que se tranca nos hospícios, — foi esquecido por mim: poderia repeti-los todos, domino o sistema.

Tive a saúde ameaçada. Visitou-me o terror. Passei adormecido dias sem conta, e, ao acordar, continuava nos sonhos mais soturnos.[11] Estava amadurecido para a morte, e minha exaustão me levava por um caminho de perigos aos confins da terra e da Ciméria,[12] pátria da sombra e dos turbilhões.

Tive de viajar, distrair os sortilégios acumulados em meu cérebro. Sobre o mar, que eu amava como se fosse me lavar de toda a mácula, via erguer-se a cruz consoladora.[13] Fora condenado pelo arco-íris.[14] A Ventura era a minha fatalidade, meu remorso, meu verme: minha vida seria sempre grandiosa demais para devotá-la à força e à beleza.

A Ventura! Seu dente, doce até a morte, me advertia ao cantar do galo, — *ad matutinum*, ao *Christos venit*,[15] — nas cidades mais sombrias:

> Ó castelo, ó sazões![16]
> Que alma é sem senões?
>
> Eu fiz o mágico estudo
> Da ventura, que diz tudo.
>
> Louvai-o, pois, cada vez
> Que cante o galo gaulês.
>
> Ah! não terei mais desejos:
> Ele a vida me protege.
>
> O encanto fez-se alma e corpo
> Dispersando-se os esforços.
>
> Ó castelo, ó sazões!

L'heure de sa fuite, hélas!
Sera l'heure du trépas.

Ô saisons, ô chateaux!

———

Cela s'est passé. Je sais aujourd'hui saluer la beauté.

A hora da fuga, ai de mim!
Será a hora do fim.

Ó castelo, ó sazões!

———————

Mas isso passou. Hoje sei aclamar a beleza.[17]

L'IMPOSSIBLE

  Ah! cette vie de mon enfance, la grande route par tous les temps, sobre surnaturellement, plus désintéressé que le meilleur des mendiants, fier de n'avoir ni pays, ni amis, quelle sottise c'était. — *Et je m'en aperçois seulement!*
  — *J'ai eu raison de mépriser ces bonshommes qui ne perdraient pas l'occasion d'une caresse, parasites de la propreté et de la santé de nos femmes, aujourd'hui qu'elles sont si peu d'accord avec nous.*
  J'ai eu raison dans tous mes dédains: puisque je m'évade!
  Je m'évade!
  Je m'explique.
  Hier encore, je soupirais: "Ciel! sommes-nous assez de damnés ici-bas! Moi j'ai tant de temps déjà dans leur troupe! Je les connais tous. Nous nous reconnaissons toujours; nous nous dégoûtons. La charité nous est inconnue. Mais nous sommes polis; nos relations avec le monde sont très-convenables." Est-ce étonnant? Le monde! les marchands, les naïfs! — Nous ne sommes pas déshonorés. — Mais les élus, comment nous recevraient-ils? Or il y a des gens hargneux et joyeux, de faux élus, puisqu'il nous faut de l'audace ou de l'humilité pour les aborder. Ce sont les seuls élus. Ce ne sont pas des bénisseurs!
  M'étant retrouvé deux sous de raison — ça passe vite! — je vois que mes malaises viennent de ne m'être pas figuré assez tôt que nous sommes à l'Occident. Les marais occidentaux! Non que je croie la lumière altérée, la forme exténuée, le mouvement égaré... Bon! voici que mon esprit veut absolument se charger de tous les développements cruels qu'a subis l'esprit depuis la fin de l'Orient... Il en veut, mon esprit!
  ... Mes deux sous de raison sont finis! — L'esprit est autorité, il veut que je sois en Occident. Il faudrait le faire taire pour conclure comme je voulais.

O IMPOSSÍVEL[1]

Ah! vida de minha infância, com qualquer tempo a larga estrada à frente, sobrenaturalmente sóbrio, mais desinteressado que o melhor dos mendigos, orgulhoso de não ter nem pátria, nem amigos, a tolice que era. — Só agora o percebo![2]
— Tinha razão de desprezar essas pessoas boas que não perderiam a ocasião de uma carícia, parasitas do asseio e da saúde de nossas mulheres, agora que elas se entendem tão raramente conosco.
Tive razão em todos os meus desprezos: visto que me evado!
Eu me evado!
E me explico.
Ontem mesmo suspirava: "Céus! já somos tantos os danados aqui em baixo! E eu, há muito faço parte desse bando! Conheço todos. Nós nos reconhecemos sempre; e nos detestamos. A caridade nos é desconhecida. Mas somos polidos; nossas relações com o mundo, bastante convencionais." É espantoso? O mundo! os negociantes, os simplórios! — Estamos em boa companhia. — Mas os eleitos, como nos receberiam? Pois há pessoas intratáveis e felizes, os falsos eleitos, que é preciso audácia ou humildade para os abordar. São os únicos eleitos. Não são os que abençoam!
Achando-me com dois dedos de razão, — mas isso passa logo! — percebo que minha inquietude decorre de não me haver dado conta há mais tempo de estarmos no Ocidente. Os pântanos ocidentais! Não que ache diferente a luz, extenuada a forma, extraviado o movimento... Bem! eis que meu espírito quer se responsabilizar por todos os refinamentos cruéis por que passou o espírito desde o fim do Oriente... Assim o quer, meu espírito!
... Lá se foram meus dois dedos de razão! — O espírito é autoritário, insiste em que eu esteja no Ocidente. Só se o fizesse calar, para concluir como queria.

J'envoyais au diable les palmes des martyrs, les rayons de l'art, l'orgueil des inventeurs, l'ardeur des pillards; je retournais à l'Orient et à la sagesse première et éternelle. — Il parait que c'est un rêve de paresse grossière!

Pourtant, je ne songeais guère au plaisir d'échapper aux souffrances modernes. Je n'avais pas en vue la sagesse bâtarde du Coran. — Mais n'y a-t-il pas un supplice réel en ce que, depuis cette déclaration de la science, le christianisme, l'homme se joue, se prouve les évidences, se gonfle du plaisir de répéter ces preuves, et ne vit que comme cela! Torture subtile, niaise; source de mes divagations spirituelles. La nature pourrait s'ennuyer, peut-être! M. Prudhomme est né avec le Christ.

N'est-ce pas parce que nous cultivons la brume! Nous mangeons la fièvre avec nos légumes aqueux. Et l'ivrognerie! et le tabac! et l'ignorance! et les dévouements! — Tout cela est-il assez loin de la pensée de la sagesse de l'Orient, la patrie primitive? Pourquoi un monde moderne, si de pareils poisons s'inventent!

Les gens d'Église diront: C'est compris. Mais vous voulez parler de l'Éden. Rien pour vous dans l'histoire des peuples orientaux. — C'est vrai; c'est à l'Éden que je songeais! Qu'est-ce que c'est pour mon rêve, cette pureté des races antiques!

Les philosophes: Le monde n'a pas d'âge. L'humanité se déplace, simplement. Vous êtes en Occident, mais libre d'habiter dans votre Orient, quelque ancien qu'il vous le faille, — et d'y habiter bien. Ne soyez pas un vaincu. Philosophes, vous êtes de votre Occident.

Mon esprit, prends garde. Pas de partis de salut violents. Exerce-toi! — Ah! la science ne va pas assez vite pour nous!

— Mais je m'aperçois que mon esprit dort.

S'il était bien éveillé toujours à partir de ce moment, nous serions bientôt à la vérité, qui peut-être nous entoure avec ses anges pleurant!... — S'il avait été éveillé jusqu'a ce moment-ci, c'est que je n'aurais pas cédé aux instincts délétères, à une époque immémoriale!... — S'il avait toujours été bien éveillé, je voguerais en pleine sagesse!...

Ô pureté! pureté!

Mandaria ao diabo as palmas dos mártires, os lampejos da arte, a presunção dos inventores, a violência dos assaltantes, para retornar ao Oriente, à sabedoria primordial, eterna. — Parece até um sonho de grosseira indolência!

Já não sonhava, todavia, com o prazer de escapar aos sofrimentos modernos. Nem tinha em vista os ensinamentos bastardos do Alcorão.[3] — Mas não há um suplício real no fato de que, depois dessa declaração da ciência, o cristianismo, o homem se *trapaceie*, prove evidências a si mesmo, se inche de prazer em repetir tais provas e não saiba viver senão assim? Tortura sutil, inepta; fonte de minhas divagações espirituais. A natureza poderia aborrecer-se, quem sabe? O espírito burguês[4] nasceu com Cristo.

Não será porque cultivamos a bruma! Ingerimos a febre nos legumes aquosos. E a embriaguez! o fumo![5] a ignorância! os devotamentos! — como tudo isso está distante do pensamento, da sabedoria do Oriente, a pátria primitiva? Para que um mundo moderno, se nele se inventam tais venenos!

Os homens da Igreja dirão: É isso mesmo. Queres referir-te ao Éden,[6] não? Nada te interessa na história dos povos orientais. — É verdade; era com o Éden que eu sonhava! Que vale para o meu sonho essa pureza das raças antigas![7]

Os filósofos: O mundo não tem idade. A humanidade simplesmente se desloca. Estás no Ocidente, mas livre para viveres no teu Oriente, por mais remoto que o desejes, — e aí viver bem. Não sejas um vencido. Filósofos, pertenceis ao vosso Ocidente.

Cautela, meu espírito. Nada de projetos violentos de salvação. Exercita-te! — Ah! a ciência não avança com a rapidez que gostaríamos!

Mas percebo que meu espírito adormece.

Se estivesse sempre bem desperto a partir deste momento, cedo chegaríamos à verdade, que talvez nos esteja rondando com seus anjos aos prantos!... — Se estivesse em vigília até agora, eu não teria cedido aos instintos deletérios, a uma época imemorial!... — Se tivesse permanecido bem desperto, vogaria no conhecimento total!...

Ó pureza! pureza!

C'est cette minute d'éveil qui m'a donné la vision de la pureté! — Par l'esprit on va à Dieu!
Déchirante infortune!

Esse momento de alerta foi que me revelou a visão da pureza! — Pelo espírito se chega a Deus!
Dilacerante desgraça![8]

L'ÉCLAIR

Le travail humain! c'est l'explosion qui éclaire mon abîme de temps en temps.

"Rien n'est vanité; à la science, et en avant!" crie l'Ecclésiaste moderne, c'est-à-dire Tout le monde. Et pourtant les cadavres des méchants et des fainéants tombent sur le cœur des autres... Ah! vite, vite un peu; là-bas, par delà la nuit, ces récompenses futures, éternelles... les échappons-nous?...

— Qu'y puis-je? Je connais le travail; et la science est trop lente. Que la prière galope et que la lumière gronde... je le vois bien. C'est trop simple, et il fait trop chaud; on se passera de moi. J'ai mon devoir, j'en serai fier à la façon de plusieurs, en le mettant de côté.

Ma vie est usée. Allons! feignons, fainéantons, ô pitié! Et nous existerons en nous amusant, en rêvant amours monstres et univers fantastiques, en nous plaignant et en querellant les apparences du monde, saltimbanque, mendiant, artiste, bandit, — prêtre! Sur mon lit d'hôpital, l'odeur de l'encens m'est revenue si puissante; gardien des aromates sacrés, confesseur, martyr...

Je reconnais là ma sale éducation d'enfance. Puis quoi!... Aller mes vingt ans, si les autres vont vingt ans...

Non! non! à présent je me révolte contre la mort! Le travail paraît trop léger à mon orgueil: ma trahison au monde serait un supplice trop court. Au dernier moment, j'attaquerais à droite, à gauche...

Alors, — oh! — chère pauvre âme, l'éternité serait-elle pas perdue pour nous!

O RELÂMPAGO[1]

O trabalho humano! eis a explosão que de quando em quando aclara o meu abismo.

"Nada é vaidade; rumo à ciência, e avante!" proclama o Eclesiastes moderno, ou seja *Todo mundo*. E ainda assim os cadáveres dos odiosos e dos ociosos[2] caem sobre o coração dos outros... Ah! rápido, anda lá; ao longe, para além da noite, as recompensas futuras, eternas... irão escapar-nos?...[3]

— Eu, que posso fazer? Conheço o trabalho; e a ciência é muito lenta. Que a prece galopa e a luz atroa... bem o vejo. É simples demais, e faz muito calor; passarão sem mim. Tenho o meu dever, dele me orgulharei como fazem muitos, pondo-o de lado.

Minha vida está gasta. Mas vamos! flanemos, fantasiemos,[4] ó que lástima! E viveremos divertindo-nos, a sonhar amores monstros e universos fantásticos, queixando-nos e criticando as aparências do mundo, saltimbanco, mendigo, artista, bandido, — padre! Em meu leito de hospital,[5] o odor do incenso retornou a mim tão forte; guardião dos arômatas sagrados, mártir, confessor...

Nisso reconheço a minha infame educação de infância. Que fazer!... Viver meus vinte anos,[6] se os outros assim o fazem...

Não! não! estou agora revoltado contra a morte! O trabalho parece leve demais para o meu orgulho: trair o mundo seria uma tortura demasiado curta. No instante final, atacaria à direita, à esquerda...

Então, — oh! — pobre alma querida, a eternidade não estaria perdida para nós![7]

MATIN

N'eus-je pas une fois *une jeunesse aimable, héroïque, fabuleuse, à écrire sur des feuilles d'or, — trop de chance! Par quel crime, par quelle erreur, ai-je mérité ma faiblesse actuelle? Vous qui prétendez que des bêtes poussent des sanglots de chagrin, que des malades désespèrent, que des morts rêvent mal, tâchez de raconter ma chute et mon sommeil. Moi, je ne puis pas plus m'expliquer que le mendiant avec ses continuels* Pater *et* Ave Maria. *Je ne sais plus parler!*

Pourtant, aujourd'hui, je crois avoir fini la relation de mon enfer. C'était bien l'enfer; l'ancien, celui dont le fils de l'homme ouvrit les portes.

Du même désert, à la même nuit, toujours mes yeux las se réveillent à l'étoile d'argent, toujours, sans que s'émeuvent les Rois de la vie, les trois mages, le cœur, l'âme, l'esprit. Quand irons-nous, par-delà les grèves et les monts, saluer la naissance du travail nouveau, la sagesse nouvelle, la fuite des tyrans et des démons, la fin de la superstition, adorer — les premiers! — Noël sur la terre!

Le chant des cieux, la marche des peuples! Esclaves, ne maudissons pas la vie.

A MANHÃ[1]

Já não foi *uma vez* adorável, heróica, fabulosa a minha mocidade, dessas de se inscrever em páginas de ouro, — promissora demais! Qual o crime, que erro, me fez merecer a miséria de agora? Vós que admitis possam as bestas soluçar de dor, os doentes se desesperarem, terem os mortos sonhos maus, tentai descrever minha queda e meu sono. Eu por mim, já não me explico melhor do que um mendigo com seus constantes padre-nossos e ave-marias. *Não sei mais falar*!

Hoje creio haver, no entanto, terminado a relação de meu inferno. E era bem o inferno; o antigo, aquele cujas portas o filho do homem abriu.

Neste mesmo deserto, nesta mesma noite, meus olhos cansados despertam sempre à luz da estrela cor de prata, sempre, sem que se comovam os Reis da vida, os três magos, o coração, a alma, o espírito. Quando iremos afinal, além das praias e dos montes, saudar o nascimento do trabalho novo, da nova sabedoria, a fuga dos tiranos e demônios, o fim da superstição, para adorar — os primeiros! — o Natal na terra![2]

O cântico dos céus, a marcha dos povos! Escravos, não amaldiçoemos a vida.

ADIEU

L'automne déjà! — Mais pourquoi regretter un éternel soleil, si nous sommes engagés à la découverte de la clarté divine, — loin des gens qui meurent sur les saisons.

L'automne. Notre barque élevée dans les brumes immobiles tourne vers le port de la misère, la cité énorme au ciel taché de feu et de boue. Ah! les haillons pourris, le pain trempé de pluie, l'ivresse, les mille amours qui m'ont crucifié! Elle ne finira donc point cette goule reine de millions d'âmes et de corps morts et qui seront jugés! Je me revois la peau rongée par la boue et la peste, des vers plein les cheveux et les aisselles et encore de plus gros vers dans le cœur, étendu parmi les inconnus sans âge, sans sentiment... J'aurais pu y mourir... L'affreuse évocation! J'exècre la misère.

Et je redoute l'hiver parce que c'est la saison du comfort!

— Quelquefois je vois au ciel des plages sans fin couvertes de blanches nations en joie. Un grand vaisseau d'or, au-dessus de moi, agite ses pavillons multicolores sous les brises du matin. J'ai créé toutes les fêtes, tous les triomphes, tous les drames. J'ai essayé d'inventer de nouvelles fleurs, de nouveaux astres, de nouvelles chairs, de nouvelles langues. J'ai cru acquérir des pouvoirs surnaturels. Eh bien! je dois enterrer mon imagination et mes souvenirs! Une belle gloire d'artiste et de conteur emportée!

Moi! moi qui me suis dit mage ou ange, dispensé de toute morale, je suis rendu au sol, avec un devoir à chercher, et la réalité rugueuse à étreindre! Paysan!

Suis-je trompé? la charité serait-elle sœur de la mort, pour moi?

Enfin, je demanderai pardon pour m'être nourri de mensonge. Et allons.

Mais pas une main amie! et où puiser le secours?

ADEUS[1]

Outono já![2] — mas por que lamentar um sol eterno,[3] se estamos empenhados em descobrir a claridade divina, — longe dos que morrem com as estações.[4]

O outono. Nossa barca arvorada sobre as brumas imóveis se volta para o porto da miséria, a cidade imensa cujo céu se mancha em labareda e lodo. Ah! os farrapos já podres, o pão que a chuva empapa, a embriaguez, as mil paixões que me crucificaram! Não terá mesmo fim essa lâmia[5] rainha de milhões de almas e de corpos *que serão julgados!* Estou a ver-me, a pele carcomida pela lama e a peste, de vermes cheios os cabelos e axilas e um verme ainda maior no coração, estendido entre desconhecidos sem idade, nem sentimentos... Podia ter ali morrido...[6] Horrenda evocação! Abomino a miséria.

E temo o inverno por ser a estação do conforto!

— Vejo às vezes no céu praias sem fim cobertas de brancas nações em júbilo. Grande nave dourada, acima de mim, agita pavilhões multicores à brisa da manhã. Criei todas as festas, todos os triunfos, todos os dramas. Tentei inventar novas flores, novos astros, novas carnes, novas línguas. Acreditei-me possuído de poderes sobrenaturais. Pois bem! devo enterrar minha imaginação e minhas lembranças! Bela glória de artista e prosador que lá se vai!

Eu! eu que me dizia mago ou anjo, eximido de qualquer moral, sou devolvido ao solo, com um dever a cumprir e forçado a abraçar a áspera realidade! Aldeão![7]

Estarei enganado? seria a caridade a irmã da morte, para mim?

Afinal, pedirei perdão por ter-me alimentado de mentiras. E continuemos.

Mas nem uma só mão amiga! e donde arrancar socorro?

Oui, l'heure nouvelle est au moins très sévère.

Car je puis dire que la victoire m'est acquise: les grincements de dents, les sifflements de feu, les soupirs empestés se modèrent. Tous les souvenirs immondes s'effacent. Mes derniers regrets détalent, — des jalousies pour les mendiants, les brigands, les amis de la mort, les arriérés de toutes sortes. — Damnés, si je me vengeais!

Il faut être absolument moderne.

Point de cantiques: tenir le pas gagné. Dure nuit! le sang séché fume sur ma face, et je n'ai rien derrière moi, que cet horrible arbrisseau!... Le combat spirituel est aussi brutal que la bataille d'hommes; mais la vision de la justice est le plaisir de Dieu seul.

Cependant c'est la veille. Recevons tous les influx de vigueur et de tendresse réelle. Et à l'aurore, armés d'une ardente patience, nous entrerons aux splendides villes.

Que parlais-je de main amie! Un bel avantage, c'est que je puis rire des vieilles amours mensongères, et frapper de honte ces couples menteurs, — j'ai vu l'enfer des femmes là-bas; — et il me sera loisible de posséder la vérité dans une âme et un corps.

Avril-août, 1873.

Sim, a hora nova é pelo menos severíssima.

Porque posso afirmar ter alcançado a vitória: o ranger de dentes, o silvar do fogo, os suspiros pestilentos se moderam. Todas as lembranças imundas se esvanecem. Meus últimos pesares se retiram, — inveja dos mendigos, malfeitores, amigos da morte, retardados de todas as espécies. Danados, se eu me vingasse!

Sejamos absolutamente modernos.[8]

Nada de cânticos: manter o terreno conquistado. Dura noite! o sangue seco esturrica no meu rosto, atrás de mim só tenho aquele horrendo arbusto!...[9] O combate espiritual é tão rude quanto a batalha dos homens; mas a visão da justiça é prazer só de Deus.

É a vigília, contudo. Acolhamos todos os influxos de vigor e de autêntica ternura. E à aurora, armados de ardente paciência, entraremos nas cidades esplêndidas.[10]

Falei de mão amiga! Uma grande vantagem é que posso rir dos velhos amores mentirosos, e cobrir de vergonha esses casais de mentira, — lá embaixo eu vi o inferno das mulheres; — e então me será lícito *possuir a verdade em uma alma e um corpo*.[11]

Abril-agosto, 1873.

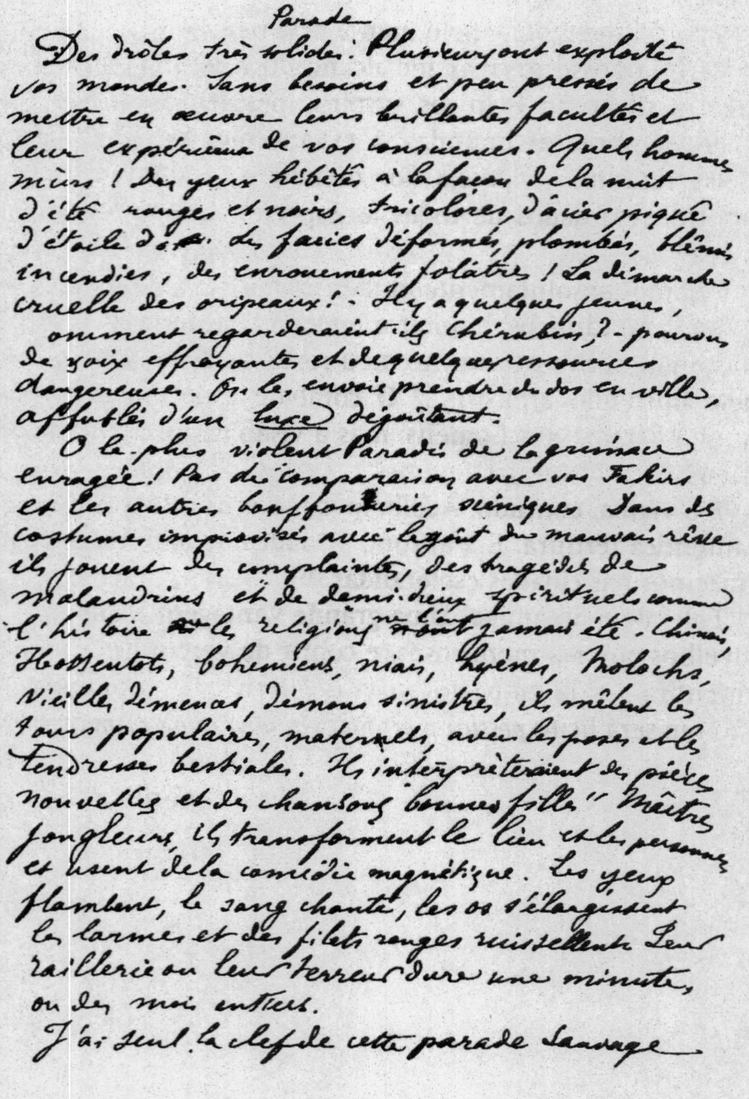

Parade

Des drôles très solides. Plusieurs ont exploité vos mondes. Sans besoins, et peu pressés de mettre en œuvre leurs brillantes facultés et leur expérience de vos consciences. Quels hommes mûrs! Des yeux hébétés à la façon de la nuit d'été, rouges et noirs, tricolores, d'acier piqué d'étoiles d'or; des faciès déformés, plombés, blêmis, incendiés, des enrouements folâtres! La démarche cruelle des oripeaux! — Il y a quelques jeunes, — comment regarderaient-ils Chérubin? — pourvus de voix effrayantes et de quelques ressources dangereuses. On les envoie prendre du dos en ville, affublés d'un luxe dégoûtant.

O le plus violent Paradis de la grimace enragée! Pas de comparaison avec vos Fakirs et les autres bouffonneries scéniques. Dans des costumes improvisés avec le goût du mauvais rêve ils jouent des complaintes, des tragédies de malandrins et de demi-dieux spirituels comme l'histoire ou les religions ne l'ont jamais été. Chinois, Hottentots, bohémiens, niais, hyènes, Molochs, vieilles démences, démons sinistres, ils mêlent les tours populaires, maternels, avec les poses et les tendresses bestiales. Ils interpréteraient des pièces nouvelles et des chansons "bonnes filles". Maîtres jongleurs, ils transforment le lieu et les personnes et usent de la comédie magnétique. Les yeux flambent, le sang chante, les os s'élargissent, les larmes et des filets rouges ruissellent. Leur raillerie ou leur terreur dure une minute, ou des mois entiers.

J'ai seul la clef de cette parade sauvage.

Reprodução do manuscrito de *Parade*

ILUMINAÇÕES

NOTA PRÉVIA

Informa Claude Jeancolas, em *Obra integral manuscrita de Rimbaud*, que o título *Iluminações* não aparece em nenhum dos autógrafos. Quanto à data de composição, os críticos oscilam entre 1873 e 1875, sem que haja, até agora, elementos concretos que permitam classificá-la com precisão. Grande parte teria sido pois escrita na Inglaterra, durante os anos de companheirismo com V. Um ano depois do incidente de Bruxelas (10.7.1873), R., em companhia de Germain Nouveau, volta a residir em Londres, onde Mme. Rimbaud e sua filha Vitalie vão visitá-lo em julho de 1874. (Bouillane de Lacoste, em seu famoso estudo grafológico de 1949, demonstrou que *Villes* [Cidades] e a segunda metade de *Métropolitain* [Metropolitano] foram "passadas a limpo" por Nouveau). Em dezembro daquele ano, R. regressa a Charleville levando consigo os manuscritos. Parte no ano seguinte para Stuttgart, onde vai exercer as funções de preceptor de um certo Sr. Luebke. É lá que V., tendo cumprido parte da pena e libertado por bom comportamento, vai encontrá-lo, e o verá pela última vez. R. lhe pede para levar os manuscritos e entregá-los a Nouveau, que estava na Bélgica, a fim de que este encontre ali um editor. V. cumpre a promessa, gastando 2,75 francos de porte (do que reclama numa carta). Nouveau não chegou a publicar os poemas e, dois anos depois, em agosto de 1877, V. os recupera, juntamente com outros poemas que estavam na posse desse amigo, pois pretende editar a obra completa de R. Enquanto não o faz, empresta os manuscritos a Charles de Sivry, compositor, meio-irmão de sua ex-esposa, com o qual se dava bem apesar do processo de separação de Mathilde. A intenção era a de que Sivry musicasse alguns dos poemas. O projeto arrastou-se sem que V. conseguisse reaver os manuscritos. Mathilde, sabedora de que o irmão dispunha de poemas de R., proibiu-o de devolvê-los a V. ou a qualquer outro que pretendesse publicá-los, pois não queria, para proteger o filho Georges, que se voltasse a falar daquele que havia destruído seu casamento e sua vida. Dez anos mais tarde, já homologado o divórcio, Mathilde volta a casar-se e autoriza Sivry a desfazer-se dos manuscritos, contanto que não os entregue (última vingança) ao ex-marido. A partir daí, esses originais, sob a forma de folhas soltas, passaram pelas mãos de Le Cordonnel e de Gustave Kahn, diretor de *La Vogue*, uma revista literária que se interessou pela publicação. Félix Fénéon foi incumbido de organizar a edição, estabelecendo uma ordem pessoal em que respeitava apenas a seqüência das páginas que ligavam o fim de um poema ao princípio de outro ou quando vários poemas estavam encadeados na mesma página. Daí resultou uma edição estranha, publicada em vários números da revista, de maio a junho de 1886, nos quais se entremeavam poemas em prosa e em versos regulares. No rodapé dizia-se que eram textos do "falecido Arthur Rimbaud". Nesse mesmo ano, a coletânea saiu sob a forma de plaqueta, com uma "Notícia" de Verlaine, em edição das próprias oficinas da revista, com a ordem inicial dos poemas alterada. Segue-se, em 1891, a publicação, pelo editor Léon Vanier, com uma introdução ainda de Verlaine, de um livro intitulado *Poèmes, Les Illuminations, Une Saison en Enfer*, na qual se observa a edição inicial das *Iluminações*. Em 1895, o mesmo editor Vanier, nas *Poésies Complètes*, dá a público mais cinco poemas da série: *Fairy, Guerre, Génie, Jeunesse* e *Solde*, que provavelmente haviam permanecido em poder de Sivry. Em 1898, para concorrer com a edição Vanier, Paterne Berrichon vale-se de Ernest Delahaye para lançar as obras de J. A. Rimbaud, incluindo uma das chamadas *Prosas Evangélicas* (Betsaida...etc), que ele supunha tratar-se de *mais uma* "iluminação". O livro foi remanejado em 1916, integrado pelo famoso prefácio de Paul Claudel. Finalmente, em 1941 sai a primeira edição crítica, com estabelecimento do texto, criteriosamente elaborada com vista dos manuscritos, num trabalho de grafologia pioneiro de Henri Bouillane de Lacoste.

QUASE UM PREFÁCIO

A começar pelo título, estas *Iluminações* constituem um dos mais intrincados problemas da sempre intrincada crítica rimbaldiana. Segundo Verlaine, que foi o primeiro editor do texto, em 1886, "a palavra é inglesa" e quer dizer "gravuras coloridas — *coloured plates*", título e subtítulo que atribui ao próprio Rimbaud [V. "Notícia", prefácio de V. à 1ª edição do livro, incluída nos ADENDOS]. A ser verdade, o título indicaria que seu autor tomava essas "iluminações" como se fossem meras iluminuras ou estampas coloridas de um livro, não passando os poemas assim de simples descrições de cromos. Mas o próprio Verlaine afirma que Rimbaud se divertia em fazer brincadeiras com os dois sentidos da palavra (em inglês e francês), implicando supor-se que R. tinha, sobre ela, concepções mais amplas que as de seu amigo e futuro prefaciador. "É difícil acreditar que Rimbaud tivesse realmente a intenção de adotar aquele subtítulo, que só possui um significado banal, redutor e linear", diz Enid Starkie, a definitiva biógrafa inglesa de Rimbaud. Num ponto, porém, Verlaine parece inteiramente certo: é quanto à datação da obra, que estima escrita entre 1872 e 1875, ou seja, dos tempos de Londres ao momento em que Rimbaud lhe entrega os originais destinados a Nouveau em maio de 1875. Dizendo que o autor viajara por toda a Alemanha, quer com isso afirmar que as *Iluminações* são contemporâneas e posteriores a *Uma Estadia no Inferno*.

Estudos críticos de sua obra dão hoje ênfase ao seu lado "esotérico", tendo J. Gengoux *(La Symbolique de Rimbaud)* rastreado o poeta pelos domínios da cabala e do ocultismo. Em muitos passos das *Iluminações* percebe-se, de fato, uma linguagem por assim dizer maçônica, iniciática, com a qual o narrador se atribui poderes alquímicos e uma veneração osírica de quem tivesse penetrado o mundo transcendente em profundidade muito superior ao que poderia conseguir com as leituras de Michelet na biblioteca pública de Charleville (onde havia, é certo, um exemplar das obras de Eliphas Levy!). Embora duramente contestado por Étiemble, que nega a R. conhecimentos ocultísticos profundos, a comunidade literária em geral tem visto nas *Iluminações* um sentido e um intuito de explorar, com sua linguagem absolutamente nova, inédita, as transcendências do ser, seus anseios de superação — não no sentido nietzschiano do *Übermensch*, mas trocando a largueza dos omoplatas pela potencialização da mente — sua vontade de "mudar o mundo", "transformar a vida", "reinventar o amor" e "inaugurar o Natal na terra". E Mario Matucci, tradutor e crítico italiano de projeção internacional, assim se expressa a respeito: "Na palavra *Iluminações* reconhecemos o lado visionário da ética rimbaldiana. Encerra a luz graças à qual o homem tenta derrubar as nervalianas 'portas de chifre ou de marfim que nos separam do mundo invisível'. [...] Empenhado numa missão que ultrapassa os limites do sensível, o poeta [é um] novo Prometeu [...]. Digo missão porque Rimbaud sentiu o apelo de sua procura como um dever a cumprir em relação à humanidade[...]. Uma parte de sua obra reflete com efeito essa espécie de divinização que, a dado momento, o levou a crer haver atingido a união suprema com seu Gênio, formando uma única essência portadora de uma nova religião [...] *multiplicadora de progresso*." Além desses aspectos, são vários os comentaristas que vêem nestes poemas um reflexo do chamado "iluminismo progressista" do século XIX, que antecipava os sonhos de igualdade proletária, e do qual Vermersch foi um dos vultos proeminentes. Outros, como Rivière e Claudel, vêem neles uma atormentada ascese religiosa. Ainda outros, altos brados de revolta e negação do cristianismo. E, por fim, Étiemble que procura "desconstruir" quaisquer teorias em torno do que chama "o mito de Rimbaud".

    Muito se tem perquirido sobre o significado destes poemas. Há correntes críticas que procuram explicá-los como catarses biográficas ou alucinações provocadas pelo haxixe. É possível que neles haja ambos os "momentos"; contudo, a tentativa de provar que *todas* as referências apontam para um ou outro desses campos, faz com que certas "explicações" críticas pareçam simplesmente absurdas ou ridículas. Daí a perfeita asserção de

R. Jaccobi quando diz: "O melhor modo de decifrar R. é lê-lo; interrogar-lhe a superfície verbal e fugir à tentação da lógica alegórica".

Recentemente apareceram na França dois trabalhos de relevo para a crítica rimbaldiana: *La Poétique du Fragment*, de André Guyaux, e *Enluminures, restituées et publieés par Emmanuel Martineau*. Neste último, seu autor, à semelhança do que já fizera com os *Pensées* de Pascal, parte do pressuposto de que as *Iluminações* eram constituídas por um texto coeso, à maneira de *Uma Estadia no Inferno*, e que alguém ou o próprio Rimbaud o separou em partes aleatórias, dando-lhe títulos, como se cada uma delas *ab initio* correspondesse a um poema isolado. Procede então a uma colagem (tão arbitrária quanto a ordem estabelecida inicialmente por Fenéon) e nos apresenta um texto compacto que, dessa forma, ainda se torna menos permeável do que em sua feitura anterior. Mais (ou pior) ainda: coloca-se na contra-corrente do *mainstream* da crítica e retrocede ao conceito (ou impressão inicial) verlaineana de que o título seria mera alusão aos incunábulos que R. e V. teriam visto no British Museum. Embora se trate de um autor extremamente criterioso, um cientista do texto, parece ter-lhe faltado certa sensibildade poética na apreciação dos poemas, e a metodologia aplicada brilhantemente ao estudo dos *Pensées* não apresenta o mesmo brilhante resultado quando focaliza um texto tão sutil quanto as *Illuminations*. Ao procurar reverter os poemas em prosa de Rimbaud a um *statu quo ante*, que seria uma repetição — a custo evitada — da técnica de "longa narrativa poética" empregada na feitura de *Une Saison*, Martineau como que nega uma das excelências da obra. Talvez uma das melhores assertivas de que pelo menos algumas dessas peças são posteriores à *Saison* está precisamente na "iluminação" que Rimbaud teria se acaso fragmentou uma possível narrativa poética (a pseudoforma que Martineau apresenta sob o título de *Enluminures*), tirando-lhe a seqüência lógica, abolindo um raciocínio linear, deixando que seu texto se permeasse de magia e hermetismo, penetrado das polissemias que o título sugere. Caso R. não as tenha escrito inicialmente dessa forma, essa "fragmentação" é o que as leva exatamente a superar — como poema em prosa — os resultados a que tinha chegado Baudelaire no trato desse gênero de arte sutilíssimo. (Vide

Traduzindo Iluminações nos ADENDOS deste livro). Baudelaire não conseguiu vencer de todo a barreira da lógica e da "clarté" francesa. Foi preciso que a "folie" rimbaldiana o levasse a tanto. Em seu livro por assim dizer antitético, embora escrito anteriormente, André Guyaux analisa essa transcendente passagem do verso à prosa sem sair dos domínios feéricos da Poesia.

ILUMINAÇÕES
ILLUMINATIONS

APRÈS LE DÉLUGE

Aussitôt que l'idée du Déluge se fut rassise,

Un lièvre s'arreta dans les sainfoins et les clochettes mouvantes et dit sa prière à l'arc-en-ciel à travers la toile de l'araignée.

Oh! les pierres précieuses qui se cachaient, — les fleurs qui regardaient déjà.

Dans la grande rue sale les étals se dressèrent, et l'on tira les barques vers la mer étagée là-haut comme sur les gravures.

Le sang coula, chez Barbe-Bleue, — aux abattoirs, — dans les cirques, où le sceau de Dieu blêmit les fenêtres. Le sang et le lait coulèrent.

Les castors bâtirent. Les "mazagrans" fumèrent dans les estaminets.

Dans la grande maison de vitres encore ruisselante les enfants en deuil regardèrent les merveilleuses images.

Une porte claqua, — et sur la place du hameau, l'enfant tourna ses bras, compris des girouettes et des coqs des clochers de partout, sous l'éclatante giboulée.

Madame*** établit un piano dans les Alpes. La messe et les premières communions se célébrèrent aux cent mille autels de la cathédrale.

Les caravanes partirent. Et le Splendide-Hôtel fut bâti dans le chaos de glaces et de nuit du pôle.

Depuis lors, la Lune entendit les chacals piaulant par les déserts de thym, — et les églogues en sabots grognant dans le verger. Puis, dans la futaie violette, bourgeonnante, Eucharis me dit que c'était le printemps.

— Sourds, étang, — Écume, roule sur le pont et par-dessus les bois; — draps noirs et orgues, — éclairs et tonnerre, — montez et roulez; — Eaux et tristesses, montez et relevez les Déluges.

Car depuis qu'ils se sont dissipés, — oh! les pierres pré-

DEPOIS DO DILÚVIO

Assim que a idéia do Dilúvio se assentou,[1]

Uma lebre se deteve entre os sanfenos e as campainhas moventes e recitou sua oração ao arco-íris através da teia da aranha.[2]

Oh! as pedras preciosas que estavam escondidas, — as flores que começaram a espiar.

Pela longa rua suja armaram-se os balcões, e arrastaram-se as barcas para o mar suspenso no alto como nas gravuras.

O sangue correu, no palácio de Barba Azul, — nos matadouros, — nos circos, onde o selo de Deus empalidecia as janelas. O sangue e o leite correram.

Os castores construíram. Os "mazagrans"[3] fumegaram nos cafés.

Da grande casa de vidraças ainda gotejantes as crianças de luto contemplavam as maravilhosas imagens.

Uma porta bateu, — e na praça da vila, o menino girou os braços, compreendido pelos cata-ventos e os galos dos campanários de toda parte, sob o estrondoso aguaceiro.

Madame ***[4] instalou um piano nos Alpes. Celebraram-se a missa e as primeiras comunhões nos cem mil altares da catedral.

As caravanas partiram. E o Hotel Esplêndido[5] foi construído no caos dos gelos e da noite polar.

Desde então, a Lua ouviu os chacais uivando nos desertos de timo, — e éclogas agrestes[6] grunhindo nos vergéis. Depois, nas alamedas violetas, borbulhante, Eucáris[7] me diz que a primavera chegou.

— Surde, charco, — Espuma, rola sobre a ponte e por cima dos bosques; — negros pálios e órgãos, — raios e trovões, — surgi e rolai; — Águas e tristezas, erguei-vos e restaurai os Dilúvios.

Pois assim que se dissiparam, — oh! as pedras preciosas se

cieuses s'enfouissant, et les fleurs ouvertes! — c'est un ennui! et la Reine, la Sorcière qui allume sa braise dans le pot de terre, ne voudra jamais nous raconter ce qu'elle sait, et que nous ignorons.

enterrando, e as flores abertas! — que tédio! e a Rainha, a Feiticeira[8] que aviva sua brasa na panela, jamais vai querer nos contar o que sabe e que nós ignoramos.

ENFANCE

I

Cette idole, yeux noirs et crin jaune, sans parents ni cour, plus noble que la fable, mexicaine et flamande; son domaine, azur et verdure insolents, court sur des plages nommées, par des vagues sans vaisseaux, de noms férocement grecs, slaves, celtiques.

À la lisière de la forêt — les fleurs de rêve tintent, éclatent, éclairent, — la fille à lèvre d'orange, les genoux croisés dans le clair déluge qui sourd des prés, nudité qu'ombrent, traversent et habillent les arcs-en-ciel, la flore, la mer.

Dames qui tournoient sur les terrasses voisines de la mer; enfantes et géantes, superbes noires dans la mousse vert-de-gris, bijoux debout sur le sol gras des bosquets et des jardinets dégelés, — jeunes mères et grandes sœurs aux regards pleins de pèlerinages, sultanes, princesses de démarche et de costume tyranniques, petites étrangères et personnes doucement malheureuses.

Quel ennui, l'heure du "cher corps" et "cher cœur".

II

C'est elle, la petite morte, derrière les rosiers. — La jeune maman trépassée descend le perron. — La calèche du cousin crie sur le sable. — Le petit frère (il est aux Indes!) là, devant le couchant, sur le pré d'œillets. — Les vieux qu'on a enterrés tout droits dans le rempart aux giroflées.

L'essaim des feuilles d'or entoure la maison du général. Ils sont dans le midi. — On suit la route rouge pour arriver à l'auberge vide. Le château est à vendre; les persiennes sont détachées. — Le curé aura emporté la clef de l'église. — Autour

INFÂNCIA[1]

I

Este ídolo,[2] olhos negros e melenas amarelas, sem estirpe nem cortejo, mais nobre que a fábula, flamenga ou mexicana; seu reino, azul e verdor insolentes, estende suas vagas sem baixéis sobre praias de nomes ferozmente gregos, eslavos ou célticos.

Na orla da floresta — as flores de sonho tinem, explodem, resplendem —, a moça de lábios laranja, joelhos cruzados no claro dilúvio que irrompe dos prados, nudez que a flora, o mar e os arco-íris sombreiam, atravessam e vestem.

Aias que volteiam nos terraços vizinhos do mar; infantas e gigantas, negras soberbas no musgo verde-gris, jóias enrijecidas no solo adubado dos pequenos bosques e jardins em degelo, — jovens mães e irmãs maiores de olhares plenos de peregrinações, sultanas, princesas de porte e de traje tirânicos, crianças exóticas e pessoas docemente infelizes.

Que tédio, a hora do "caro corpo" e do "caro coração".[3]

II

É ela, a menina morta,[4] atrás do roseiral. — A jovem mãe já falecida desce os degraus da varanda. — A caleche do primo rincha sobre o saibro. — O irmãozinho[5] (ele está nas Índias!) lá, frente ao poente, nos canteiros de cravos. — Os velhos enterrados de pé na rampa dos goivos.

Um enxame de folhas secas circunda a casa do general.[6] Estão no Sul. — Segue-se pela estrada vermelha para se chegar à hospedaria deserta. O castelo está à venda; as persianas, pendentes. — O cura terá levado a chave da igreja. — Em volta do

du parc, les loges des gardes sont inhabitées. Les palissades sont si hautes qu'on ne voit que les cimes bruissantes. D'ailleurs il n'y a rien à voir là-dedans.

Les prés remontent aux hameaux sans coqs, sans enclumes. L'écluse est levée. Ô les Calvaires et les moulins du désert, les îles et les meules!

Des fleurs magiques bourdonnaient. Les talus le berçaient. Des bêtes d'une élégance fabuleuse circulaient. Les nuées s'amassaient sur la haute mer faite d'une éternité de chaudes larmes.

III

Au bois il y a un oiseau, son chant vous arrête et vous fait rougir.

Il y a une horloge qui ne sonne pas.

Il y a une fondrière avec un nid de bêtes blanches.

Il y a une cathédrale qui descend et un lac qui monte.

Il y a une petite voiture abandonnée dans le taillis, ou qui descend le sentier en courant, enrubannée.

Il y a une troupe de petits comédiens en costumes, aperçus sur la route à travers la lisière du bois.

Il y a enfin, quand l'on a faim et soif, quelqu'un qui vous chasse.

IV

Je suis le saint, en prière sur la terrasse, — comme les bêtes pacifiques paissent jusqu'à la mer de Palestine.

Je suis le savant au fauteuil sombre. Les branches et la pluie se jettent à la croisée de la bibliothèque.

parque, as guaritas dos guardas estão inabitadas. Os tapumes são tão altos que só se vêem os cimos sussurrantes. Além do mais, nada há para se ver lá dentro.

Os prados varejam[7] os vilarejos sem galos, sem bigornas. A represa está aberta. Os calvários e os moinhos do deserto, as ilhas e as mós!

Flores mágicas enxameavam. Os barrancos o[8] berçavam. Bichos de uma elegância fabulosa circulavam. As nuvens se adensavam sobre o mar alto feito de uma eternidade de lágrimas quentes.

III

No bosque há um pássaro, seu canto vos detém e vos faz enrubescer.

Há um relógio que não toca.

Há uma vala com um ninho de bichos brancos.

Há uma catedral que desce e um lago que sobe.

Há um pequeno veículo abandonado[9] nas touceiras, ou que desce veloz a vereda, enfeitado de fitas.

Há uma trupe de comediantes a cárater, entrevistos no caminho que passa pela orla do bosque.

Há enfim, quando se tem fome e sede, alguém que nos expulsa.

IV

Sou[10] o santo que ora no terraço, — como animais pacíficos pastando até o mar da Palestina.

Sou o sábio da poltrona sombria. Os ramos e a chuva se atiram às vidraças da biblioteca.

Je suis le piéton de la grand'route par les bois nains; la rumeur des écluses couvre mes pas. Je vois longtemps la mélancolique lessive d'or du couchant.

Je serais bien l'enfant abandonné sur la jetée partie à la haute mer, le petit valet suivant l'allée dont le front touche le ciel.

Les sentiers sont âpres. Les monticules se couvrent de genêts. L'air est immobile. Que les oiseaux et les sources sont loin! Ce ne peut être que la fin du monde, en avançant.

V

Qu'on me loue enfin ce tombeau, blanchi à la chaux avec les lignes du ciment en relief — très loin sous terre.

Je m'accoude à la table, la lampe éclaire très vivement ces journaux que je suis idiot de relire, ces livres sans intérêt. —

À une distance énorme au-dessus de mon salon souterrain, les maisons s'implantent, les brumes s'assemblent. La boue est rouge ou noire. Ville monstrueuse, nuit sans fin!

Moins haut, sont des égouts. Aux côtés, rien que l'épaisseur du globe. Peut-être les gouffres d'azur, des puits de feu. C'est peut-être sur ces plans que se rencontrent lunes et comètes, mers et fables.

Aux heures d'amertume je m'imagine des boules de saphir, de métal. Je suis maître du silence. Pourquoi une apparence de soupirail blêmirait-elle au coin de la voûte?

Sou o caminhante das grandes estradas pelos bosques anões; o rugir das represas ensurdece os meus passos. Observo longamente a melancólica barrela de ouro do crepúsculo.

Posso bem ser o menino abandonado no molhe que se lança para o alto mar, o pequeno serviçal seguindo a alameda cujo fuste vai tocar o céu.

As trilhas são árduas. Os montículos se cobrem de giestas. O ar está imóvel. Que longe estão os pássaros e as fontes! Só pode ser o fim do mundo, se avançarmos.

V

Que me aluguem enfim este túmulo, branqueado a cal com as linhas do cimento em relevo — muito longe sob a terra.

Debruço-me à mesa, o lampião ilumina fortemente esses jornais que tenho a idiotice de reler, esses livros sem interesse.—

A enorme distância acima de meu salão subterrâneo, as casas se implantam, as brumas se agrupam. A lama é negra ou rubra. Cidade monstruosa, noite sem fim![11]

Mais abaixo, os esgotos. Dos lados, nada senão a espessura do globo. Talvez golfos de azul, poços de fogo. É talvez a esse nível que se encontram luas e cometas, mares e fábulas.

Em horas de amargura imagino bolas de safira, de metal. Sou mestre do silêncio. Por quê uma aparente clarabóia haveria de empalidecer a um canto da abóbada?

CONTE

Un Prince était vexé de ne s'être employé jamais qu'à la perfection des générosités vulgaires. Il prévoyait d'étonnantes révolutions de l'amour, et soupçonnait ses femmes de pouvoir mieux que cette complaisance agrémentée de ciel et de luxe. Il voulait voir la vérité, l'heure du désir et de la satisfaction essentiels. Que ce fût ou non une aberration de piété, il voulut. Il possédait au moins un assez large pouvoir humain.

Toutes les femmes qui l'avaient connu furent assassinées. Quel saccage du jardin de la beauté! Sous le sabre, elles le bénirent. Il n'en commanda point de nouvelles. — Les femmes réapparurent.

Il tua tous ceux qui le suivaient, après la chasse ou les libations. — Tous le suivaient.

Il s'amusa à égorger les bêtes de luxe. Il fit flamber les palais. Il se ruait sur les gens et les taillait en pièces. — La foule, les toits d'or, les belles bêtes existaient encore.

Peut-on s'extasier dans la destruction, se rajeunir par la cruauté! Le peuple ne murmura pas. Personne n'offrit le concours de ses vues.

Un soir il galopait fièrement. Un Génie apparut, d'une beauté ineffable, inavouable même. De sa physionomie et de son maintien ressortait la promesse d'un amour multiple et complexe! d'un bonheur indicible, insupportable même! Le Prince et le Génie s'anéantirent probablement dans la santé essentielle. Comment n'auraient-ils pas pu en mourir? Ensemble donc ils moururent.

Mais ce Prince décéda, dans son palais, à un âge ordinaire. Le prince était le Génie. Le Génie était le Prince.

La musique savante manque à notre désir.

CONTO

Um Príncipe[1] estava insatisfeito por nunca se haver aplicado senão em aperfeiçoar as generosidades vulgares. Previa no amor revoluções surpreendentes, e supunha suas mulheres capazes de algo melhor que essa complacência entremeada de céu e de luxúria. Quis ver a verdade, a hora do desejo e da satisfação essenciais. Fosse ou não uma aberração de piedade, assim o quis. Possuía pelo menos um poder humano bastante considerável.

Todas as mulheres que o haviam conhecido foram assasinadas. Que devastação no jardim da beleza! Sob o sabre, ainda o bendiziam. Não ordenou outras novas. — As mulheres reapareceram.

Matava a todos que o seguiam, após a caça ou as libações. — E todos o seguiam.

Divertia-se em degolar os animais de luxo. Mandou incendiar os palácios. Arrojava-se sobre as pessoas e as talhava em postas. — A multidão, as cúpulas douradas, os graciosos animais subsistiam.

Pode-se extasiar na destruição, rejuvenescer na crueldade! O povo não murmurou. Ninguém trouxe o concurso de seu parecer.

Uma noite galopava altivamente. Apareceu um Gênio, de uma beleza inefável, inadmissível mesmo. De sua fisionomia e de seu porte emanava a promessa de um amor múltiplo e complexo! de uma felicidade indizível, insuportável mesmo! O Príncipe e o Gênio se aniquilaram provavelmente na saúde essencial. Como não haveriam de morrer disso? E então morreram juntos.

Mas esse Príncipe expirou, em seu palácio, numa idade esperada. O Príncipe era o Gênio. O Gênio era o Príncipe.

Falta ao nosso desejo a música adequada.[2]

PARADE

    Des drôles très solides. Plusieurs ont exploité vos mondes. Sans besoins, et peu pressés de mettre en œuvre leurs brillantes facultés et leur expérience de vos consciences. Quels hommes mûrs! Des yeux hébétés à la façon de la nuit d'été, rouges et noirs, tricolores, d'acier piqué d'étoiles d'or; des faciès deformés, plombés, blêmis, incendiés; des enrouements folâtres! La démarche cruelle des oripeaux! — Il y a quelques jeunes, — *comment regarderaient-ils Chérubin?* — *pourvus de voix effrayantes et de quelques ressources dangereuses. On les envoie prendre du dos en ville, affublés d'un* luxe *dégoûtant.*

    Ô le plus violent Paradis de la grimace enragée! Pas de comparaison avec vos Fakirs et les autres bouffonneries scéniques. Dans des costumes improvisés avec le goût du mauvais rêve ils jouent des complaintes, des tragédies de malandrins et de demi-dieux spirituels comme l'histoire ou les religions ne l'ont jamais été. Chinois, Hottentots, bohémiens, niais, hyènes, Molochs, vieilles démences, démons sinistres, ils mêlent les tours populaires, maternels, avec les poses et les tendresses bestiales. Ils interpréteraient des pièces nouvelles et des chansons "bonnes filles". Maîtres jongleurs, ils transforment le lieu et les personnes et usent de la comédie magnétique. Les yeux flambent, le sang chante, les os s'élargissent, les larmes et des filets rouges ruissellent. Leur raillerie ou leur terreur dure une minute, ou des mois entiers.

    J'ai seul la clef de cette parade sauvage.

PARADA[1]

Marotos muito sólidos. Vários exploraram vossos mundos. Sem necessidade, e sem pressa de aplicar suas brilhantes faculdades e seus conhecimentos de vossas consciências. Que homens maduros! Seus olhos embotados deverão ser como as noites de verão, negros e vermelhos, de três cores, de aço picotado por estrelas[2] de ouro; fácieis disformes, de estanho, lívidas, incendidas; grosseiras galhofas! O avanço cruel dos ouropéis! — Há alguns jovens, — que achariam de Cherubino?[3] — dotados de vozes apavorantes e de alguns apetrechos perigosos. Costumam mandá-los se virar na cidade, pavoneando um *luxo* degradante.

Ó o Paraíso mais violento da careta enfurecida! Nada de comparações com os vossos Faquires e outras fanfarronadas cênicas. Em trajes improvisados com o gosto dos maus sonhos, encenam farsas, tragédias de malandrins e semideus espirituais como a história e as religiões jamais o foram. Chineses, hotentotes, boêmios, néscios, hienas, Molochs, velhas demências, demônios sinistros, misturam ditos populares, maternais, com carícias e poses animalescas. Interpretariam peças atuais e cançonetas "de salão".[4] Mestres jograis, transformam a cena e os personagens, usando truques magnéticos. Os olhos flamejam, o sangue canta, os ossos dilatam-se, escorrem lágrimas e fios vermelhos[5]. Sua troça ou terror não dura mais que um minuto, ou meses inteiros.

Só eu possuo a chave desta parada selvagem.

ANTIQUE

Gracieux fils de Pan! Autour de ton front couronné de fleurettes et de baies tes yeux, des boules précieuses, remuent. Tachées de lies brunes, tes joues se creusent. Tes crocs luisent. Ta poitrine ressemble à une cithare, des tintements circulent dans tes bras blonds. Ton cœur bat dans ce ventre où dort le double sexe. Promène-toi, la nuit, en mouvant doucement cette cuisse, cette seconde cuisse et cette jambe de gauche.

ANTIGUIDADE[1]

Gracioso filho de Pan![2] Em torno à tua fronte coroada de brotos e sementes, teus olhos, duas órbitas preciosas, revolteiam. Manchadas de lios escuros, tuas faces se covam. Teus caninos reluzem. Teu peito parece uma cítara, estrídulos acordes circulam por teus braços brancos. Bate teu coração nesse ventre onde dorme o duplo sexo. Passeia, pela noite, movendo vagarosamente essa coxa, essa segunda coxa e essa perna esquerda.

BEING BEAUTEOUS

Devant une neige un Être de Beauté de haute taille. Des sifflements de mort et des cercles de musique sourde font monter, s'élargir et trembler comme un spectre ce corps adoré; des blessures écarlates et noires éclatent dans les chairs superbes. Les couleurs propres de la vie se foncent, dansent, et se dégagent autour de la Vision, sur le chantier. Et les frissons s'élèvent et grondent, et la saveur forcenée de ces effets se chargeant avec les sifflements mortels et les rauques musiques que le monde, loin derrière nous, lance sur notre mère de beauté, — elle recule, elle se dresse. Oh! nos os sont revêtus d'un nouveau corps amoureux.

*****

Ô la face cendrée, l'écusson de crin, les bras de cristal! Le canon sur lequel je dois m'abattre à travers la mêlée des arbres et de l'air léger!

BEING BEAUTEOUS[1]

Frente a uma neve um Ser de Beleza de alta estatura. Silvos de morte e círculos de música surda fazem subir, ampliar-se e tremer como um espectro esse corpo adorado; feridas escarlates e negras[2] estouram nas carnes soberbas. As cores próprias da vida se adensam, dançam e se desprendem em redor da Visão, que se elabora. E os frêmitos elevam-se e rugem, e como o sabor furioso desses efeitos se conjuga com os silvos mortais e as músicas roucas que o mundo, longe atrás de nós, lança sobre nossa mãe de beleza, — ela recua, e ergue-se. Oh! um novo corpo amoroso reveste os nossos ossos.

*****

Ó a face de cinza, o escudo de crina, os braços de cristal! O canhão sobre o qual devo abater-me em meio à refrega entre as árvores e o leve vento![3]

VIES

I

Ô les énormes avenues du pays saint, les terrasses du temple! Qu'a-t-on fait du brahmane qui m'expliqua les Proverbes? D'alors, de là-bas, je vois encore même les vieilles! Je me souviens des heures d'argent et de soleil vers les fleuves, la main de la compagne sur mon épaule, et de nos caresses debout dans les plaines poivrées. — Un envol de pigeons écarlates tonne autour de ma pensée. — Exilé ici, j'ai eu une scène où jouer les chefs-d'œuvre dramatiques de toutes les littératures. Je vous indiquerais les richesses inouïes. J'observe l'histoire des trésors que vous trouvâtes. Je vois la suite! Ma sagesse est aussi dédaignée que le chaos. Qu'est mon néant, auprès de la stupeur qui vous attend?

II

Je suis un inventeur bien autrement méritant que tous ceux qui m'ont précédé; un musicien même, qui ai trouvé quelque chose comme la clef de l'amour. À présent, gentilhomme d'une campagne aigre au ciel sobre, j'essaye de m'émouvoir au souvenir de l'enfance mendiante, de l'apprentissage ou de l'arrivée en sabots, des polémiques, des cinq ou six veuvages, et quelques noces où ma forte tête m'empêcha de monter au diapason des camarades. Je ne regrette pas ma vieille part de gaîté divine: l'air sobre de cette aigre campagne alimente fort activement mon atroce scepticisme. Mais comme ce scepticisme ne peut désormais être mis en œuvre, et que d'ailleurs je suis dévoué à un trouble nouveau, — j'attends de devenir un très méchant fou.

VIDAS

I

Oh as enormes avenidas da terra santa, os terraços do templo! Que é feito do brâmane que me explicava os Provérbios? Dali, daquele tempo revejo até as velhas! Recordo as horas de prata e sol junto aos rios, a mão companheira[1] no meu ombro e nossas carícias de pé nas planícies cobertas de pimenteiras. Uma revoada de pombos escarlates tatala em torno do meu pensamento.[2] — Aqui exilado, tive um palco onde representar as obras-primas dramáticas de todas as literaturas. Eu vos indicarei as riquezas inauditas. Observo a história dos tesouros que encontrastes. Vejo o que virá! Meu saber é tão desdenhado quanto o caos. Que é o meu nada, comparado ao estupor que vos aguarda?

II

Sou um inventor cujos méritos diferem de todos os que me precederam; de fato, um músico, que encontrou algo assim como a clave[3] do amor. No momento, fidalgo de campo estéril e céu austero, procuro comover-me com a recordação da infância mendicante, o aprendizado ou a chegada canhestra, as polêmicas, as cinco ou seis vezes em que me enviuvei, e de certas farras[4] em que minha cabeça forte me impedia de chegar ao diapasão dos companheiros. Não lamento minha antiga parte da alegria divina: o ar sóbrio deste campo estéril alimenta bem ativamente meu atroz ceticismo. Mas como tal ceticismo não pode agora ser usado, e como, além disso, me dediquei a um novo desconcerto, — espero tornar-me um louco muito mau.

III

Dans un grenier où je fus enfermé à douze ans j'ai connu le monde, j'ai illustré la comédie humaine. Dans un cellier j'ai appris l'histoire. À quelque fête de nuit dans une cité du Nord, j'ai rencontré toutes les femmes des anciens peintres. Dans un vieux passage à Paris on m'a enseigné les sciences classiques. Dans une magnifique demeure cernée par l'Orient entier j'ai accompli mon immense œuvre et passé mon illustre retraite. J'ai brassé mon sang. Mon devoir m'est remis. Il ne faut même plus songer à cela. Je suis réellement d'outre-tombe, et pas de commissions.

III

Num sótão[5] onde me trancaram aos doze anos conheci o mundo, ilustrei a comédia humana. Numa adega aprendi história. Em certa festa noturna numa cidade boreal, encontrei todas as mulheres dos antigos pintores.[6] Numa velha galeria de Paris ensinaram-me as ciências clássicas.[7] Numa residência magnífica rodeada pelo Oriente inteiro concluí minha obra imensa e fiz minha ilustre retirada. Fermentei meu sangue. Sou livre do dever. Não vale a pena nem pensar. Sou realmente de além-túmulo, e nada de compromissos.

DÉPART

Assez vu. La vision s'est rencontrée à tous les airs.
Assez eu. Rumeurs des villes, le soir, et au soleil, et toujours.
Assez connu. Les arrêts de la vie. — Ô Rumeurs et Visions!
Départ dans l'affection et le bruit neufs!

PARTIDA [1]

Farto de ver. A visão reencontrada em toda parte.
Farto de ter. O ruído das cidades, à noite, e ao sol, e sempre.
Farto de saber. As paradas da vida. — Ó Ruídos e Visões!
Partir para afetos e rumores novos!

ROYAUTÉ

Un beau matin, chez un peuple fort doux, un homme et une femme superbes criaient sur la place publique: "Mes amis, je veux qu'elle soit reine!" "Je veux être reine!" Elle riait et tremblait. Il parlait aux amis de révélation, d'épreuve terminée. Ils se pâmaient l'un contre l'autre.

En effet ils furent rois toute une matinée où les tentures carminées se relevèrent sur les maisons, et toute l'après-midi, où ils s'avancèrent du côté des jardins de palmes.

REALEZA[1]

Numa bela manhã, num país de gente muito amável, um homem e uma mulher magníficos gritavam na praça pública. "Meus amigos, quero que ela seja rainha!" "Quero ser rainha!" Ela ria e tremia. Ele falava aos amigos sobre revelação, uma prova concluída.[2] Desfaleciam agarrados um ao outro.

De fato, foram reis durante toda a manhã, quando as tapeçarias carmesins voltaram a recobrir as casas, e toda a tarde, quando se encaminharam para os jardins plantados de palmeiras.

À UNE RAISON

Un coup de ton doigt sur le tambour décharge tous les sons et commence la nouvelle harmonie.

Un pas de toi, c'est la levée des nouveaux hommes et leur en-marche.

Ta tête se détourne: le nouvel amour! Ta tête se retourne, — le nouvel amour!

"Change nos lots, crible les fléaux, à commencer par le temps", te chantent ces enfants. "Élève n'importe où la substance de nos fortunes et de nos vœux" on t'en prie.

Arrivée de toujours, qui t'en iras partout.

A UMA RAZÃO[1]

Um toque de teu dedo no tambor liberta todos os sons e começa a nova harmonia.

Um passo teu é a mobilização dos novos homens e sua ordem de marchar.

Se viras o rosto:[2] o novo amor! Se desviras o rosto, — o novo amor!

"Quebra os nossos elos, acaba com os flagelos, a começar com o tempo", cantam nas danças as crianças. "Ergue, não importa onde, a substância de nossos destinos e desejos", te suplicam.

Do sempre chegada, irás por toda estrada.[3]

MATINÉE D'IVRESSE

Ô mon *Bien!* Ô mon *Beau!* Fanfare atroce où je ne trébuche point! chevalet féerique! Hourra pour l'œuvre inouïe et pour le corps merveilleux, pour la première fois! Cela commença sous les rires des enfants, cela finira par eux. Ce poison va rester dans toutes nos veines même quand, la fanfare tournant, nous serons rendus à l'ancienne inharmonie. Ô maintenant nous si digne de ces tortures! rassemblons fervemment cette promesse surhumaine faite à notre corps et à notre âme créés: cette promesse, cette démence! L'élégance, la science, la violence! On nous a promis d'enterrer dans l'ombre l'arbre du bien et du mal, de déporter les honnêtetés tyranniques, afin que nous amenions notre très pur amour. Cela commença par quelques dégoûts et cela finit, — ne pouvant nous saisir sur-le-champ de cette éternité, — cela finit par une débandade de parfums.

Rire des enfants, discrétion des esclaves, austérité des vierges, horreur des figures et des objets d'ici, sacrés soyez-vous par le souvenir de cette veille. Cela commençait par toute la rustrerie, voici que cela finit par des anges de flamme et de glace.

Petite veille d'ivresse, sainte! quand ce ne serait que pour le masque dont tu nous as gratifié. Nous t'affirmons, méthode! Nous n'oublions pas que tu as glorifié hier chacun de nos âges. Nous avons foi au poison. Nous savons donner notre vie tout entière tous les jours.

Voici le temps des *Assassins.*

MANHÃ DE EMBRIAGUEZ[1]

Oh *meu* Bem, oh *meu* Belo! Fanfarra atroz em que não mais tropeço! cavalete[2] feérico! Hurra pela a obra inaudita e pelo corpo maravilhoso, pela primeira vez! Tudo começou com risos de crianças, com eles vai terminar. Este veneno permanecerá em nossas veias mesmo quando acabar a fanfarra e voltarmos à nossa antiga inarmonia. Ó, agora que somos tão dignos dessas torturas! recolhamos fervorosamente esta promessa sobreumana feita ao nosso corpo e à nossa alma criados: esta promessa, esta demência! A aparência, a ciência, a violência! Prometeram-nos enterrar na sombra a árvore do bem e do mal, desterrar as honestidades tirânicas, para que pudéssemos realizar o nosso amor mais puro. Começou com certas repugnâncias e terminou, — não nos sendo possível apreender de imediato essa eternidade, — terminou com uma debandada de perfumes.

Risos de crianças, discrição dos escravos, austeridade das virgens, horror das faces e objetos daqui, sagrados sede vós pela lembrança desta vigília. O que havia começado com toda a grosseria, eis que vai acabar em anjos de chama e gelo.

Curta vigília de embriaguez, sagrada! ainda que não seja pela máscara com que nos gratificaste. Nós te confirmamos, método! Não nos esquecemos que ontem glorificaste cada uma de nossas idades. Temos fé no veneno. Sabemos dar a nossa vida inteira todos os dias.

Eis o tempo dos *Assassinos*.[3]

PHRASES

Quand le monde sera réduit en un seul bois noir pour nos quatre yeux étonnés, — en une plage pour deux enfants fidèles, — en une maison musicale pour notre claire sympathie, — je vous trouverai.

Qu'il n'y ait ici-bas qu'un vieillard seul, calme et beau, entouré d'un "luxe inouï", — et je suis à vos genoux.

Que j'aie réalisé tous vos souvenirs, — que je sois celle qui sait vous garrotter, — je vous étoufferai.

———————

Quand nous sommes très forts, — qui recule? très gais, — qui tombe de ridicule? Quand nous sommes très méchants, — que ferait-on de nous?

Parez-vous, dansez, riez. — Je ne pourrai jamais envoyer l'Amour par la fenêtre.

———————

— Ma camarade, mendiante, enfant monstre! comme ça t'est égal, ces malheureuses et ces manœuvres, et mes embarras. Attache-toi à nous avec ta voix impossible, ta voix! unique flatteur de ce vil désespoir.

Une matinée couverte, en juillet. Un goût de cendres vole dans l'air; — une odeur de bois suant dans l'âtre, — les fleurs rouies — le saccage des promenades — la bruine des canaux par les champs — pourquoi pas déjà les joujoux et l'encens?

232

FRASES

Quando o mundo estiver reduzido apenas a um bosque negro para os nossos quatro olhos espantados, — a uma praia para duas crianças fiéis,[1] — a uma casa musical para a nossa clara simpatia, — eu te encontrarei.

Não haja aqui senão um velho só, belo e tranqüilo, rodeado de um "luxo inaudito", — e estou aos teus joelhos.

Tenha realizado todas as tuas recordações, — que eu seja aquela que te saiba estrangular, — eu te sufocarei.

Quando somos muito fortes, — quem recua? muito alegres, — quem cai em ridículo? Quando somos muito maus, — que se faria de nós?

Enfeitai-vos, ride, dançai. — Jamais poderei jogar o Amor pela janela.

— Minha companheira,[2] mendiga, criança monstruosa! pouco te importam essas pobres mulheres e suas manobras, e os meus embaraços. Junta-te a nós com tua voz impossível, tua voz! único lisonjeio deste vil desespero.

Manhã encoberta, de julho. Um gosto de cinzas voa no ar; — um cheiro de lenha molhada na lareira, — as flores macerando, — o desgaste das caminhadas, — o sereno dos canais sobre os campos — e por quê ainda não os brinquedos e o incenso?

*****

J'ai tendu des cordes de clocher à clocher; des guirlandes de fenêtre à fenêtre; des chaînes d'or d'étoile à étoile, et je danse.

*****

Le haut étang fume continuellement. Quelle sorcière va se dresser sur le couchant blanc? Quelles violettes frondaisons vont descendre?

*****

Pendant que les fonds publics s'écoulent en fêtes de fraternité, il sonne une cloche de feu rose dans les nuages.

*****

Avivant un agréable goût d'encre de Chine une poudre noire pleut doucement sur ma veillée. — Je baisse les feux du lustre, je me jette sur le lit, et tourné du côté de l'ombre je vous vois, mes filles! mes reines!

*****

*****

Estendi cordas de campanário a campanário; guirlandas de janela a janela; correntes de ouro de estrela a estrela, e danço.³

*****

No alto o açude esfuma continuadamente. Que feiticeira vai se erguer sobre o poente branco? Que frondes violetas vão descer?

*****

Enquanto os fundos públicos se esgotam em festas de fraternidade, um sino de fogo soa róseo entre as nuvens.

*****

Avivando um cheiro agradável de nanquim,⁴ uma poeira negra chove suavemente sobre a minha vigília. — Baixo as luzes do lustre, lanço-me ao leito, e, virado para a sombra, vos vejo, ó filhas e rainhas minhas!

*****

OUVRIERS

Ô cette chaude matinée de février. Le Sud inopportun vint relever nos souvenirs d'indigents absurdes, notre jeune misère.

Henrika avait une jupe de coton à carreau blanc et brun, qui a dû être portée au siècle dernier, un bonnet à rubans, et un foulard de soie. C'était bien plus triste qu'un deuil. Nous faisions un tour dans la banlieue. Le temps était couvert, et ce vent du Sud excitait toutes les vilaines odeurs des jardins ravagés et des prés desséchés.

Cela ne devait pas fatiguer ma femme au même point que moi. Dans une flache laissée par l'inondation du mois précédent à un sentier assez haut elle me fit remarquer de très petits poissons.

La ville, avec sa fumée et ses bruits de métiers, nous suivait très loin dans les chemins. Ô l'autre monde, l'habitation bénie par le ciel et les ombrages! Le Sud me rappelait les misérables incidents de mon enfance, mes désespoirs d'été, l'horrible quantité de force et de science que le sort a toujours éloignée de moi. Non! nous ne passerons pas l'été dans cet avare pays où nous ne serons jamais que des orphelins fiancés. Je veux que ce bras durci ne traîne plus une chère image.

OPERÁRIOS

Ah aquela quente manhã de fevereiro. O vento Sul inoportuno veio reavivar nossas lembranças de absurdos indigentes, nossa jovem miséria.

Henrika[1] estava com uma saia de algodão de quadrados brancos e castanhos, que devia pertencer ao século passado, uma boina de fitas e um lenço de seda. Era bem mais triste que um traje de luto. Dávamos um passeio pelo subúrbio. O tempo estava encoberto, e esse vento do Sul excitava todos os maus odores dos jardins devastados e dos prados ressequidos.

O que não devia fatigar minha mulher[2] da mesma forma que a mim. Numa poça deixada pela inundação do mês precedente num caminho bem alto, ela me chamou para ver uns peixes pequeninos.

A cidade, com sua fumaça e os ruídos de ofícios, nos seguia muito longe pelos caminhos. Ah o outro mundo, a habitação bendita pelo céu e pelas sombras! o Sul me fazia lembrar os miseráveis incidentes de minha infância, meus desesperos de verão, a horrível quantidade de força e de conhecimento que a sorte sempre afastara de mim. Não! não passaremos o verão neste país avaro onde seremos sempre apenas órfãos noivos. Quero que este braço endurecido não arraste mais *uma cara imagem*.

LES PONTS

Des cieis gris de cristal. Un bizarre dessin de ponts, ceux-ci droits, ceux-là bombés, d'autres descendant ou obliquant en angles sur les premiers, et ces figures se renouvelant dans les autres circuits éclairés du canal, mais tous tellement longs et légers que les rives, chargées de domes, s'abaissent et s'amoindrissent. Quelques-uns de ces ponts sont encore chargés de masures. D'autres soutiennent des mâts, des signaux, de frêles parapets. Des accords mineurs se croisent, et filent, des cordes montent des berges. On distingue une veste rouge, peut-être d'autres costumes et des instruments de musique. Sont-ce des airs populaires, des bouts de concerts seigneuriaux, des restants d'hymnes publics? L'eau est grise et bleue, large comme un bras de mer. — Un rayon blanc, tombant du haut du ciel, anéantit cette comédie.

AS PONTES[1]

Céus cinzentos de cristal. Um estranho desenho de pontes, aqui retas, ali arqueadas, além descendo ou obliquando em ângulos sobre as primeiras, e essas imagens se renovando nos outros circuitos iluminados do canal, mas todas tão compridas e leves que as margens, acumuladas de cúpolas, se abaixam e se amesquinham. Algumas dessas pontes ainda estão carregadas de casebres. Outras sustêm mastros, sinais, frágeis parapeitos. Acordes menores se cruzam e fogem, das margens sobem cordoalhas. Distingue-se uma roupa vermelha, talvez outras vestes e instrumentos de música. São árias populares, trechos de concertos senhoriais, restos de hinos públicos? A água é cinza e azul, larga como um braço de mar. — Um raio branco, caindo do alto do céu, aniquila esta comédia.

VILLE

Je suis un éphémère et point trop mécontent citoyen d'une metrópole crue moderne parce que tout goût connu a été éludé dans les ameublements et l'extérieur des maisons aussi bien que dans le plan de la ville. Ici vous ne signaleriez les traces d'aucun monument de superstition. La morale et la langue sont réduites à leur plus simple expression, enfin! Ces millions de gens qui n'ont pas besoin de se connaître amènent si pareillement l'éducation, le métier et la vieillesse, que ce cours de vie doit être plusieurs fois moins long que ce qu'une statistique folle trouve pour les peuples du continent. Aussi comme, de ma fenêtre, je vois des spectres nouveaux roulant à travers l'épaisse et éternelle fumée de charbon, — notre ombre des bois, notre nuit d'été! — des Erinnyes nouvelles, devant mon cottage qui est ma patrie et tout mon cœur puisque tout ici ressemble à ceci, — la Mort sans pleurs, notre active fille et servante, un Amour désespéré, et un joli Crime piaulant dans la boue de la rue.

CIDADE[1]

Sou um cidadão efêmero e não de todo descontente de uma metrópole tida por moderna porque o gosto geralmente aceito foi evitado no mobiliário e exterior das casas, e bem assim no plano da cidade. Aqui não encontrareis traços de nenhum monumento de superstição. A moral e a língua reduzidas, afinal! à sua mais simples expressão. Esses milhões de pessoas, que não têm necessidade de se conhecerem, conduzem a educação, o trabalho e a velhice de maneira tão paralela que as loucas estatísticas concluiriam que seu curso de vida só pode ser várias vezes inferior ao do encontrado para os povos do continente. Assim [como],[2] de minha janela, vejo espectros novos rolando através da espessa e eterna fumaça do carvão, — nossa sombra dos bosques, nossa noite de verão! — novas Erínias,[3] diante do meu chalé que é minha pátria e todo o meu coração já que tudo aqui se parece com isto, — a Morte sem lágrimas, nossa ativa filha e criada, um Amor desesperado, e um bonito Crime piando na lama da rua.

ORNIÈRES

À droite l'aube d'été éveille les feuilles et les vapeurs et les bruits de ce coin du parc, et les talus de gauche tiennent dans leur ombre violette[1] les mille rapides ornières de la route humide. Défilé de féeries. En effet: des chars chargés d'animaux de bois doré, de mâts et de toiles bariolées, au grand galop de vingt chevaux de cirque tachetés, et les enfants et les hommes sur leurs bêtes les plus étonnantes; — vingt véhicules, bossés, pavoisés et fleuris comme des carrosses anciens ou de contes, pleins d'enfants attifés pour une pastorale suburbaine. — Même des cercueils sous leur dais de nuit dressant les panaches d'ébène, filant au trot des grandes juments bleues et noires.

SULCOS[1]

À direita a aurora do verão desperta as folhas e os vapores e ruídos deste canto do parque, e os barrancos da esquerda conservam na sombra violeta os mil rápidos sulcos da estrada úmida. Desfile de deslumbres.[2] De fato: carroças carregadas de animais de madeira dourados, mastros e telões matizados, puxados a grande galope por vinte cavalos de circo malhados, e crianças e homens sobre os mais incríveis animais, — vinte veículos, abaulados, pavesados e floridos como carruagens antigas ou dos contos de fada, cheias de crianças ataviadas para uma pastoral suburbana. — Mesmo os ataúdes sob o dossel da noite erguem os penachos de ébano, ao trote das grandes éguas negras e azuis.

VILLES

    Ce sont des villes! C'est un peuple pour qui se sont montés ces Alleghanys et ces Libans de rêve! Des chalets de cristal et de bois qui se meuvent sur des rails et des poulies invisibles. Les vieux cratères ceints de colosses et de palmiers de cuivre rugissent mélodieusement dans les feux. Des fêtes amoureuses sonnent sur les canaux pendus derrière les chalets. La chasse des carillons crie dans les gorges. Des corporations de chanteurs géants accourent dans des vêtements et des oriflammes éclatants comme la lumière des cimes. Sur les plates-formes au milieu des gouffres les Rolands sonnent leur bravoure. Sur les passerelles de l'abîme et les toits des auberges l'ardeur du ciel pavoise les mâts. L'écroulement des apothéoses rejoint les champs des hauteurs où les centauresses séraphiques évoluent parmi les avalanches. Au-dessus du niveau des plus hautes crêtes, une mer troublée par la naissance éternelle de Vénus, chargée de flottes orphéoniques et de la rumeur des perles et des conques précieuses, — la mer s'assombrit parfois avec des éclats mortels. Sur les versants, des moissons de fleurs grandes comme nos armes et nos coupes, mugissent. Des cortèges de Mabs en robes rousses, opalines, montent des ravines. Là-haut, les pieds dans la cascade et les ronces, les cerfs tettent Diane. Les Bacchantes des banlieues sanglotent et la lune brûle et hurle. Vénus entre dans les cavernes des forgerons et des ermites. Des groupes de beffrois chantent les idées des peuples. Des chateaux bâtis en os sort la musique inconnue. Toutes les légendes évoluent et les élans se ruent dans les bourgs. Le paradis des orages s'effondre. Les sauvages dansent sans cesse la fête de la nuit. Et, une heure, je suis descendu dans le mouvement d'un boulevard de Bagdad où des compagnies ont chanté la joie du travail nouveau, sous une brise épaisse, circulant sans pouvoir éluder les fabuleux fantômes des monts où l'on a dû se retrouver.

    Quels bons bras, quelle belle heure me rendront cette région d'où viennent mes sommeils et mes moindres mouvements?

CIDADES

Cidades de fato![1] É um povo para o qual se ergueram estes Aleganis e estes Líbanos de sonho! Chalés de cristal e de madeira que se movimentam sobre trilhos e polias invisíveis. As velhas crateras circundadas de colossos e palmeiras de cobre rugem melodiosamente nos fogos. Festas amorosas ressoam nos canais que pendem por trás dos chalés. A trompa dos carrilhões grita nas gargantas. Corporações de cantores gigantes acorrem com suas vestes e auriflamas esplendentes como a luz dos cimos. Em plataformas em meio a precipícios Rolandos fazem soar sua bravura. Sobre as passarelas do abismo e os tetos dos albergues o ardor do céu engalana os mastros. A derrocada das apoteoses reunifica os campos onde as centauresas seráficas evoluem por entre as avalanches. Acima do nível das mais altas cristas, um mar agitado pelo nascimento eterno de Vênus, pejado de frotas orfeônicas e de rumor de pérolas e conchas preciosas, — o mar se põe às vezes sombrio com esplendores mortais. Nas vertentes mugem messes de flores grandes como nossas armas e taças. Cortejos das Mabs[2] em vestes ruivas, opalinas, sobem das ravinas. No alto, pés na cascata e nos sarçais, os cervos mamam em Diana. As Bacantes dos subúrbios soluçam e a lua arde e urra. Vênus entra nas cavernas dos ferreiros e eremitas. Profusões de campanários cantam as idéias dos povos. De castelos feitos de ossos brota a música desconhecida. Todas as lendas evoluem e os alces[3] irrompem pelos vilarejos. O paraíso dos temporais se desmorona. Os selvagens dançam sem cessar a festa da noite. E houve uma hora em que desci para o burburinho de uma rua em Bagdá onde operários cantavam a alegria do trabalho novo, sob uma brisa espessa, circulando sem poder iludir os fabulosos fantasmas dos montes onde devíamos nos encontrar.

Que braços bons, que hora propícia me trarão de volta esta região onde vivem meus sonhos e os mínimos movimentos?

VAGABONDS

Pitoyable frère! Que d'atroces veillées je lui dus! "Je ne me saisissais pas fervemment de cette entreprise. Je m'étais joué de son infirmité. Par ma faute nous retournerions en exil, en esclavage." Il me supposait un guignon et une innocence très bizarres, et il ajoutait des raisons inquiétantes.

Je répondais en ricanant à ce satanique docteur, et finissais par gagner la fenêtre. Je créais, par delà la campagne traversée par des bandes de musique rare, les fantômes du futur luxe nocturne.

Après cette distraction vaguement hygiénique, je m'étendais sur une paillasse. Et, presque chaque nuit, aussitôt endormi, le pauvre frère se levait, la bouche pourrie, les yeux arrachés, — tel qu'il se rêvait! — et me tirait dans la salle en hurlant son songe de chagrin idiot.

J'avais en effet, en toute sincérité d'esprit, pris l'engagement de le rendre à son état primitif de fils du soleil, — et nous errions, nourris du vin des cavernes et du biscuit de la route, moi pressé de trouver le lieu et la formule.

VAGABUNDOS[1]

Lastimoso irmão! Que vigílias atrozes eu lhe devo! "Não me empenhava fervorosamente nessa empresa. Divertia-me com sua insegurança.[2] Por minha culpa voltaríamos ao exílio, à escravidão!" Ele me atribuía um azar[3] e uma inocência muito extravagantes, e acrescentava razões inquietadoras.

Eu respondia com sarcasmos a esse doutor satânico, e acabava por chegar à janela. Criava, para além dos campos atravessados por bandas de música rara, os fantasmas do futuro luxo noturno.

Após essa diversão vagamente higiênica, estendia-me num catre. E, quase toda a noite, mal eu adormecia, o pobre irmão se levantava, boca apodrecida, olhos injetados, — como ele se sonhava! — e vinha despejar sobre mim na sala aos berros seu sonho de sofrimento idiota.

Empenhara-me, efetivamente, com toda a sinceridade d'alma, em revertê-lo ao seu estado primitivo de filho do Sol, — e errávamos, alimentados de vinho das cavernas[4] e as torradas do caminho, eu na ânsia de atingir o lugar e a fórmula.

VILLES

L'acropole officielle outre les conceptions de la barbarie moderne les plus colossales. Impossible d'exprimer le jour mat produit par ce ciel immuablement gris, l'éclat imperial des bâtisses, et la neige éternelle du sol. On a reproduit dans un goût d'énormité singulier toutes les merveilles classiques de l'architecture. J'assiste à des expositions de peinture dans des locaux vingt fois plus vastes qu'Hampton-Court. Quelle peinture! Un Nabuchodonosor norwégien a fait construire les escaliers des ministères; les subalternes que j'ai pu voir sont déjà plus fiers que des Brahmas, et j'ai tremblé à l'aspect des gardiens de colosses et officiers de constructions. Par le groupement des bâtiments, en squares, cours et terrasses fermées, on a évincé les cochers. Les parcs représentent la nature primitive travaillée par un art superbe. Le haut quartier a des parties inexplicables: un bras de mer, sans bateaux, roule sa nappe de grésil bleu entre des quais chargés de candélabres géants. Un pont court conduit à une poterne immédiatement sous le dôme de la Sainte-Chapelle. Ce dôme est une armature d'acier artistique de quinze mille pieds de diamètre environ.

Sur quelques points des passerelles de cuivre, des plates-formes, des escaliers qui contournent les halles et les piliers, j'ai cru pouvoir juger la profondeur de la ville. C'est le prodige dont je n'ai pu me rendre compte: quels sont les niveaux des autres quartiers sur ou sous l'acropole? Pour l'étranger de notre temps la reconnaissance est impossible. Le quartier commerçant est un circus d'un seul style, avec galeries à arcades. On ne voit pas de boutiques, mais la neige de la chaussée est écrasée; quelques nababs aussi rares que les promeneurs d'un matin de dimanche à Londres, se dirigent vers une diligence de diamants. Quelques divans de velours rouge: on sert des boissons polaires dont le prix varie de huit cents à huit mille roupies. À l'idée de chercher des

CIDADES

A acrópole oficial ultrapassa as concepções mais colossais da barbárie moderna. Impossível exprimir a luz mate produzida pelo céu imutavelmente cinza, o resplendor imperial das construções, e a neve eterna do solo. Reproduziram-se num gosto de enormidades singular todas as maravilhas clássicas da arquitetura. Assisto a exposições de pintura em locais vinte vezes mais vastos do que Hampton Court.[1] Que pintura! Um Nabucodonosor norueguês mandou construir as escadarias dos ministérios; os subalternos que consegui ver já são mais altivos do que Bramas,[2] e tremi ante o aspecto dos guardiães de colossos e oficiais de construção. Com o agrupamento das construções em vilas,[3] pátios e terraços fechados, afastaram-se os cocheiros. Os parques representam a natureza primitiva trabalhada por uma arte soberba. O bairro alto tem partes inexplicáveis: um braço de mar, sem barcos, rola seu manto de granizo azul entre os cais repletos de candelabros gigantes. Uma pequena ponte conduz a uma poterna[4] imediatamente sob a Santa Capela. Essa cúpola é uma artística armação de aço com cerca de quinze mil pés de diâmetro.

De alguns pontos das passarelas de cobre, das plataformas, das escadas que espiralam em torno dos pilares e mercados, acreditei poder avaliar a profundeza da cidade! Eis o prodígio que não pude compreender: quais os níveis dos outros bairros acima e abaixo da acrópole? Para o estrangeiro de nossa época o reconhecimento é impossível. O centro de comércio é uma rotunda de estilo igual, com galerias em arcadas. Não se vêem lojas, mas a neve da calçada está batida; alguns nababos tão raros quanto os passeantes de um domingo de manhã em Londres, dirigem-se para uma diligência de diamantes. Alguns divãs de veludo vermelho: servem-se bebidas polares cujo preço varia de oitocentas a oito mil rupias. À idéia de procurar um teatro neste círculo,[5]

théâtres sur ce circus, je me réponds que les boutiques doivent contenir des drames assez sombres. Je pense qu'il y a une police. Mais la loi doit être tellement étrange, que je renonce à me faire une idée des aventuriers d'ici.

Le faubourg, aussi élégant qu'une belle rue de Paris, est favorisé d'un air de lumière. L'élément démocratique compte quelques cents âmes. Là encore les maisons ne se suivent pas; le faubourg se perd bizarrement dans la campagne, le "Comté" qui remplit l'occident éternel des forêts et des plantations prodigieuses où les gentilshommes sauvages chassent leurs chroniques sous la lumière qu'on a créée.

eu me respondo que as lojas devem conter dramas bastante sombrios. Creio que há uma polícia. Mas a lei deve ser de tal forma estranha, que renuncio a fazer uma idéia sobre os aventureiros daqui.

O subúrbio, tão elegante quanto uma bela rua de Paris, é favorecido por um ar de luz. O elemento demográfico conta com umas centenas de almas. Também ali as casas não se sucedem; o subúrbio se perde estranhamente na campina, o "Condado"[6] que enche o eterno ocidente das florestas e plantações prodigiosas onde os fidalgos selvagens perseguem suas crônicas sob a luz que se criou.

VEILLÉES

I

C'est le repos éclairé, ni fièvre, ni langueur, sur le lit ou sur le pré.

C'est l'ami ni ardent ni faible. L'ami.

C'est l'aimée ni tourmentante ni tourmentée. L'aimée.

L'air et le monde point cherchés. La vie.

— Était-ce donc ceci?

— Et le rêve fraîchit.

II

L'éclairage revient à l'arbre de bâtisse. Des deux extrémités de la salle, décors quelconques, des élévations harmoniques se joignent. La muraille en face du veilleur est une succession psychologique de coupes de frises, de bandes atmosphériques et d'accidences géologiques. — Rêve intense et rapide de groupes sentimentaux avec des êtres de tous les caractères parmi toutes les apparences.

III

Les lampes et les tapis de la veillée font le bruit des vagues, la nuit, le long de la coque et autour du steerage.

La mer de la veillée, telle que les seins d'Amélie.

VIGÍLIAS [1]

I

É o repouso iluminado, nem febre nem langor, sobre o leito ou sobre o prado.

É o amigo nem ardente nem fraco. O amigo.

É a amada nem atormentante nem atormentada. A amada.

O ar e o mundo não buscados. A vida.

— O caso era esse?

— E o sonho arrefece.

II

A iluminação voltou à viga mestra. Nas duas extremidades da sala, decoradas de qualquer maneira, elevações harmônicas se juntam. A parede em frente do vigia é uma sucessão psicológica de cortes de frisas, de faixas atmosféricas e de acidências geológicas. — Sonho intenso e rápido de grupos sentimentais com seres de todos os caracteres entre todas as aparências.

III

As lâmpadas e os tapetes da vigília fazem o barulho das vagas, a noite, ao longo do casco e em volta da proa.[2]

O mar da vigília, como os seios de Amélia.[3]

Les tapisseries, jusqu'à mi-hauteur, des taillis de dentelle, teinte d'émeraude, où se jettent les tourterelles de la veillée.

....

La plaque du foyer noir, de réels soleils des grèves: ah! puits des magies; seule vue d'aurore, cette fois.

As tapeçarias, até meia altura, sebes de renda, tingidos de esmeralda, a que se atiram as pombas-rolas da vigília.

....

A placa da lareira negra, sóis reais das praias: ah! poços de magias; única vista da aurora, desta vez.

MYSTIQUE

Sur la pente du talus les anges tournent leurs robes de laine dans les herbages d'acier et d'émeraude.

Des prés de flammes bondissent jusqu'au sommet du mamelon. À gauche le terreau de l'arête est piétiné par tous les homicides et toutes les batailles, et tous les bruits désastreux filent leur courbe. Derrière l'arête de droite la ligne des orients, des progrès.

Et tandis que la bande en haut du tableau est formée de la rumeur tournante et bondissante des conques des mers et des nuits humaines,

La douceur fleurie des étoiles et du ciel et du reste descend en face du talus, comme un panier, — contre notre face, et fait l'abîme fleurant et bleu là dessous.

MÍSTICO[1]

No declive da encosta anjos ondeiam seus hábitos de lã sobre pastos de aço e de esmeralda.

Prados de chamas saltam até o alto dos outeiros. À esquerda da crista o húmus da vertente está pisoteado por todos os homicidas e todas as batalhas, e todos os ruídos desastrosos lá desenham sua curva. Por trás da crista da direita a linha dos orientes, dos progressos.

E enquanto a banda superior do quadro é formada pelo rumor girante e saltante das conchas dos mares e das noites humanas,

A doçura florida das estrelas e do céu e do resto desce diante do declive, como um cesto, — contra nossa face, e faz florente e azul o abismo em baixo.

AUBE

J'ai embrassé l'aube d'été.

Rien ne bougeait encore au front des palais. L'eau était morte. Les camps d'ombres ne quittaient pas la route du bois. J'ai marché, réveillant les haleines vives et tièdes, et les pierreries regardèrent, et les ailes se levèrent sans bruit.

La première entreprise fut, dans le sentier déjà empli de frais et blêmes éclats, une fleur qui me dit son nom.

Je ris au wasserfall blond qui s'échevela à travers les sapins: à la cime argentée je reconnus la déesse.

Alors je levai un à un les voiles. Dans l'allée, en agitant les bras. Par la plaine, où je l'ai dénoncée au coq. A la grand'ville elle fuyait parmi les clochers et les dômes, et courant comme un mendiant sur les quais de marbre, je la chassais.

En haut de la route, près d'un bois de lauriers, je l'ai entourée avec ses voiles amassés, et j'ai senti un peu son immense corps. L'aube et l'enfant tombèrent au bas du bois.

Au réveil il était midi.

AURORA[1]

Beijei a aurora do verão.

Ainda nada se passava na esplanada dos palácios. A água estava morta. Campos de sombra não desertam da entrada da floresta. Eu seguia, despertando hálitos vivos e vapores, e as pedrarias me fitavam, asas se erguiam sem ruído.

A primeira empreitada, na trilha já cheia de novos e pálidos clarões, uma flor que me diz seu nome.

Sorrio à loura "wasserfall"[2] que se desgrenha através dos pinheiros: no cimo prateado reconheço a deusa.

Então tirei um a um seus véus. Pela aléia, em agitando os braços. Na planície, onde a denunciei ao galo. Na cidade ela fugia em meio aos campanários e cúpulas, e correndo como um mendigo sobre os cais de mármore, persegui-a.

No alto da estrada, perto do bosque de loureiros, envolvia com seus véus amarfanhados, sentindo um pouco seu imenso corpo. A aurora e o menino tombaram na orla do bosque.

Fui despertar ao meio-dia.

FLEURS

D'un gradin d'or, — parmi les cordons de soie, les gazes grises, les velours verts et les disques de cristal qui noircissent comme du bronze au soleil, — je vois la digitale s'ouvrir sur un tapis de filigranes d'argent, d'yeux et de chevelures.

Des pièces d'or jaune semées sur l'agate, des piliers d'acajou supportant un dôme d'émeraudes, des bouquets de satin blanc et de fines verges de rubis entourent la rose d'eau.

Tels qu'un dieu aux énormes yeux bleus et aux formes de neige, la mer et le ciel attirent aux terrasses de marbre la foule des jeunes et fortes roses.

FLORES

De um degrau dourado, — entre cordões de seda, gazes grises, veludos verdes e discos de cristal que se escurecem como bronze ao sol, — vejo a digitália[1] abrir-se sobre um tapete de filigranas prateadas, de olhos e cabeleiras.

Peças de ouro amarelo espalhadas sobre a ágata, pilares de mogno sustentando uma cúpula de esmeraldas, festões de cetim branco e finos bastões de rubi em torno à rosa d'água.[2]

Iguais a um deus de enormes olhos azuis e formas de neve, o mar e o céu atraem para os terraços de mármore a turba de jovens e fortes rosas.

NOCTURNE VULGAIRE

Un souffle ouvre des brèches opéradiques dans les cloisons, — brouille le pivotement des toits rongés, — disperse les limites des foyers, — éclipse les croisées. — Le long de la vigne, m'étant appuyé du pied à une gargouille, — je suis descendu dans ce carrosse dont l'époque est assez indiquée par les glaces convexes, les panneaux bombés et les sophas contournés. Corbillard de mon sommeil, isolé, maison de berger de ma niaiserie, le véhicule vire sur le gazon de la grande route effacée: et dans un défaut en haut de la glace de droite tournoient les blêmes figures lunaires, feuilles, seins. — Un vert et un bleu très foncés envahissent l'image. Dételage aux environs d'une tache de gravier.

— Ici va-t-on siffler pour l'orage, et les Sodomes — et les Solymes, — et les bêtes féroces et les armées,

— (Postillons et bêtes de songe reprendront-ils sous les plus suffocantes futaies, pour m'enfoncer jusqu'aux yeux dans la source de soie.)

— Et nous envoyer, fouettés à travers les eaux clapotantes et les boissons répandues, rouler sur l'aboi des dogues...

— Un souffle disperse les limites du foyer.

NOTURNO VULGAR[1]

Um sopro abre brechas operáticas[2] nas divisórias, — confunde as rachaduras do teto carcomido, — dispersa os limites da lareira, — eclipsa as vidraças. Ao longo da vinha, apoiando-me com o pé sobre uma gárgula, — pulei para o interior dessa carruagem cuja época está bastante indicada pelos vidros convexos, os painéis abaulados e os assentos arredondados. Carro fúnebre de meu sonho, isolado, cabana de pastor de minha ingenuidade, o veículo tomba no gramado da larga estrada desfeita: e numa falha no alto do vidro da direita volteiam as pálidas figuras lunares, folhas, e seios. — Um verde e um azul muito carregados invadem a imagem. Desatrelagem nas imediações de um monte de cascalho.

— Aqui se vai assoviar aos vendavais, e às Sodomas e às Solimas, e aos animais ferozes e aos exércitos,

— (Postilhões e animais de sonho retomarão a marcha sob as mais sufocantes florestas, para me aprofundar até os olhos na fonte de seda.)

— E nos enviar, fustigados, através das águas marulhantes e as bebidas derramadas, — rolar acossado pelos cães...

Um sopro dispersa os limites da lareira.

MARINE

Les chars d'argent et de cuivre —
Les proues d'acier et d'argent —
Battent l'écume, —
Soulèvent les souches des ronces.
Les courants de la lande,
Et les ornières immenses du reflux,
Filent circulairement vers l'est,
Vers les piliers de la forêt, —
Vers les fûts de la jetée,
Dont l'angle est heurté par des tourbillons de lumière.

MARINHA[1]

Carros de prata e cobre —
As proas de aço e prata —
Batem a espuma, —
Erguem as cepas das sarças.
As correntes da landa
E os sulcos imensos do refluxo,
Fogem circularmente para o leste,
Para os pilares da floresta, —
Para os fustes[2] do molhe,
Cujo ângulo está ferido por turbilhões de luz.

FÊTE D'HIVER

La cascade sonne derrière les huttes d'opéra-comique. Des girandoles prolongent, dans les vergers et les allées voisins du Méandre, — les verts et les rouges du couchant. Nymphes d'Horace coiffées au Premier Empire, — Rondes Sibériennes, Chinoises de Boucher.

FESTA DE INVERNO

A cascata soa por trás das cabanas de ópera-cômica. Girândolas se prolongam, nos vergéis e nas aléias vizinhas do Meandro,[1] — os verdes e os vermelhos do poente. Ninfas de Horácio penteadas à Primeiro Império. — Rondas siberianas, chinesas de Boucher.[2]

ANGOISSE

Se peut-il qu'Elle me fasse pardonner les ambitions continuellement écrasées, — qu'une fin aisée répare les âges d'indigence, — qu'un jour de succès nous endorme sur la honte de notre inhabileté fatale,

(Ô palmes! diamant! — Amour, force! — plus haut que toutes joies et gloires! — de toutes façons, partout, — Démon, dieu, — Jeunesse de cet être-ci; moi!)

Que des accidents de féerie scientifique et des mouvements de fraternité sociale soient chéris comme restitution progressive de la franchise première?...

Mais la Vampire qui nous rend gentils commande que nous nous amusions avec ce qu'elle nous laisse, ou qu'autrement nous soyons plus drôles.

Rouler aux blessures, par l'air lassant et la mer; aux supplices, par le silence des eaux et de l'air meurtriers; aux tortures qui rient, dans leur silence atrocement houleux.

ANGÚSTIA

Talvez Ela me faça perdoar as ambições continuamente esmagadas, — que um fim azado repare os tempos de indigência, — que um dia de êxito nos adormeça sobre a vergonha de nossa fatal inabilidade,

(Ó palmas! diamante! — Amor, força! — mais alto que todas as alegrias e glórias! — de qualquer modo, em toda parte, — demônio, deus, — Juventude deste ser que sou eu!)

Que os acidentes da magia científica e os movimentos de fraternidade social sejam apreciados como a restituição progressiva da liberalidade primeva?

Mas a Vampira[1] que nos faz gentis ordena que nos divirtamos com o quanto nos deixa, ou então que sejamos ainda mais palermas.

Rolar nas feridas, no ar exausto e no mar; nos suplícios, pelo silêncio das águas e do ar assassinos; nas torturas que riem, em seu silêncio atrozmente encrespado.

MÉTROPOLITAIN

Du détroit d'indigo aux mers d'Ossian, sur le sable rose et orange qu'a lavé le ciel vineux, viennent de monter et de se croiser des boulevards de cristal habités incontinent par de jeunes familles pauvres qui s'alimentent chez les fruitiers. Rien de riche. — La ville!

Du désert de bitume fuient droit en déroute avec les nappes de brumes échelonnées en bandes affreuses au ciel qui se recourbe, se recule et descend, formé de la plus sinistre fumée noire que puisse faire l'Océan en deuil, les casques, les roues, les barques, les croupes. — La bataille!

Lève la tête: ce pont de bois, arqué; les derniers potagers de Samarie; ces masques enluminés sous la lanterne fouettée par la nuit froide; l'ondine niaise à la robe bruyante, au bas de la rivière; ces crânes lumineux dans les plans de pois — et les autres fantasmagories — la campagne.

Des routes bordées de grilles et de murs, contenant à peine leurs bosquets, et les atroces fleurs qu'on appellerait cœurs et sœurs, Damas damnant de langueur, — possessions de féeriques aristocraties ultra-Rhénanes, Japonaises, Guaranies, propres encore à recevoir la musique des anciens — et il y a des auberges qui pour toujours n'ouvrent déjà plus — il y a des princesses, et si tu n'es pas trop accablé, l'étude des astres — le ciel.

Le matin où avec Elle, vous vous débattîtes parmi les éclats de neige, les lèvres vertes, les glaces, les drapeaux noirs et les rayons bleus, et les parfums pourpres du soleil des pôles, — ta force.

METROPOLITANO

Da garganta de índigo aos mares de Ossian,[1] na areia alaranjada e rosa que lavou o céu vinoso, vêm subindo e se cruzando as avenidas de cristal habitadas incontinenti pelas jovens famílias pobres que se alimentam de sobras das quitandas. Nada de grandioso. — A cidade!

Do deserto de asfalto fogem céleres em debandada com os lençóis de bruma escalonados em faixas horríveis para o céu que se recurva, retrocede e despenca, formado da mais sinistra fumaça negra que possa produzir o Oceano de luto, os elmos, as rodas, as barcas, as garupas. — A batalha!

Ergue a cabeça: esta ponte de madeira, arqueada; os últimos hortos de Samaria; estas máscaras acesas sob a lanterna açoitada pela noite fria; a ondina simplória com suas vestes roçagantes, na baixa do rio; estes crânios luminosos nos vales de ervilhas — e as outras fantasmagorias — o campo.

Estradas bordejadas por grades e muros, contendo apenas seus bosques, e as atrozes flores que chamamos de amores e dores, Damasco danando de langores,[2] — possessões de feéricas aristocracias ultra-renanas, japonesas, guaranis, propícias ainda a receber a música dos antigos — e há albergues que já estarão fechados para sempre — há princesas, e se não estiveres muito acabrunhado, o estudo dos astros — o céu.

A manhã em que com Ela, vocês se debatiam entre gargalhadas de neve, os lábios verdes, os gelos, os estandartes negros e os raios azuis, e os perfumes púrpuras do sol dos pólos, — tua força.

BARBARE

Bien après les jours et les saisons, et les êtres et les pays,
Le pavillon en viande saignante sur la soie des mers et des fleurs arctiques; (elles n'existent pas.)
Remis des vieilles fanfares d'héroïsme — qui nous attaquent encore le cœur et la tête — loin des anciens assassins —
Oh! Le pavillon en viande saignante sur la soie des mers et des fleurs arctiques; (elles n'existent pas.)
Douceurs!
Les brasiers, pleuvant aux rafales de givre, — Douceurs! — les feux à la pluie du vent de diamants jetée par le cœur terrestre éternellement carbonisé pour nous. — Ô monde! —
(Loin des vieilles retraites et des vieilles flammes, qu'on entend, qu'on sent,)
Les brasiers et les écumes. La musique, virement des gouffres et choc des glaçons aux astres.
Ô Douceurs, ô monde, ô musique! Et là, les formes, les sueurs, les chevelures et les yeux, flottant. Et les larmes blanches, bouillantes, — ô douceurs! — et la voix féminine arrivée au fond des volcans et des grottes arctiques.
Le pavillon...

BÁRBARO[1]

Bem depois dos dias e estações, dos seres e países,
O pavilhão de carne sangrante sobre a seda dos mares e das flores árticas; (elas não existem.)
Refeito das velhas fanfarras do heroísmo — que ainda nos atacam a mente e o coração — longe dos antigos assassinos —[2]
Oh! O pavilhão de carne sangrante sobre a seda dos mares e das flores árticas; (elas não existem.)
Doçuras!
Os braseiros, chovendo em rajadas de geada, — Doçuras! — os fogos à chuva do vento de diamantes atirada pelo coração terrestre eternamente carbonizado por nós, — Ó mundo! —
(Longe dos velhos refúgios e das velhas chamas, que se ouvem, que se sentem,)
Os braseiros e as espumas. A música, ondulação dos golfos e choque dos flocos nos astros.
Ó Doçuras, ó mundo, ó música! E lá, as formas, seus suores, as cabeleiras e os olhos, flutuando. E as lágrimas brancas, ferventes, — ó doçuras! — e a voz feminina que chega ao fundo dos vulcões e das grotas árticas.
O pavilhão...

SOLDE

À vendre ce que les Juifs n'ont pas vendu, ce que noblesse ni crime n'ont goûté, ce qu'ignorent l'amour maudit et la probité infernale des masses; ce que le temps ni la science n'ont pas à reconnaître;

Les Voix reconstituées; l'éveil fraternel de toutes les énergies chorales et orchestrales et leurs applications instantanées; l'occasion, unique, de dégager nos sens!

À vendre les Corps sans prix, hors de toute race, de tout monde, de tout sexe, de toute descendance! Les richesses jaillissant à chaque démarche! Solde de diamants sans contrôle!

À vendre l'anarchie pour les masses; la satisfaction irrépressible pour les amateurs supérieurs; la mort atroce pour les fidèles et les amants!

À vendre les habitations et les migrations, sports, féeries et comforts parfaits, et le bruit, le mouvement et l'avenir qu'ils font!

À vendre les applications de calcul et les sauts d'harmonie inouïs. Les trouvailles et les termes non soupçonnés, possession immédiate,

Élan insensé et infini aux splendeurs invisibles, aux délices insensibles, — et ses secrets affolants pour chaque vice — et sa gaîté effrayante pour la foule.

À vendre les Corps, les voix, l'immense opulence inquestionable, ce qu'on ne vendra jamais. Les vendeurs ne sont pas à bout de solde! Les voyageurs n'ont pas à rendre leur commission de si tôt!

SALDO

À venda o que os judeus não venderam, o que a nobreza e o crime não provaram, o que o amor maldito e a probidade infernal das massas ignoram; o que nem o tempo ou a ciência precisam reconhecer;

As Vozes reconstituídas; o despertar fraterno de todas as energias corais e orquestrais e suas aplicações instantâneas; a ocasião, única, de libertar nossos sentidos!

À venda os Corpos sem preço, fora de qualquer raça, de qualquer mundo, de qualquer sexo, de qualquer descendência! As riquezas brotando a cada caminhada! Saldo de diamantes sem controle!

À venda a anarquia para as massas; a satisfação irreprimível para os amadores superiores;[1] a morte atroz para os fiéis e os amantes!

À venda as habitações e as migrações, esportes, fantasias e confortos perfeitos, e o ruído, o movimento e o futuro que eles produzirão!

À venda as aplicações do cálculo e os saltos de harmonia inaudita. Os achados e os termos não supostos, possessão imediata,

Ímpeto insensato e infinito de esplendores invisíveis, de delícias insensíveis, — e seus segredos enlouquecedores para cada vício — e sua alegria terrificante pela multidão.

À venda os Corpos, as vozes, a imensa opulência inquestionável, que não se venderá jamais. Os vendedores não liquidaram todo o saldo! Os viajantes não devem entregar com tanta pressa a comissão![2]

FAIRY

I

Pour Hélène se conjurèrent les sèves ornementales dans les ombres vierges et les clartés impassibles dans le silence astral. L'ardeur de l'été fut confiée à des oiseaux muets et l'indolence requise à une barque de deuils sans prix par des anses d'amours morts et de parfums affaissés.

— Après le moment de l'air des bûcheronnes à la rumeur du torrent sous la ruine des bois, de la sonnerie des bestiaux à l'écho des vals, et des cris des steppes. —

Pour l'enfance d'Hélène frissonnèrent les fourrures et les ombres — et le sein des pauvres, et les légendes du ciel.

Et ses yeux et sa danse supérieurs encore aux éclats précieux, aux influences froides, au plaisir du décor et de l'heure uniques.

FAIRY

I

Para Helena[1] se conjuraram as seivas ornamentais nas sombras virgens e as claridades impassíveis no silêncio astral. O ardor do verão foi confiado a pássaros silentes e a indolência necessária a uma barca de lutos sem preço por angras de amores mortos e perfumes exauridos.

— Após a cantiga das lenhadoras ao rumor da torrente na ruína dos bosques, cincerros do gado ecoando nos vales, e dos gritos da estepe.— [2]

Pela infância de Helena fremiram as espessuras e as sombras — e o seio dos pobres, e as lendas do céu.

E seus olhos e sua dança superiores mesmo aos clarões preciosos, às influências frias, ao prazer da decoração e da hora únicas.

II - GUERRE

Enfant, certains ciels ont affiné mon optique: tous les caractères nuancèrent ma physionomie. Les Phénomènes s'émurent. — À présent l'inflexion éternelle des moments et l'infini des mathématiques me chassent par ce monde où je subis tous les succès civils, respecté de l'enfance étrange et des affections énormes. — Je songe à une Guerre, de droit ou de force, de logique bien imprévue.

C'est aussi simple qu'une phrase musicale.

II - GUERRA

Menino, certos céus aguçaram-me a visão: todos os caracteres matizaram minha fisionomia. Os fenômenos se comoveram. — Agora, a inflexão eterna dos momentos e o infinito das matemáticas me expulsaram por este mundo onde provei todos os êxitos civis, respeitado por uma estranha infância e por enormes afeições. — Sonho uma Guerra, de direito ou de força, de lógica bastante imprevista.

Tão simples quanto uma frase musical.

JEUNESSE

I

DIMANCHE

Les calculs de côté, l'inévitable descente du ciel, et la visite des souvenirs et la séance des rythmes occupent la demeure, la tête et le monde de l'esprit.

— Un cheval détale sur le turf suburbain, et le long des cultures et des boisements, percé par la peste carbonique. Une misérable femme de drame, quelque part dans le monde, soupire après des abandons improbables. Les desperadoes languissent après l'orage, l'ivresse et les blessures. De petits enfants étouffent des malédictions le long des rivières.

Reprenons l'étude au bruit de l'œuvre dévorante qui se rassemble et remonte dans les masses.

II

SONNET

Homme *de constitution ordinaire, la chair*
n'était-elle pas un fruit pendu dans le verger; — o
journées enfantes! — le corps un trésor à prodiguer; — o
aimer, le péril ou la force de Psyché? La terre
avait des versants fertiles en princes et en artistes,
et la descendance et la race vous poussaient aux
crimes et aux deuils: le monde votre fortune et votre
péril. Mais à présent, ce labeur comblé, — toi, tes calculs,
— toi, tes impatiences — ne sont-plus que votre danse et
votre voix, non fixées et point forcées, quoique d'un double
événement d'invention et de succès une raison,
— en l'humanité fraternelle et discrète par l'univers,
sans images; — la force et le droit réfléchissent la
danse et la voix à présent seulement appréciées.

JUVENTUDE

I

DOMINGO[1]

De lado os cálculos, a inevitável descida do céu, a visita das lembranças e o congresso de ritmos ocupam a casa, a mente e o mundo do espírito.
— Um cavalo escapole pelo turfe suburbano, ao longo dos cultivos e arvoredos, atacado pela peste carbônica.[2] Uma mulher miserável de drama, em algum lugar do mundo, suspira após improváveis abandonos. Os "desperados"[3] aspiram por tumulto, intemperança e feridas profundas. Crianças estrangulam maldições nas margens dos ribeiros. —
Retomemos o estudo ao fragor da obra devoradora que se concentra e se desprende das massas.

II

SONETO[4]

Homem de constituição comum, não era a carne um fruto
pendente no quintal, —ó dias infantis ! — o corpo
um tesouro para se esbanjar; ó amar, o perigo ou a força
de Psique? A terra tinha encostas férteis em príncipes
e artistas, e a raça e a descendência vos levava
à delinqüência e ao luto: o mundo, a fortuna e
o perigo vossos. Mas agora, terminada
a labuta, tu, teus cálculos, a tua impaciência —
não são mais que a vossa dança e voz, não fixadas
nem de modo algum forçadas, embora sejam
pela dupla conseqüência da invenção e do sucesso
uma estadia, — entre a humanidade fraternal e discreta
de um universo sem imagens; — a força e o direito
refletindo a dança e a voz somente agora apreciadas.

III

VINGT ANS

Les voix instructives exilées... L'ingénuité physique amèrement rassise... — Adagio. — Ah! l'égoïsme infini de l'adolescence, l'optimisme studieux: que le monde était plein de fleurs cet été! Les airs et les formes mourant... — Un chœur, pour calmer l'impuissance et l'absence! Un chœur de verres, de mélodies nocturnes... En effet les nerfs vont vite chasser.

IV

Tu en es encore à la tentation d'Antoine. L'ébat du zèle écourté, les tics d'orgueil puéril, l'affaissement et l'effroi.

Mais tu te mettras à ce travail: toutes les possibilités harmoniques et architecturales s'émouvront autour de ton siège. Des êtres parfaits, imprévus, s'offriront à tes expériences. Dans tes environs affluera rêveusement la curiosité d'anciennes foules et de luxes oisifs. Ta mémoire et tes sens ne seront que la nourriture de ton impulsion créatrice. Quant au monde, quand tu sortiras, que sera-t-il devenu? En tout cas, rien des apparences actuelles.

III

VINTE ANOS

As vozes instrutivas exiladas... A ingenuidade física amargamente contida... — Adágio. Ah! o egoísmo infinito da adolescência, o otimismo estudioso: como era cheio de flores o mundo naquele verão![5] Ares e formas expirantes... Um coro, para acalmar a impotência e a ausência! Um coro de vidros, de melodias noturnas... De fato os nervos vão logo saltar.

IV

Continuas ainda na tentação de Antão.[6] As travessuras do zelo cerceado, os tiques do orgulho pueril, a prostração e o espanto.

Mas te entregarás a esse trabalho: todas as possibilidades harmônicas e arquiteturais se insurgirão em torno de teu trono. Seres perfeitos, imprevistos, se prestarão às tuas experiências. De teus contornos afluirá a curiosidade sonhadora das antigas turbas e dos luxos ociosos. Tua memória e teus sentidos serão apenas o alimento de teu impulso criador. Quanto ao mundo, o que será dele quando te fores? Em todo caso, nada das aparências atuais.

PROMONTOIRE

    L'aube d'or et la soirée frissonnante trouvent notre brick en large en face de cette Villa et de ses dépendances, qui forment un promontoire aussi étendu que l'Épire et le Péloponnèse, ou que la grande île du Japon, ou que l'Arabie! Des fanums qu'éclaire la rentrée des théories, d'immenses vues de la défense des côtes modernes; des dunes illustrées de chaudes fleurs et de bacchanales; de grands canaux de Carthage et des Embankments d'une Venise louche; de molles éruptions d'Etnas et des crevasses de fleurs et d'eaux des glaciers; des lavoirs entourés de peupliers d'Allemagne; des talus de parcs singuliers penchant des têtes d'Arbre du Japon; et les façades circulaires des "Royal" ou des "Grand" de Scarbro' ou de Brooklyn; et leurs railways flanquent, creusent, surplombent les dispositions dans cet Hôtel, choisies dans l'histoire des plus élégantes et des plus colossales constructions de l'Italie, de l'Amérique et de l'Asie, dont les fenêtres et les terrasses à présent pleines d'éclairages, de boissons et de brises riches, sont ouvertes à l'esprit des voyageurs et des nobles — qui permettent, aux heures du jour, à toutes les tarentelles des côtes, — et même aux ritournelles des vallées illustres de l'art, de décorer merveilleusement les façades du Palais-Promontoire.

PROMONTÓRIO[1]

A aurora de ouro e a noite tiritante vão encontrar o nosso brigue ao largo defronte da mansão e suas dependências, formando um promontório tão extenso quanto o Epiro e o Peloponeso, ou como a grande ilha do Japão, ou a própria Arábia! Fanos[2] iluminados pelo retorno das teorias, imensas perspectivas da defesa das costas modernas; dunas ilustradas de bacanais e flores quentes; grandes canais de Cartago e Embankments[3] de uma Veneza ambígua, preguiçosas erupções de Etnas e fendas de flores e de água das geleiras, cisternas circundadas de álamos da Alemanha; declives de parques singulares que curvam copas da Árvore do Japão; e as fachadas circulares dos "Royal" e dos "Grand"[4] de Scarbro' ou de Brooklyn, e suas railways flanqueiam, escavam, desnivelam as disposições deste Hotel, escolhidas na história das mais elegantes e colossais construções da Itália, da América e da Ásia, cujas janelas e terraços agora cheios de luzes, de bebidas e de ricas brisas, estão abertos ao espírito dos viajantes e dos nobres — que permitem, durante o dia, a todas as tarantelas das costas, — e mesmo aos ritornelos dos vales ilustres da arte, decorar maravilhosamente as fachadas do Palácio-Promontório.

SCÈNES

L'ancienne Comédie poursuit ses accords et divise ses Idylles: Des boulevards de tréteaux.

Un long pier en bois d'un bout à l'autre d'un champ rocailleux où la foule barbare évolue sous les arbres dépouillés.

Dans des corridors de gaze noire, suivant le pas des promeneurs aux lanternes et aux feuilles.

Des oiseaux des mystères s'abattent sur un ponton de maçonnerie mû par l'archipel couvert des embarcations des spectateurs.

Des scènes lyriques accompagnées de flûte et de tambour s'inclinent dans des réduits ménagés sous les plafonds, autour des salons de clubs modernes ou des salles de l'Orient ancien.

La féerie manœuvre au sommet d'un amphithéâtre couronné par les taillis, — Ou s'agite et module pour les Béotiens, dans l'ombre des futaies mouvantes sur l'arête des cultures.

L'opéra-comique se divise sur une scène à l'arête d'intersection de dix cloisons dressées de la galerie aux feux.

CENAS[1]

A antiga Comédia prossegue em seus acordes e divide seus Idílios:

Avenidas de estrados.

Um longo píer de madeira de um lado ao outro de um campo rochoso em que a turba de bárbaros evolui sob as árvores desnudas.

Nos corredores de escumilha negra, seguindo o passo dos passeantes entre lanternas e folhas.

Pássaros dos mistérios precipitam-se sobre o pontão de alvenaria movido pelo arquipélago coberto com as embarcações dos espectadores.

Cenas líricas acompanhadas de flauta e de tambor inclinam-se em redutos dispostos sob os tetos, em torno de salões de clubes modernos ou salas do Oriente antigo.

O prodígio se opera no alto de um anfiteatro cercado de arvoredos, — Ou se agita e modula para os Beócios, na sombra dos bosques ondulantes na linha divisória das culturas.

A ópera-cômica se divide em nosso palco na linha de interseção de dez tabiques dispostos da galeria às gambiarras.

SOIR HISTORIQUE

En quelque soir, par exemple, que se trouve le touriste naïf, retire de nos horreurs économiques, la main d'un maître anime le clavecin des prés; on joue aux cartes au fond de l'étang, miroir évocateur des reines et des mignonnes; on a les saintes, les voiles, et les fils d'harmonie, et les chromatismes légendaires, sur le couchant.

Il frissonne au passage des chasses et des hordes. La comédie goutte sur les tréteaux de gazon. Et l'embarras des pauvres et des faibles sur ces plans stupides!

À sa vision esclave, — l'Allemagne s'échafaude vers des lunes; les déserts tartares s'éclairent — les revoltes anciennes grouillent dans le centre du Céleste Empire par les escaliers et les fauteuils de rocs un petit monde blême et plat, Afrique et Occidents, va s'édifier. Puis un ballet de mers et de nuits connues, une chimie sans valeur, et des mélodies impossibles.

La mêmè magie bourgeoise à tous les points où la malle nous déposera! Le plus élémentaire physicien sent qu'il n'est plus possible de se soumettre à cette atmosphère personnelle, brume de remords physiques, dont la constatation est déjà une affliction.

Non! — Le moment de l'étuve, des mers enlevées, des embrasements souterrains, de la planète emportée, et des exterminations conséquentes, certitudes si peu malignement indiquées dans la Bible et par les Nornes et qu'il sera donné à l'être sérieux de surveiller. — Cependant ce ne sera point un effet de légende!

TARDE HISTÓRICA[1]

Numa tarde, por exemplo, em que esteja o turista ingênuo, retirado de nossos horrores econômicos, a mão de um mestre anima o clavecino dos prados; há jogos de cartas no fundo do tanque, espelho evocativo de rainhas e favoritas, e ao poente os véus, os santos, as linhas harmônicas e os cromatismos legendários.

Alvoroça-se à passagem das caças e das hordas. A comédia goteja sobre os estrados de relva. E o embaraço dos pobres e dos fracos sobre essas tramas estúpidas!

Escrava de sua visão, — a Alemanha se projeta para as luas; os desertos tártaros se iluminam — as antigas revoltas fervilham no centro do Celeste Império, pelas escadarias e os tronos dos reis — um pequeno mundo plano e pálido, África e Ocidentes, vai se edificar. Depois um balé de mares e de noites conhecidas, uma química sem valor, e melodias impossíveis.

A mesma magia burguesa em todos os pontos em que a diligência[2] nos deixar! O físico mais elementar sente que já não é possível submeter-se a essa atmosfera pessoal, bruma de remorsos físicos, cuja constatação já é uma aflição.

Não! — O momento de estufa, dos mares encrespados, das conflagrações subterrâneas, do planeta arrebatado, e dos extermínios conseqüentes, certezas indicadas com tão pouca malícia na Bíblia e pelas Nornas[3] e que caberá aos seres sérios vigiar. — De modo algum será no entanto um efeito de lenda!

BOTTOM

La réalité étant trop épineuse pour mon grand caractère, — je me trouvai néanmoins chez ma dame, en gros oiseau gris bleu s'essorant vers les moulures du plafond et traînant l'aile dans les ombres de la soirée.

Je fus, au pied du baldaquin supportant ses bijoux adorés et ses chefs-d'œuvre physiques, un gros ours aux gencives violettes et au poil chenu de chagrin, les yeux aux cristaux et aux argents des consoles.

Tout se fit ombre et aquarium ardent.

Au matin, — aube de juin batailleuse, — je courus aux champs, âne, claironnant et brandissant mon grief, jusqu'à ce que les Sabines de la banlieue vinrent se jeter à mon poitrail.

BOTTOM[1]

Porque a realidade fosse espinhosa demais para o meu caráter, — eu me encontrava não obstante em casa de Madame, como um grande pássaro azul[2] acinzentado pairando em direção às cantoneiras do teto e arrastando a asa nas sombras da noite.

Eu fui, junto ao baldaquim que sustentava suas jóias adoradas e suas obras-primas físicas, um enorme urso[3] de gengivas violetas e de pêlo encanecido de canseira, com a vista nos cristais e na prataria dos aparadores.

Tudo se fez sombra e aquário ardente. De manhã, — madrugada de junho combativa, — corri pelos campos, asno, trombeteando e brandindo minha queixa,[4] até que as Sabinas do subúrbio vieram de encontro ao meu peitoral.

H

Toutes les monstruosités violent les gestes atroces d'Hortense. Sa solitude est la mécanique érotique; sa lassitude, la dynamique amoureuse. Sous la surveillance d'une enfance, elle a été, à des époques nombreuses, l'ardente hygiène des races. Sa porte est ouverte à la misère. Là, la moralité des êtres actuels se décorpore en sa passion ou en son action. — Ô terrible frisson des amours novices sur le sol sanglant et par l'hydrogène clarteux! trouvez Hortense.

H

Todas as monstruosidades violam os gestos atrozes de Hortência. Sua solidão é a mecânica erótica, sua lassidão, a dinâmica amorosa. Sob a vigilância da infância tem sido, em numerosas épocas, a ardente higiene das raças. Sua porta está aberta à miséria. Ali, a moralidade dos seres atuais se descorpora em sua paixão ou em sua ação — Ó frêmito terrível dos amores noviços no solo sangrento e à luz do hidrogênio! encontrai Hortência.[1]

MOUVEMENT

Le mouvement de lacet sur la berge des chutes du fleuve,
Le gouffre à l'étambot,
La célerité de la rampe,
L'énorme passade du courant,
Mènent par les lumières inouïes
Et la nouveauté chimique
Les voyageurs entourés des trombes du val
Et du strom.

Ce sont les conquérants du monde
Cherchant la fortune chimique personnelle;
Le sport et le comfort voyagent avec eux;
Ils emmènent l'éducation
Des races, des classes et des bêtes, sur ce Vaisseau.
Repos et vertige
À la lumière diluvienne,
Aux terribles soirs d'étude.

Car de la causerie parmi les appareils, — le sang; les
    fleurs, le feu, les bijoux —
Des comptes agités à ce bord fuyard,
— On voit, roulant comme une digue au delà de la
    route hydraulique motrice,
Monstrueux, s'éclairant sans fin, — leur stock d'études; —
Eux chassés dans l'extase harmonique
Et l'héroïsme de la découverte.
Aux accidents atmosphériques les plus surprenants
Un couple de jeunesse s'isole sur l'arche,
— Est-ce ancienne sauvagerie qu'on pardonne?
Et chante et se poste.

MOVIMENTO[1]

O movimento de vaivém na margem das corredeiras do rio [2]
O abismo a estibordo,[3]
A rapidez da rampa,
A enorme passagem da corrente,
Carregam para as luzes inauditas
E a novidade química
Os passageiros cercados pelas trombas do vale
E do *strom*.[4]

São os conquistadores do mundo
Buscando sua fortuna química pessoal;
O desporto e o conforto viajam com eles;
Trazem a educação
Das raças, classes e animais, neste Navio.
Repouso e vertigem
A essa luz diluviana,
E às terríveis noites de estudo.

Pois pelas palestras entre os aparelhos, — o sangue; as flores,
    o fogo, as jóias —
Pelos cálculos agitados neste bordo fugitivo,
— Vê-se, rolando como um dique para além da rota hidráulica
    motriz,
Monstruosos, iluminando-se sem fim, — seu stock de estudos;
Eles lançados no êxtase harmônico
E no heroísmo da descoberta.
Ante os acidentes atmosféricos mais surpreendentes
Um casal de jovens se isola na arca,
— Será essa a antiga selvageria que se perdoa?
E canta e põe-se a postos.

DÉVOTION

À ma sœur Louise Vanaen de Voringhem: — Sa cornette bleue tournée à la mer du Nord. — Pour les naufragés.

À ma sœur Léonie Aubois d'Ashby. Baou — l'herbe d'été bourdonnante et puante. — Pour la fièvre des mères et des enfants.

À Lulu, — démon — qui a conservé un goût pour les oratoires du temps des Amies et de son éducation incomplète. Pour les hommes! À madame***.

À l'adolescent que je fus. A ce saint vieillard, ermitage ou mission.

À l'esprit des pauvres. Et à un très haut clergé.

Aussi bien à tout culte en telle place de culte mémoriale et parmi tels événements qu'il faille se rendre, suivant les aspirations du moment ou bien notre propre vice sérieux.

Ce soir à Circeto des hautes glaces, grasse comme le poisson, et enluminée comme les dix mois de la nuit rouge, — (son cœur ambre et spunk), — pour ma seule prière muette comme ces régions de nuit et précédant des bravoures plus violentes que ce chaos polaire.

À tout prix et avec tous les airs, même dans des voyages métaphysiques. — Mais plus alors.

DEVOÇÃO[1]

À irmã Louise Vanaen de Voringhem: — Sua "corneta" azul voltada para o mar do Norte. — Para os náufragos.

À irmã Léonie Aubois d'Ashby. Chapéu![2] — A grama do verão zumbindo e poluindo. — Para a febre das mães e das crianças.

À Lulu, — demônio — que conservou um gosto pelos oratórios do tempo das Amigas e de sua educação incompleta. Para os homens! À madame ***.

Ao adolescente que fui. Àquele venerável santo, ermida ou missão.

Ao espírito dos pobres. E a um clero muito elevado.

E bem assim a todo culto em qualquer lugar de culto memorial e em tais circunstâncias que seja necessário render-se, segundo as aspirações do momento ou então ao nosso austero vício.

Esta noite na Circeto dos altos gelos, cheia como um peixe, e iluminada como os dez meses da noite vermelha, — (seu coração âmbar e *spunk*)[3], — por minha prece solitária e muda como essas regiões da noite e precedendo bravuras mais violentas que este caos polar.

A todo preço e com qualquer tempo, mesmo nas viagens metafísicas. — Não mais *agora*.

DÉMOCRATIE

"*Le drapeau va au paysage immonde, et notre patois étouffe le tambour.*

"*Aux centres nous alimenterons la plus cynique prostitution. Nous massacrerons les révoltes logiques.*

"*Aux pays poivrés et détrempés! — au service des plus monstrueuses exploitations industrielles ou militaires.*

"*Au revoir ici, n'importe où. Conscrits du bon vouloir, nous aurons la philosophie féroce; ignorants pour la science, roués pour le confort; la crevaison pour le monde qui va. C'est la vraie marche. En avant, route!*"

DEMOCRACIA[1]

"A bandeira vai bem com a paisagem imunda, e nosso patoá[2] ensurdece o tambor.

"Nos centros alimentaremos a mais cínica prostituição. Massacraremos as revoltas lógicas.

"Aos países licenciosos e dissolutos! — a serviço das mais monstruosas explorações industriais ou militares.

"Adeus ao aqui, seja onde for. Recrutas de boa vontade, nossa filosofia será feroz; ignorantes da ciência, pervertidos pelo conforto; que se arrebente o mundo que lá está. É a verdadeira marcha. Em frente, vamos!"

GÉNIE

Il est l'affection et le présent puisqu'il a fait la maison ouverte à l'hiver écumeux et à la rumeur de l'été, lui qui a purifié les boissons et les aliments, lui qui est le charme des lieux fuyants et le délice surhumain des stations. Il est l'affection et l'avenir, la force et l'amour que nous, debout dans les rages et les ennuis, nous voyons passer dans le ciel de tempête et les drapeaux d'extase.

Il est l'amour, mesure parfaite et réinventée, raison merveilleuse et imprévue, et l'éternité: machine aimée des qualités fatales. Nous avons tous eu l'épouvante de sa concession et de la nôtre: ô jouissance de notre santé, élan de nos facultés, affection égoïste et passion pour lui, lui qui nous aime pour sa vie infinie...

Et nous nous le rappelons et il voyage... Et si l'Adoration s'en va, sonne, sa promesse sonne: "Arrière ces superstitions, ces anciens corps, ces ménages et ces âges. C'est cette époque-ci qui a sombré!"

Il ne s'en ira pas, il ne redescendra pas d'un ciel, il n'accomplira pas la rédemption des colères de femmes et des gaîtés des hommes et de tout ce péché: car c'est fait, lui étant, et étant aimé.

Ô ses souffles, ses têtes, ses courses; la terrible célérité de la perfection des formes et de l'action.

Ô fécondité de l'esprit et immensité de l'univers!

Son corps! Le dégagement rêvé, le brisement de la grâce croisée de violence nouvelle!

Sa vue, sa vue! tous les agenouillages anciens et les peines relevés à sa suite.

Son jour! l'abolition de toutes souffrances sonores et mouvantes dans la musique plus intense.

Son pas! les migrations plus énormes que les anciennes invasions.

GÊNIO[1]

Ele é a afeição e o presente pois fez a casa aberta ao inverno espumoso e ao rumor do verão, ele que purificou as bebidas e os alimentos, ele que é o encanto dos lugares fugazes e a delícia sobreumana das estações. Ele é o afeto e o futuro, a força e o amor que nós, tesos nas iras e nos tédios, vemos passar no céu de tempestade e as bandeiras de êxtase.

Ele é o amor, medida perfeita e reinventada, razão maravilhosa e imprevista, e a eternidade: querida máquina de qualidades fatais. Todos nós experimentamos o pavor de sua concessão e da nossa: oh! desfrute de nossa saúde, exaltação de nossas faculdades, afeição egoísta e paixão por ele, ele que nos ama por sua vida infinita...

E nós o reevocamos e ele viaja... E se a Adoração se vai, soa, sua promessa soa: "Afaste estas superstições, esses antigos corpos, as idades e comodidades. Foi esta época que soçobrou!"

Ele não se irá embora, ele não descerá de novo de um céu, ele não concretizará a redenção das cóleras de mulheres e das alegrias dos homens e de todo esse pecado: pois está feito, ele sendo, e sendo amado.

Ó suas respirações, suas cabeças, suas corridas: a terrível celeridade da perfeição das formas e da ação!

Ó fecundidade do espírito e imensidade do universo!

Seu corpo! O desprendimento sonhado, o estilhaçar da graça cruzada de violência nova!

Sua vista, sua vista! todas as ajoelhagens antigas e as penas *relevadas* depois dele.

Seu dia! a abolição de todos os sofrimentos sonoros e moventes na música mais intensa.

Seu passo! as migrações mais numerosas que as antigas invasões.

Ô lui et nous! l'orgueil plus bienveillant que les charités perdues.

Ô monde! et le chant clair des malheurs nouveaux!

Il nous a connus tous et nous a tous aimés. Sachons, cette nuit d'hiver, de cap en cap, du pôle tumultueux au château, de la foule à la plage, de regards en regards, forces et sentiments las, le héler et le voir, et le renvoyer, et sous les marées et au haut des déserts de neige, suivre ses vues, ses souffles, son corps, son jour.

Ó ele e nós! o orgulho mais benevolente que as caridades perdidas.

Ó mundo! e o canto claro de outros males novos!

Ele a todos nos conheceu e nos amou a todos. Saibamos, nesta noite de inverno, de cabo a cabo, do pólo tumultuoso ao castelo, da multidão à praia, de olhares em olhares, forças e sentimentos lassos, convocá-lo e vê-lo, e o mandar de volta, e sob as marés e no alto dos desertos de neve, seguir suas vistas, seus sopros, seu corpo, seu dia.

APÊNDICE

OBRA ATRIBUÍDA

NOTA PRÉVIA

Esta carta foi encontrada por Jules Mouquet nas páginas da edição de 16 de setembro de 1871 de *Le Nord-Est*, jornal republicano de Charleville, sob a assinatura de Jean Marcel. O artigo fora transcrito de *Le Progrès*, que Mouquet julgou tratar-se de *Le Progrès des Ardennes*, embora esse jornal fosse um concorrente e adversário do primeiro. Sabendo-se que R., interessado em colaborar com *Le Progrès des Ardennes*, havia, no inverno precedente, adotado o pseudônimo de Jean Baudry em sua correspondência com aquele jornal, Jules Mouquet atribuiu a R. a autoria da *Carta* e publicou-a em 1949 nas edições Pierre Cailler. Por duas décadas esse artigo passou a integrar as edições das obras completas de R.

Antoine Adam, no entanto, em sua edição de 1972 para a Pléiade, pôs a autenticidade sob reserva, argumentando que a carta alude a acontecimentos políticos que se situam de fato nos dias imediatamente anteriores à data do cabeçalho (9 de setembro de 1871) e que, para escrevê-la, R. teria de saber: 1º) que no dia 30 de agosto a Assembléia havia votado a proposta Viter, pela qual se autodeclarava poder constituinte; 2º) que no dia seguinte votara a proposta Rivet, dando a Thiers o título de presidente da República; 3º) que a 7 de setembro o conselho de guerra havia condenado Cavalier, dito *Pipe-en-bois* (Cachimbo de pau) por sua participação na Comuna; e 4º) que no dia 8, uma coligação majoritária, formada pelo centro e a esquerda, havia rejeitado a proposta Ravinel que reclamava a mudança dos ministérios para Versalhes. Como teria R. sabido de tudo isto, em tempo hábil, estando em Charleville? — pergunta Adam. Contudo, como argumentava Mouquet, "quem poderia, em Charleville, num jornal republicano, exercitar tão magistralmente a ironia, e com tal estilo!" Acrescenta Suzane Bernard que, "conhecendo-se o gosto de Rimbaud pela paródia, sua opiniões de *communard*, seu desprezo por Thiers e pelos *versalheses*, é difícil não se encontrar neste texto uma ressonância bastante rimbaldiana".

Sabe-se hoje, graças a uma pesquisa levada a efeito pelo estudioso Marc Ascione, que o verdadeiro autor da carta é o seu próprio signatário, o cronista Jean Marcel, que escrevia regularmente de Paris para o jornal *Le Progrès* (não o das Ardenas, mas o de Lyon), do qual fora transcrita pelo *Nord-Est*, de Charleville. Jean Marcel, à semelhança de outros parisienses como Zola e Sarcey, colaborava com o jornal lionês entre 1869 e 1872, e foi numa de suas *Chronique(s) parisienne(s)* que apareceu a carta do Barão, precisamente a datada de 9 de setembro de 1871. A descoberta de Ascioni levanta, no entanto, algumas indagações: se a carta foi escrita a 9 de setembro em Paris, relatando acontecimentos da véspera e antevéspera, como seria possível, no século passado, que, em sete dias, o artigo saísse publicado em Lyon (462 km de Paris) e de lá chegasse a Charleville (687 km de Lyon)? Além disso, competia que se divulgassem outros artigos do dito Jean Marcel, para que se pudesse comprovar seu talento de escritor, dotado de tais características que pôde, por tanto tempo, ser confundido com o de R. Seja como for, a inclusão desta *Carta* se impunha nesta Edição, ainda que em apêndice e sob a rubrica "atribuída", dado o seu valor documental na historiografia rimbaldiana.

LETTRE DU BARON DE PETDECHÈVRE
À SON SECRETAIRE AU CHATEAU
DE SAINT-MAGLOIRE

Versailles, 9 septembre 1871.

La France est sauvée, mon cher Anatole, et vous avez bien raison de dire que j'y ai grandement contribué. Mon discours — je devrais dire *notre* discours — n'a pu trouver place dans la fameuse discussion, mais j'en ai prononcé dans le couloir, au milieu de nos amis, l'entraînante péroraison. Ils hésitaient... Ils ont voté. Veni, vidi, vici! J'ai compris cette fois l'influence que je puis exercer un jour sur certains groupes parlementaires.

Du reste, j'en avais eu le pressentiment, à mon dernier congé, lorsque ma blonde et intelligente Sidonie, assistant à notre répétition, s'écria: "Papa! tu me fais je ne sais quoi quand tu te prends au sérieux!"

Tu me fais je ne sais quoi!... Ô adorable aveu! Je portais dans ce jeune cœur le trouble de l'éloquence, et ce trouble est le précurseur de la persuasion. (Répétez ma phrase au curé, en faisant le mistigri.)

Donc la France est sauvée, la noblesse est sauvée, la religion est sauvée, nous sommes constituants!

Quand constituerons-nous? Quand il nous plaira, messieurs. — Et monsieur Thiers? me direz-vous. — Monsieur Thiers! peuh! que serait-il sans nous? Aussi s'est-il rallié à notre proposition, donnant le bout de ses doigts à baiser aux républicans, et nous prenant le cou pour nous dire à l'oreille: "Patience! vous serez rois!" — Et la gauche? — La gauche!... qu'est-ce que c'est que ça, la gauche? Voyons, Anatole, si ça ne se croyait pas constituant, est-ce que ça resterait avec les constituants? On se fait de fausses idées de ces gens-là.

CARTA DO BARÃO DE PETDECHÈVRE[1]
A SEU SECRETÁRIO NO CASTELO
DE SAINT-MAGLOIRE

Versalhes, 9 de setembro de 1871.

A França está salva, meu caro Anatole, e você bem que tinha razão em dizer que para isso largamente concorri. Meu discurso — deveria dizer *nosso* discurso — não pôde ter lugar no famoso debate, mas pronunciei nos corredores, em meio aos nossos amigos, essa arrebatadora peroração. Hesitavam... Depois votaram.[2] *Veni, vidi, vici!*[3] Compreendi então a influência que um dia poderei exercer sobre certos grupos parlamentares.

Aliás, tive o pressentimento disto, na última licença, quando minha loura e inteligente Sidonie, assistindo ao nosso ensaio, exclamou: "Papai! me provocas não sei o quê quando te levas a sério!"

Provocas não sei o quê!... Ó adorável declaração! Transmiti àquele jovem coração a comoção da eloqüência, e essa comoção é precursora da persuasão. (Repita esta minha frase ao vigário, assim como quem não quer nada).

Logo a França está salva, a nobreza está salva, a religião está salva, *somos constituintes!*

Quando faremos a constituição? Quando nos aprouver, senhores. — E o senhor Thiers?[4] perguntareis. — O senhor Thiers! ora! que seria dele sem nós? Por isso aderiu à nossa proposta, dando a ponta de seus dedos a beijar pelos republicanos, e nos estreitando ao peito para dizer ao nosso ouvido: "Tenham paciência que serão reis!" — E a esquerda? — A esquerda!... que vem a ser a esquerda? Vejamos, Anatole, se essa gente não se achava constituinte, por que iria agora apoiar os constituintes? Fazemos uma idéia errada deles. São bem mais acomodados que

Ils sont en somme beaucoup plus accommodants qu'on ne pense. Les vieux se convertissent et se frappent la poitrine à la tribune et à la Cour d'assises; ils ont la manie des confessions publiques qui discréditent le pénitent et peuvent déconsidérer le parti. Les jeunes ont de l'ambition et se tiennent prêts à tout événement. Il y a bien quelques braillards qui soulèvent de ridicules tempêtes autour de la tribune, mais c'est nous qui brandissons les tonnerres, et les braillards qui voudront lutter jusqu'au bout mourront de phtisie laryngée.

Il faut que nous nous reposions maintenant; nous l'avons bien gagné, ce repos qu'on veut nous mesurer parcimonieusement. Nous avons réorganisé une armée, bombardé Paris, écrasé l'insurrection, fusillé les insurgés, jugé leurs chefs, établi le pouvoir constituant, berné la République, préparé un ministère monarchiste et fait quelques lois qu'on refera tôt ou tard. — Ce n'était pas pour faire des lois que nous étions venus à Versailles! On est homme, Anatole, avant d'être législateur. On n'a pas fait ses foins, on veut faire au moins ses vendanges.

Vous êtes heureux, vous! Ces dames vous réclamaient, vous êtes parti sans tambour ni trompette, me laissant deux discours à apprendre et des interruptions à répéter. Vous avez ouvert la chasse, vous avez pêché; vous m'avez envoyé des cailles et des truites; nous les avons mangées; c'est bien. Après!...

Ah! comme j'ai planté là les discours et les interruptions, pour demander un congé.

"C'est le cent trente-septième que j'inscris cette semaine", m'a dit le président.

J'étais vexé. Ce M. Target m'a décidé à attendre. Ah! le charmant homme, et comme il comprend les aspirations de l'Assemblée!

... Anatole, je vous envoie sa photographie, pour l'album de Sidonie. Faites-le mettre en bonne place, entre le général du Temple et M. de Bel-Castel, qui m'honorent de leurs confidences.

Nous partirons vers la fin du mois; il y a encore de beaux jours en octobre; vous savez, ces beaux soleils qui percent la brume et dissipent... dissipent... Vous me comprenez! Je ne suis pas poète, moi; je suis orateur!

se pensa. Os velhos se convertem e batem no peito para a corte e os tribunais; têm a mania das confissões públicas que desacreditam o penitente e podem desacreditar o partido. Os jovens têm ambição e estão prontos para qualquer ocorrência. Há sempre algum vociferante que provoca ridículas tempestades em torno da tribuna, mas somos nós que brandimos os trovões, e os vociferantes que quiserem lutar até o fim acabarão morrendo de tísica laríngea.

Agora precisamos repousar; bem fazemos jus a esse repouso que pretendem nos conceder parcimoniosamente. Reorganizamos um exército, bombardeamos Paris, esmagamos a insurreição, fuzilamos os insurrectos, condenamos seus chefes, sancionamos o poder constituinte, escarnecemos a República, preparamos um ministério monarquista, e promulgamos algumas leis que mais cedo ou mais tarde serão refeitas. — Não foi para fazermos leis que viemos a Versalhes! Somos homens, Anatole, antes de sermos legisladores. Se não pudermos tirar bons lucros, queremos pelo menos recuperar os prejuízos.

Você, sim, é que é feliz! As damas o reclamavam, você partiu sem trombeta nem tambor, deixando-me com dois discuros a aprender e obstruções a ensaiar. Abriu a estação de caça, e pescou; mandou-me codornizes e trutas; nós as comemos; foi bom. Mas, depois!...
Ah! como impus ali os meus discursos e obstruções, para obter uma licença.
"É a trigésima-sétima que inscrevo esta semana", me disse o presidente.
Estava envergonhado. E o presidente Target me obrigou a esperar. Ah! que homem simpático, e como compreende as aspirações da Assembléia!
... Anatole, envio-lhe a foto dele para o álbum de Sidonie. Faça com que ela a estampe em um lugar condigno, entre o general de Temple e o senhor de Bel-Castel, que me honram com sua amizade.
Partiremos no fim do mês; teremos ainda alguns belos dias em outubro: você sabe, esses dias ensolarados que atravessam a bruma e dissipam... dissipam... Você me compreende! Não sou poeta, não; eu sou é orador!

*****

On a pris patience, à la Chambre, jusqu'à cette heure, grâce aux conseils de guerre et à la proposition Ravinel.

Oh! conseils de guerre!... Tenez, nous sommes aux anges, mon cher. L'opinion des honnêtes gens a profondément ému ces braves juges militaires, un moment fourvoyés dans les sentiers tortueux de la clémence et de la pitié. Les voilà dans le bon chemin, dans le droit chemin, justes cette fois, mais surtout sévères. Avez-vous vu comme ils ont condamné Pipe-en-Bois?

Nous avons notre revanche, citoyens de la Commune!

Et puis, je ne vous le cache pas, Anatole, il fallait un exemple. Il ne sera pas dit qu'on aura pu être impunément avec Gambetta!

Gambetta!... Tenez, je pense quelquefois que Sidonie en a raffolé trois semaines et cela trouble mes nuits... Dites-lui que je lui pardonne. Elle verra à la rentrée comme je montre le poing, sous la tribune, quand nous nous réunissons entre amis, pour maudire le dictateur.

Ah! il n'a pas osé placer son mot dans la question Ravinel. Entre nous, Anatole, je crois que je lui fais peur. Il demandait, l'autre jour, dans le parc, sans me montrer du doigt, bien entendu: "Quel est donc ce Brésilien?" Sidonie prétend que je me teins un peu trop; mais puisque ça me donne l'air farouche!...

N'importe, j'ai eu beau montrer le poing à la gauche, nous n'avons pas pu enlever cette affaire Ravinel. Nous restons à Versailles, indéfiniment, mais les services publics ne viennent pas s'y établir.

Après?... Qu'est-ce que ça me fait? J'aime ce provisoire, moi. Versailles est un faubourg de Paris et pourtant ce n'est plus Paris. Tout est là. Être et ne pas être à Paris.

Si l'on nous eût proposé Nantes ou Lyon, ou Bordeaux, nous aurions nettement refusé. Ce sont des villes révolutionnaires d'abord; la garde nationale n'y est pas encore dissoute et les conseillers municipaux y sont outrageusement républicains. Ah! mon pauvre ami, on n'est plus en sûreté nulle part en province. Peut-être cependant qu'à Saint-Magloire!... Ça,

*****

Fomos pacientes, na Câmara, até agora, graças aos conselhos de guerra e à proposição Ravinel.[5]

Ah! os conselhos de guerra!... Imagine, estamos no sétimo céu, meu caro. A opinião das pessoas de bem comoveu profundamente os bravos juízes militares, por um instante transviados dos sendeiros tortuosos da clemência e da piedade. Ei-los no bom caminho, no caminho certo, agora justos, mas principalmente severos. Você viu como condenaram Pipe-en-Bois?...[6] Teremos nossa vingança, ó cidadãos da Comuna!

Além do mais, não lhe oculto, Anatole, que precisávamos de um exemplo. Já não se pode dizer que podíamos estar impunemente com Gambetta!

Gambetta!... Veja só, penso às vezes que Sidonie andou apaixonada durante três semanas e isso me dá cabo das noites... Diga-lhe que eu a perdôo. Ela verá na reabertura dos trabalhos como mostro o punho, sob a tribuna, quando nos reunimos entre amigos, para maldizer o ditador.

Ah! ele não ousou dizer sequer uma palavra sobre a questão Ravinel. Aqui entre nós, Anatole, creio que lhe faço medo. Ele perguntou, um dia desses, no parque, sem me apontar com o dedo, é claro: "Quem é aquele brasileiro?" Sidonie acha que eu me bronzeio em demasia; mas já que isso me confere um ar bravio!..

Não importa, por mais que eu mostrasse o punho à esquerda, não conseguimos ganhar a questão Ravinel. Ficaremos em Versalhes indefinidamente, mas que os serviços públicos não venham aqui se instalar.

Depois?... Que me importa? Quanto a mim, amo o provisório. Versalhes é um arrabalde de Paris e no entanto não é mais Paris. Eis a questão. Ser ou não ser em Paris.

Se nos houvessem proposto Nantes ou Lyon, ou Bordéus, teríamos claramente recusado. De início, são cidades revolucionárias; a guarda nacional nelas ainda não foi dissolvida e seus conselhos municipais são utrajantemente republicanos. Ah! meu pobre amigo, já não se está mais em segurança em parte alguma da província. Exceto talvez em Saint-Magloire!... Eis aí

c'est une idée; vous me présenterez un projet d'amendement à la rentrée.

Mais en principe, voyez-vous, ne me parlez pas de siéger à cinquante ou deux cents lieues de Paris. À Bordeaux, c'était bon après la guerre. On était près de Libourne et d'Arcachon. Nous avions besoin d'air pur après tant d'émotions et Paris ne pouvait nous donner cet air pur. Quelques milliers d'imbéciles s'étaient fait tuer bêtement dans la banlieue malgré le général Trochu; dans la ville il était mort cinq mille sept cents personnes en huit jours, pauvres victimes d'une stupide obstination... Maintenant, c'est autre chose et me voilà mi-partie Parisien. Que le président ait ou n'ait pas dit: "Messieurs, la séance est levée!" je prends le train de cinq heures et demie. C'est charmant, par la rive gauche. Et puis, quelles rencontres en chemin de fer! Vous aimiez l'imprévu, vous aussi, Anatole!

À sept heures, je dîne au Café d'Orsay, ou chez Ledoyen. À huit heures, je ne suis plus député, je ne suis plus baron, si je veux, je ne suis plus Petdechèvre, je suis un noble étranger perdu dans Paris.

Anatole, cette lettre est une lettre politique, lettre close à la baronne et à Sidonie! Mais si jamais vous êtes deputé, rappelez-vous que le bonheur et la vérité sont dans les moyens termes. Le jour à Versailles, la nuit à Paris: c'est la seule solution satisfaisante de la grande question Ravinel.

Jehan-Godefroid-Adalbert-Carolus-Adamastor
baron de PETDECHÈVRE

Pour copie plus ou moins conforme:

JEAN MARCEL

P. S. — *Eh bien! eh bien! j'en aprends de belles par le dernier courrier! Qui donc a révolutionné Saint-Magloire! Sur 287 électeurs, 233 ont pétitionné pour la dissolution!... Anatole, je vais demander un congé!... Mais du moins, peut-on se risquer là-bas?*

uma idéia; você me apresentará um projeto de emenda na reabertura das sessões.

Mas em princípio, veja bem, nada de me propor uma sede a cinqüenta ou duzentas léguas de Paris. Bordéus era um bom lugar depois da guerra. Estava-se perto de Libourne e de Arcachon. Tínhamos necessidade de ar puro depois de tantas emoções e Paris esse ar puro não podia dar. Alguns milhares de imbecis se haviam deixado matar estupidamente nos subúrbios malgrado o general Trochu; na cidade morreram cinco mil e setecentas pessoas em oito dias, pobres vítimas de uma estúpida obstinação... Agora, a coisa é outra e eis-me meio-parisiense. Tenha o presidente dito ou não: "Senhores, a sessão está suspensa!", tomarei o trem das cinco e meia. É agradabilíssimo, pela *rive gauche*. E além do mais, que encontros se fazem nas viagens ferroviárias! Você também gostaria do imprevisto, estou certo, Anatole!

Às sete horas, janto no Café d'Orsay, ou no Ledoyen. Às oito, já não sou mais deputado, já não sou mais barão, se quiser, já não serei nem mais um Petdechèvre e sim um nobre estrangeiro perdido em Paris.

Anatole, esta é uma carta política, interdita à baronesa e a Sidonie! Mas se um dia você for deputado, lembre-se que a verdade e a ventura estão nos meios-termos. De dia em Versalhes, à noite em Paris: é a única solução satisfatória para a grande questão Ravinel.

Jehan-Godefroid-Adalbert-Carolus-Adamastor
barão de PETDECHÈVRE

Pela cópia mais ou menos conforme o original:

· JEAN MARCEL

P.S. — Ora viva! ora viva! acabo de saber algumas boas pelo último correio! Que foi então que sublevou Saint-Magloire! Dentre 287 eleitores, 233 votaram pedindo a dissolução!... Anatole, vou pedir uma licença!... Mas pelo menos pode-se aventurar por aí?

ADENDOS

TRÊS PREFÁCIOS

PAUL VERLAINE
PAUL CLAUDEL
LOUIS ARAGON

PREFÁCIO DE PAUL VERLAINE
À 1ª EDIÇÃO DE "ILUMINAÇÕES" DE 1886

NOTÍCIA[1]

O livro que oferecemos ao público foi escrito de 1873 a 1875, entre viagens tanto na Bélgica como na Inglaterra e por toda a Alemanha.

A palavra *Iluminações* é inglesa[2] e quer dizer gravuras coloridas, — *coloured plates*: eis mesmo o subtítulo que o Sr. Rimbaud teria dado ao manuscrito.

Como se verá, este se compõe de curtas peças, prosa delicada ou versos deliciosamente feitos a propósito. Não há aí um tema principal ou pelo menos nós não o achamos. Alegria evidente de ser um grande poeta, donde essas paisagens feéricas e adoráveis e vagos amores esboçados, junto à mais alta ambição (realizada) de um estilo: tal é o resumo que achamos poder ousar apresentar da obra aqui seguinte. Ao leitor de admirá-los em detalhe.

Algumas curtas notas biográficas talvez venham a propósito.

O Sr. Arthur Rimbaud nasceu de uma boa família burguesa em Charleville (Ardenas) onde fez excelentes estudos ainda que um tanto revoltados. Aos dezesseis anos já havia escrito alguns dos mais belos versos do mundo, dos quais numerosos extratos foram por nós fornecidos outrora num panfleto intitulado *Os Poetas Malditos*.[3] Está atualmente com 32 anos, e viaja pela Ásia onde se ocupa de trabalhos de arte. Como diria o Fausto do segundo Fausto, engenheiro de *gênio* após ter sido o imenso poeta um vivaz aluno[4] de Mefistófeles, possuidor dessa loura Margarida!

Foi tido como morto várias vezes. Ignoramos se é verdade, mas ficaríamos muito triste com tal fato. Que ele o saiba caso isso não se confirme. Pois fomos seu amigo e assim o permanecemos à distância.

Dois outros manuscritos em prosa e alguns versos inéditos serão publicados oportunamente.

Um novo retrato feito por Forain, que igualmente conheceu o Sr. Rimbaud, será mostrado quando for a ocasião.

Num belíssimo quadro de Fantin-Latour, *Coin de table*[5] [Canto de mesa], atualmente em Manchester, segundo cremos, há um retrato a meio-corpo do Sr. Rimbaud aos dezesseis anos.

As **Iluminações** são pouco posteriores àquela época.

PAUL VERLAINE
1886.

NOTAS DO TRADUTOR:
1. Este prefácio da 1ª. edição das *Iluminações*, das Edições de *La Vogue*, 1886 (tiragem de 200 exemplares), figura igualmente na reimpressão do editor Vanier, de 1892.
2. Sobre o significado de *Iluminações*, veja Notas.
3. Os *Poetas Malditos* foram publicados por Vanier em 1884; contém estudos sobre Tristan Corbière, Arthur Rimbaud e Stephane Mallarmé; o estudo sobre Rimbaud já havia aparecido na revista *Lutèce* em 1883.
4. Com esta frase, V. quer afirmar sua ascendência sobre R., chamando-o de seu "vivaz aluno" e reconhecendo em si próprio Mefistófeles. Mais tarde, dirá que se reconheceu no "satânico doutor" do poema *Vagabundos* (das *Iluminações*).
5. O quadro *Coin de Table*, de Fantin-Latour, encontra-se hoje no Museu d'Orsay, em Paris.

PREFÁCIO DE PAUL CLAUDEL À EDIÇÃO DA "SAISON" DE 1912

Arthur Rimbaud foi um místico *em estado selvagem*, uma fonte exaurida que ressurge de um solo saturado. Sua vida, um *malentendido*, a vã tentativa de escapar pela fuga a essa voz que o solicita e o faz brotar de novo, a qual não quer reconhecer: até o momento em que, inválido, a perna amputada, dela tem consciência nesse leito de hospital em Marselha!

"A felicidade! seu dente docemente mortal, me advertia ao cantar do galo,— *ad matutinum*, ao *Christus venit* (1) — nas cidades mais sombrias." — "Não estamos neste mundo!" — "Pelo espírito se vai a Deus!... Foi este minuto desperto que me deu a visão da pureza... Se estivesse em vigília até agora (e toda essa passagem célebre da *Estadia no Inferno*)... "Dilacerante desgraça!"

Comparai, em diversos textos, esta referência que ouso tomar de empréstimo a Santa Chantal (citada pelo abade Brémond):

"Ao amanhecer, Deus me fez provar quase imperceptivelmente uma pequena luz no ponto mais elevado de meu espírito. Todo o resto de minha alma e suas faculdades não desfrutaram dela e não durou senão cerca de uma meia *Ave Maria*."

Arthur Rimbaud surge em 1870, num dos momentos mais tristes de nossa história, em plena derrota, em plena guerra civil, em pleno malogro material e moral, em pleno estupor positivista. Ergue-se de repente, — "como Joana d'Arc!" exclamará mais tarde lastimosamente. É necessário ler no livro de Paterne Berrichon (2) o relato trágico dessa *vocação*. Não foi porém uma palavra que ele ouviu. Seria uma voz? Menos ainda: uma simples inflexão, embora suficiente para lhe tornar daí por diante impossível o repouso e "a camaradagem das mulheres". Será pois tão temerário assim pensar-se que foi uma vontade superior que o suscita? Na mão da qual estamos todos: muda e que preferiu calar-se. Será um fato comum ver-se uma criança de dezesseis anos dotada de faculdades de expressão de um homem de gênio? Tão raro quanto esse louvor de Deus na boca de um recém-nascido de que nos falam os relatos fidedignos. E que nome dar a um acontecimento tão estranho?

"Vivi, centelha de ouro da luz *natural*! Por prazer, adotava a expressão mais ridícula e desvairada possível." Uma ou duas vezes, a nota, de uma pureza edênica, de uma doçura infinita, de uma tristeza dilacerante, faz-se presente aos ouvidos de um mundo abjeto e embrutecido, no estrépito de uma literatura grosseira. E isto é o bastante. "Fermentei meu sangue. O dever me redimiu." Ele acabou de falar. Não se confiam segredos a um coração devassado. Só lhe resta calar-se e ouvir, sabendo, como essa Santa ainda, que "os pensamentos não amadurecem só por serem ditos". Observa com ardente e profunda curiosidade, com misteriosa simpatia que já não pode ser expressa com "palavras pagãs", as coisas todas que nos rodeaiam e que ele sabe não vermos senão como refelxos e enigmas; "um certo começo", um engodo. Toda a vida não será demasiada para fazer a conquista espiritual desse universo aberto pelos exploradores do século que termina, para esgotar a criação, para saber alguma coisa daquilo que ela *quer* dizer, para dotar de algumas palavras enfim essa voz crucificante no fundo dele mesmo.

*****

Restam-nos algumas páginas de seu "caderno de danado", como ele o chamava amargamente, algumas páginas deixadas pelo nosso hóspede de um dia nesse lugar que ele definitivamente esvasiou "para não ver ninguém tão pouco nobre quanto nós". Por curta que tenha sido a vida literária de Rimbaud, é no entanto possível nela reconhecer três períodos, três maneiras.

O primeiro é o da violência, do macho integral, do gênio cego que vem à tona como um jato de sangue, como um grito que não se pode reter, em versos de uma força e de uma tensão inauditas:

> Corpo que um sofrimento enorme magnetiza,
> Tu voltas a sorver a vida horrenda! e sentes
> Surdir no sangue o flux da lívida vermina,
>
> (Paris se repovoa)
>
> Mas, ó Mulher, montão de entranhas, doce e pia,
>
> (As Irmãs de Caridade)

Como é emocionante assistir a essa espécie de *mudança de pele* do gênio e ver explodir esses traços fulgurantes entre montes de palavrões, de soluços e balbucios (3)!

O segundo período é o do vidente. Numa carta de 15 de maio de 1871 (4), com inabilidade patética, e em algumas páginas da *Estadia no Inferno* intituladas "Alquimia do Verbo", Rimbaud tentou nos fazer compreender o "método" dessa nova arte que ele inaugura, e que é verdadeiramente uma *alquimia*, uma espécie de transmutação, uma decantação espiritual dos elementos deste mundo. Nessa necessidade de evadir-se que não o larga até a morte, nesse desejo de "ver", que em criança o fazia esfregar os olhos com os punhos (*Os poetas de sete anos*), existe algo mais do que a vaga nostalgia romântica. "A verdadeira vida está ausente. Não estamos neste mundo." Não se trata de fugir, mas de encontrar: "o lugar e a fórmula", "o Éden"; de reconquistar nosso estado primitivo de "Filhos do Sol". — De manhã, quando o homem e suas lembranças não acordam ao mesmo tempo, ou ainda quando no curso de uma longa jornada pelos caminhos, produz-se uma solução de continuidade entre a alma e o corpo sujeito a seu desporte rítmico. Estabelece-se uma espécie de hipnose "aberta", um estado de receptividade pura bastante sigular. A linguagem em nós adquire um valor menos de expressão que de signo; as palavras fortuitas que sobem à superfície do espírito, o refrão, a obsessão de uma frase contínua formam uma espécie de encantamento que acaba por coagular a consciência, enquanto nosso espelho íntimo é deixado, em relação às coisas exteriores, num estado de *sensibilidade* quase material. Sua sombra se projeta *diretamente* sobre nossa imaginação e *volta* sobre sua iridescência. Somos postos em comunicação. — É este duplo estado do caminhante que *as Iluminações* traduzem:

por um lado, os curtos versos que lembram os de uma ronda infantil e as palavras de um libreto; de outro as imagens descoordenadas que substituem a elaboração gramatical, bem como a lógica exterior, uma espécie de acoplamento direto e metafórico. "Tornei-me uma ópera fabulosa." O poeta encontra expressão não mais na procura das palavras, mas ao contrário em se pondo num estado de silêncio e fazendo passar sobre si a natureza, as espécies sensíveis "que engatam ao pensamento e o puxam para fora" (5). O mundo e ele mesmo se descobrem um para o outro. Para esse poderoso imaginativo, a palavra *como* desaparece, instalando-se a alucinação e os termos da metáfora parecem-lhe ter quase o mesmo grau de realidade. "A cada ser, muitas *outras* vidas me pareciam devidas. Este senhor ignora o que faz: é um anjo. Esta família é uma cambada de cães". Práticas extremas, espécie de místico "materialista" (6), que teriam podido desvairar esse cérebro no entanto sólido e racional (7). Mas tratava-se de ir ao *espírito*, de arrancar a máscara a essa natureza "ausente", de possuir enfim o texto acessível a todos os sentidos, "a verdade numa alma e num corpo", um mundo adaptado à nossa alma pessoal (8).

Terceiro período. — Já citei bastante a *Estadia no Inferno* (9) Resta-me pouca coisa a acrescentar à análise definitiva que Paterne Berrichon (10) fez deste livro tão sombrio, tão amargo, e ao mesmo tempo penetrado de uma misteriosa doçura. Nele, Rimbaud, tendo chegado ao pleno domínio de sua arte, vai nos fazer ouvir essa prosa maravilhosa inteiramente impregnada de som inteligível até às suas últimas fibras, como a madeira aveludada e seca de um estradivário. Depois de Chateaubriand, depois de Maurice de Guérin, chegou a esse ponto a nossa prosa francesa cuja evolução, em sua história tão plena e tão diferente da de nossa poesia, jamais conheceu interrupções nem lacunas. Todos os recursos do incidente, todo o concerto das terminações, mais rico e mais sutil do que qualquer outra língua humana possa apresentar, são enfim plenamente utilizados. O princípio da "rima interna", do acordo dominante, enunciado por Pascal, desenvolveu-se com uma riqueza de modulações e de resoluções incomparável. Quem uma vez sentiu o enfeitiçamento de Rimbaud torna-se incapaz daí por diante de conjurá-lo assim como acontece com uma frase musical de Wagner. — Também se prestaria a importantes observações a marcha do pensamento que procede não mais por desenvolvimento lógico, mas, como no caso do músico, por desenhos melódicos e pela relação de notas justapostas.

*****

Descanso a pena, e revejo essa região que foi a de Rimbaud e acabo de percorrer: o Meuse puro e negro, Mézières, a velha fortaleza imprensada entre duras colinas, Charleville no vale cheio de canículas e trovoadas. (É lá que ele repousa sob um branco túmulo ao lado da irmã Vitalie.) Depois essa região das Ardenas, colheitas magras, um pequeno conjunto de tetos de ardósia e sempre no horizonte a linha límpida e cativa de sua profundeza volta-se lentamente sobre si mesma; o Aisne glauco coberto de nenúfares e três longos caniços que emergem do jade. Depois essa estação de Voncq, esse fúnebre canal a perder de vista bordejado por uma dupla fileira de choupos: foi ali que, numa tarde sombria, em sua vinda de Marselha, o amputado tomou a condução que deveria levá-lo à casa materna. Depois, em Roche, a grande casa de pedras corroídas com seu alto teto campestre e a data: 1791, sobre a porta, o sótão onde ele escreveu seu último livro, a lareira encimada por um grande crucifixo onde queimou seus manuscritos, a cama onde sofreu. E manuseio papéis amarelecidos, desenhos, fotografias, esta entre outras tão trágica em que se vê Rimbaud todo preto como um negro, a cabeça nua, os pés descalços, com esse tipo de roupa dos presidiários que ele admirava outrora, à beira de um rio na Etiópia (11), retratos a grafite e enfim essa carta de Isabelle Rimbaud que conta os últimos dias de seu irmão no hospital da Conception em Marselha (12).

"...Ele me olhou... com o céu nos olhos... Então me disse: 'É preciso arrumar todo o quarto, arranjar tudo: ele [o padre] vai voltar com os sacramentos. Você vai ver, vão trazer as velas e a toalha de renda: é preciso cobrir tudo com lençóis brancos...' Desperto, termina a vida numa espécie de sonho contínuo: diz coisas bizarras de maneira suave, com uma voz que me encantaria se não me dilacerasse o coração. O que fala são sonhos, — contudo não é a mesma coisa de quando tinha febre. *Dir-se-ia, e creio, que ele o faz de propósito* (13). Enquanto murmurava aquelas coisas, a freira me perguntou baixinho: 'Será que ele perdeu a consciência?' Mas ele ouviu e ficou muito corado; na hora nada disse, mas quando a irmã saiu, me perguntou: 'Ela acha que estou louco, e tu, que achas?' Não, eu não creio que ele esteja, é quase um ser imaterial e seu pensamento escapa independente de sua vontade. Às vezes pergunta aos médicos se estão vendo as coisas extraordinárias que percebe e lhes fala sobre elas, comentando com doçura, em termos que eu não saberia reproduzir, as suas impressões; os médicos o olham nos olhos, esses belos olhos que nunca foram tão belos e mais inteligentes, e dizem entre si: 'É estranho.' Há no caso de Arthur algo que não compreendem. Os médicos, aliás, já quase não vêm, pois que ele chora sempre ao lhes falar, e isso os deixa desconcertados. — Reconhece a todos. Chama-me, às vezes, de Djami, mas sei que isso é proposital e entra em seu sonho da mesma maneira; de resto, confunde tudo e... *com arte*. Estamos em Harar, estamos sempre partindo para Aden, e é preciso arranjar os camelos, organizar a caravana; ele anda facilmente com a nova perna articulada, fazemos alguns passeios em mulas ricamente ajaezadas; em seguida, é preciso trabalhar, administrar as escritas, escrever cartas. Vamos logo, eles nos esperam, façamos as malas e partamos. Por quê o deixaram dormir? por quê não o ajudei a se vestir? Que dirão se não chegarmos no dia combinado? Não acreditarão mais em sua palavra, não terão mais confiança nele! E se põe a chorar, lamentando minha falta de jeito e minha negligência: pois estou sempre com ele e sou a encarregada de fazer todos os preparativos..."

Sou um dos que acreditaram em sua palavra, dos que tiveram confiança nele.

PAUL CLAUDEL
Julho de 1912

(1) Primeiro rascunho: "Quando o Cristo vem para os homens fortes".
(2) *Jean-Arthur Rimbaud, o Poeta* (Mercure de France, editora)
(3) Desde os trabalhos mais antigos de Rimbaud, já se encontram versos como estes:

> ... E, aos poucos, vencedor, há de domar as coisas,
> Em Tudo há de montar qual montasse um corcel!

> ... Acabou-se! Talvez o insabido é terrível:
>
> (O Ferreiro)

(4) Recentemente encontrada pelo sr. Paterne Berrichon e publicada pela *Nouvelle Revue Française* de 1º de outubro de 1912.
(5) Carta de 15 de maio de 1871 precitada.
(6) Carta precitada.
(7) "Eu não poderia continuar, ficaria louco e depois... seria mal."(Palavra a Isabelle Rimbaud.) Ver também: *Uma Estadia no Inferno*.
(8) "Ele queria ver a verdade, a hora do desejo e da satisfação especiais. Fosse ou não uma aberração de piedade, ele queria. Possuía pelo menos um poder humano bastante amplo."Ver todo esse *Conto* que ilustra o lado destruidor de Rimbaud (*Iluminações*, p. 169).
(9) 1873: o ano dos *Amours jaunes* e dos *Cantos de Maldoror*. — É aqui que Rimbaud quis parar no caminho de Deus numa espécie de espera suspeitosa. Mas ele permanece o Universo "e toda a tarde em que caminharam para os jardins plantados".
(10) Obra precitada.
(11) "Eu, pobre de mim, não tenho nenhum apego à vida e, se vivo, é porque estou habituado a viver de cansaços... e a me alimentar de tristezas tão grandes quanto absurdas nestes climas atrozes... Pudéssemos desfrutar de alguns anos de verdadeiro repouso nesta vida; e por sorte esta vida é a única, e isto é evidente, *já que não podemos imaginar uma outra vida com um fastio maior do que este!*"(Harar, 25 de maio de 1881.) Ele chegou ao fundo, pelo menos assim o crê. Essa região do mar Vermelho onde acaba de se fixar o errante é bem aquela que mais se parece com o inferno clássico, "o antigo, aquele cujas portas o Filho do Homem abriu".
(12) Nesse momento ela desconhecia todos os escritos do irmão. Esta carta endereçada à sra. Rimbaud está datada do hospital da Conception, 28 de outubro de 1891.
(13) Os grifos são meus [i.é. de Claudel].

PREFÁCIO DE LOUIS ARAGON
À EDIÇÃO INGLESA DE *UMA ESTADIA NO INFERNO*

Rimbaud, Arthur, 1854-1891, entre estas duas datas a existência o definiu. Sua infância, suas fugas, o entusiasmo pela Comuna, os poemas enviados a Banville, o encontro com Verlaine, uma vida miserável e escandalosa, o incidente banal de Bruxelas, a preceptoria de Stuttgart, depois o desaparecimento, as viagens, Java, o Harrar, e esse retorno para morrer. Imagino que nada pode revoltar mais um homem, ao considerar sua própria biografia, que a possibilidade deixada aos outros de estabelecerem essa biografia. Sade desfrutou desse privilégio extraordinário para alguém de sua celebridade: o fato de que dele só existem alguns retratos apócrifos, não sendo dado a ninguém a possibilidade de contemplar os verdadeiros traços do divino marquês. Lautréamont conseguiu com a morte desaparecer mais ainda: nem um amigo, nem um testemunho que pudesse atestar o emprego de seus dias. Mas Rimbaud deixou atrás de si uma matilha, da qual fugia, aquela cuja lembrança nos derradeiros dias era suficiente para incitar-lhe fúrias terríveis. Não conseguiu dissimular de si mesmo o suficiente para que os comentaristas não abandonem a reconstituição do monstro, à guisa dos paleontologistas que deduzem a partir de um osso todo o esqueleto e a cor dos olhos dos gigantes desaparecidos.

O trágico da sorte que coube a Rimbaud é o trágico da glória, essa exploração do pensamento por uma sociedade anônima. Os corretores dessa sociedade inscrevem nos prospectos tudo o que julgam suceptível de lançar seus produtos, ou antes, e este é o caso, esses revendedores de renome tinham interesse em várias outras empresas e acharam útil ligar o destino do *caso* Rimbaud ao de um outro valor que tinham em seu portfólio. Aconteceu que um bando de pulhas, no mistério que envolvia os últimos anos do poeta, achou como erguer os andaimes de uma lenda que dura até hoje, apesar da indignação de alguns, e a desfaçatez da falsificação. Há em toda a história da descoberta de Rimbaud pelos seus exploradores uma ignomínia que lembra as aventuras sórdidas e abomináveis dos faiscadores de ouro. Lego esse assunto aos escritores de vidas romanceadas: como uma jovem cretina e devota fica sabendo em sua cidade provinciana que havia pessoas em Paris dispostas a atribuir gênio ao seu irmãozinho que sofria da bola; como antes de vir ela própria a admiti-lo, ela o viu morrer (*àquela altura*, diz Claudel, *ela ignorava todos os livros do irmão*), ela presenciou seu delírio sem dele nada compreender, interpretando como o fazem as famílias no sentido do catecismo tudo o que é ditado pela febre, em que mil palavras são piedosamente ignoradas pelos parentes que escutam; como ela pedinchou informações, e, solteirona ocupada com o homem, passando de Jesus ao irmão, como estabeleceu correspondência com esse tipo ganancioso, mal saído do anarquismo, lastimável escultor que se improvisa de escritor, Paterne Berrichon, que farejando a herança, propõe casamento a Isabelle Rimbaud *sem a haver jamais visto* e se casa com ela; como esse casal trafica com um agente consular a versão oficial do catolicismo de Rimbaud, e como esse Paul Claudel, hoje embaixador, aproveita a ocasião para fazer reverter à glória de sua Igreja o poeta irredutível cujo pensamento ele sabe bem que será um dia, se não tratarem de trapacear a tempo, um verdadeiro perigo para essa mesma igreja. Outrora os padres transformavam os reis mortos em santos para atrair para o seu caminho os reis vivos. Hoje em dia os reis não são lá grande coisa. Passaram a utilizar o golpe com os poetas, os pensadores. Trata-se de provar que Roma não queima apenas aqueles que fazem a grandeza humana. É preciso anexá-los e mãos à obra! A maquiagem é o forte desses homens que têm prática da sofística cristã, desses homens que falam habitualmente das *provas* da existência de Deus. Enquanto isto, é preciso principalmente sutilizar as peças do processo que poderiam invalidar a tese católica: é certo que sob os conselhos de Claudel, o casal Berrichon enterrou dois poemas blasfematórios, e tentou escamotear *Um coração sob a sotaina* só recentemente publicado; depois veio a maquiagem das cartas, a destruição das fotografias, a falsificação das contas de família; com o passar dos anos, as lembranças de Isabelle se tornaram mais numerosas e mais precisas. Pôs-se a escrever, a simplória. E Paterne, o sinistro Paterne, bêbedo e gago, que chamava pelo nome o cunhado morto que ele jamais havia visto, pôde me confiar em 1919, com lágrimas nos olhos: "E dizer que vivi durante toda a guerra dos direitos autorais de Arthur! Não é boa?" Ah sim, é boa, este mundo do qual não é possível sair-se, mesmo se mandando para o outro extremo, mesmo batendo as botas, este mundo, este inferno de que em 1873 o poeta havia feito um sangrento inventário com uma simples olhada.

*****

Uma Estadia no Inferno. O lugar excepcional deste poema que em sua linguagem peculiar os críticos têm por costume considerar como uma confissão, o lugar excepcional deste poema na vida de Rimbaud no fim de sua pretensa carreira poética, às vésperas dessa nova vida sobre a qual a insuficiência de informações permite construir a lenda, este lugar excepcional devia fazer com que fosse na exegese deste poema singular que as falsificações se dedicassem a princípio. E contudo para nele encontrar o álibi desejado, a espécie de prova moral da probabilidade de uma conversão do poeta, que não se podia negligenciar!

"... *Nunca me vejo nos concílios do Cristo; nem nos conselhos dos Senhores — representantes do Cristo.*

... *Nunca fui cristão; sou da raça que cantava no suplício; não compreendo as leis; não tenho senso moral.*

...*os anacoretas? artistas como não devem ser mais feitos.*"

Sim, a verdade está nisto: ele jamais foi cristão. Mas que importa a esses eclesiásticos habituados a entronizar por toda parte onde passem, junto aos negros ou aos esquimós, o mito da Imaculada Conceição nas histórias dos nativos, ou a arca de Noé, ou não importa que outras miseráveis invenções, para santamente demonstrar a universalidade de sua religião? Ele jamais foi cristão. Isto não os impedirá de compreender por meio de seu dicionário evangélico as palavras que Rimbaud pronuncia sem precaução. O sentido cristão dessas palavras, da palavra Deus por exemplo, uma vez afastado, que resta que não seja para a vergonha desse Cristo que quer que prestemos o tributo a César, esse Cristo cujos senhores são os representantes? Não nos esqueçamos: Rimbaud *é de uma raça inferior.*

Há em tudo aquilo que escreveu, em tudo quanto deixou escapar algo que permita crer que ele jamais poderia estar do lado da barricada onde se situam os *brancos*?

"O espírito burguês nasceu com o Cristo", e nos dias atuais ele se chama Paul Claudel. Vejamos como no prefácio das *Obras de Arthur Rimbaud*, esse diplomata saiu-se de apuros no que respeita ao período que ele próprio define (em nota).

"Terceiro período. — Já citei bastante a Estadia no Inferno. Resta-me pouca coisa a acrescentar à análise definitiva que Paterne Berrichon fez deste livro tão sombrio, tão amargo, e ao mesmo tempo penetrado de uma misteriosa doçura".'

Definitiva é uma piada, mas não interrompamos: *" Nele, Rimbaud, tendo chegado ao pleno domínio de sua arte, vai nos fazer ouvir essa prosa maravilhosa inteiramente impregnada de som inteligível até às suas últimas fibras, como a madeira aveludada e seca de um estradivário. Depois de Chateaubriand, depois de Maurice de Guérin, chegou a esse ponto a nossa prosa francesa cuja evolução em sua história tão plena, e tão diferente da de nossa poesia, jamais conheceu interrupções nem lacunas,. Todos os recursos do incidente, todo o concerto das terminações, mais rico e mais sutil do que qualquer outra língua humana possa apresentar, são enfim plenamente utilizados. O princípio da "rima interna", do acordo dominante, enunciado por Pascal, desenvolveu-se com uma riqueza de modulações e de resoluções incomparável. Quem uma vez sentiu o enfeitiçamento de Rimbaud torna-se incapaz daí por diante de conjurá-lo assim como a uma frase musical de Wagner. — Também se prestaria a importantes observações marcha do pensamento que procede não mais por desenvolvimento lógico, mas, como no caso do músico, por desígnios melódicos e pela relação das notas justrapostas.*

Assim se exprime um homem de arte, e imagino que o tomem na Inglaterra por um grande escritor, já que embaixador é carne de exportação. Contudo não sei o que é mais embaraçante nesse pathos musical, de Stradivarius a Wagner, passando pelos bons escritores católicos Chateaubriand e Guérin, com seus concertos, suas modulações, suas notas justapostas (e como queria ele que elas soassem?); ou do ponto de vista nacional do funcionário do Quai d'Orsay sobre a história da *prosa* francesa, cujo *trabalho* jamais conheceu lacuna nem interrupção, por oposição à história de *nossa* poesia, oposição aqui particularmente interessante, que espírito fino esse senhor Claudel! (e é força admitir que esta coisa viva, este grito, este furor, sejam com uma tal satisfação maníaca considerados como o resultado final do *trabalho* de *nossos* prosadores? espetáculo revoltante); ou ainda essa última frase lastimável, em que se constata, para falar claramente, que o pensamento de Rimbaud poderia dar lugar a importantes observações. Mais em baixo, o prefaciador abre parágrafo: *"Descanso a pena, e revejo essa região que foi a sua..."*, e temos direito a uma descrição. Essa região que era a sua, e que ele detestava, essa região... mas não ouço o nome de Mézières? Mézières para onde o jovem Rimbaud se deslocou um dia para ver os prussianos, e esse espetáculo o reanimou, como ele escreve no dia seguinte, o bom francês. Ah como odiou esta França *(tenho horror à pátria)*, essas Ardenas das quais querem por sua vez reaquecer a tola poesia de ardósia e céu tranqüilo; e que venham de Charleville nos transmitir que *'é lá que repousa sob um branco túmulo de virgem*[3], nos diz bastante da compreensão que tem de Rimbaud este a quem atribuem a representação de Rimbaud na terra. De Rimbaud que chamava a que viesse sobre sua *pátria*, sobre seus *concidadãos*, a fúria do canhão e a bota alemã. De Rimbaud, que correu para Paris a fim de se juntar aos *communards*; de Rimbaud... já perceberam o emprego da palavra *francês* em Rimbaud: *...o terror não é francês... seria a vida francesa, o caminho da honradez...* a cada vez o lábio deste que fala se crispa, *francesmente*, e a chacota diz bem daquilo que não se tem a necessidade de precisar. Imaginai que o pensamento de Rimbaud não seja redutível ao emprego de alguns incidentes, que esse pensamento não seja puramente incidente. *"Os homens da Igreja dirão: É isso mesmo. Queres referir-te ao Éden, não?"* Eles os havia visto chegar. Sabia sem dúvida que nada se pode fazer contra esse inimigo enquanto estiver de pé. Mas paciência, o inimigo será abatido. Veremos esse dia? *"Ah! a ciência não avança com a rapidez que gostaríamos!"* Rimbaud, interpretado, passou no bazar poético de Claudel que se serve de seu nome a ser uma rima, fazendo-o desempenhar um pequeno papel durante uma missa à sua maneira. Menino de coro, ele se torna menino de coro em qualquer idade, com o visto de sua Excelência. *"Sim, a hora nova é pelo menos muito grave"*, o inferno continua, ninguém conseguiu escapar. Rimbaud serve. Enfim. Serve a tudo aquilo que havia combatido, fugido, detestado.

"O servilismo leva a longe demais", não é verdade? Mas isto vai acabar. O poder do Cristo não terá ganho muito por acaso. O que importa aqui é, além do inacreditável abuso, o mecanismo do abuso. Vemos formar-se diante de nós e abortar em seguida uma dessas lendas cristãs que permitiram a sobrevivência da máquina romana, do crucificado a Joana d'Arc. A vergonha de Lourdes tem por parelha o escapulário pendurado em Rimbaud por mãos manchadas de tinta. Que isto sirva para confundir essa padralhada e essa polícia surpresas com a mão na botija, antes que sobre a *pequena* tumba de Charleville os histéricos não andem amanhã à espera de milagres.

*****

Uma Estadia no Inferno marca o declínio do século XIX, a liquidação do compromisso poético que havia tornado aceitável aos românticos, feitas as contas de seus deslizes de linguagem, a vida *francesa*, a felicidade estabelecida. É a esse respeito que este texto constitui um verdadeiro perigo social, que, já o vimos suficientemente, a resignação cristã não é bastante para remediar. Já não se permite mais ignorar o dilema rimbaldiano da maneira como foi exposto, e não é possível, dessa maneira, que a atividade poética seja exercida ainda a título de jogo (de brincadeira). A partir daí a poesia engaja o homem em sua vida, e o homem não é nada se não tiver vindo desde logo à beira desse abismo ao qual Rimbaud fatalmente o conduz. Não se quer dizer, como um tanto facilmente um bom número de pessoas conclui, que Rimbaud tenha conhecido a resposta à pergunta formulada. Não é certo que a conseqüência do pensamento rimbaldiano deva ser a evasão, que é tudo aquilo que elas querem reter da história, o que embriaga e encanta a juventude lírica que seguramente não se evadirá. Mas é certo que todo homem que se dispõe a discutir o significado da vida agora terá que considerar essa via através do inferno humano em que ressoa a palavra de Arthur Rimbaud: *"Tudo isso passou. Hoje sei aclamar a beleza."*

A alquimia do verbo: este capítulo de *Uma Estadia no Inferno* sozinho nos permite penetrar o sentido daquilo que nos soa tão curiosamente ao nomear esta obra. Os homens que se atêm ao problema da expressão, mesmo agora que seu pensamento se exprime para além deste problema, não podemos ouvi-los senão conhecendo as regras de sua gramática mental. É assim que a alquimia do verbo nos abre esse estranho dicionário que não é nem o Larousse, nem o Glossário evangélico, mas a introdução a toda poesia, e o que é extraordinário, único, e quase imporssível de se acreditar, a introdução a toda consciência da linguagem. Aqui pela primeira vez se rompe com o maquinal da linguagem e essa ruptura essencial restitui ao homem que fala a dignidade perdida ao imitar a marcha cômoda do verbo aceito, do verbo social, (o senhor vira na primeira à direita, depois à esquerda e....): aqui se passa com uma facilidade que surpreende da palavra à coisa que ela nomeia. Se, como pressupõe o prefaciador do qual estamos falando até demais, tudo consistia unicamente na supressão da palavra *como*, que frágil artifício de estilo! mas não, é preciso de fato acreditarmos no poeta: *esta família é uma cambada de cães*. A mecânica está desmontada. Jamais antes se havia preocupado tanto em saber qual o limite do pensamento humano, e o que faz a unidade ali onde a razão (como se diz) não passa de um *dos sofismas da loucura — da que leva aos hospícios*. A vontade de vidência, esse estranho conceito que uma velha carta de Rimbaud definia, aqui se transforma em método, e sem dúvida que é preciso ler-se Rimbaud sob este prisma. É no que não se pode deixar de concordar com Rolland de Renéville, cujo livro *Rimbaud le Voyant* é sem dúvida de toda a literatura rimbaldiana já bastante volumosa o único estudo a consultar. Em 1914 fizeram-nos esperar pela publicação dos rascunhos de *Uma Estadia no Inferno*. Não sei por que motivo em 1930 eles ainda não nos chegaram às mãos. Por pouco que soube a respeito, parece que pelo menos no que concerne à *Alquimia do verbo* Rimbaud manteve algo mais, e melhor, o *sistema* que não deixou transparecer na versão definitiva desse capítulo. As emendas cobrem, por motivo a serem estudados, uma parte do segredo que o poeta crê inútil divulgar com todas as letras. É preciso que se diga que tudo o que se escreva sobre Rimbaud que não leve em consideração esses rascunhos preciosos, há de ser decerto imaturo. Se pensarmos que em 1924 Rimbaud passava por haver destruído inteiramente a primeira edição de *Uma Estadia no Inferno*, e que foi somente então que a encontraram na Bélgica, haveremos de compreender que parte de afabulação sentimental entra em quase tudo o que se diz sobre Rimbaud. Muitas pessoas têm interesse, sem dúvida, que essas brumas encubram a luz. Não indicará a carta de 15 de maio de 1871, em que se precisa o ponto de vista que determina a *Alquimia do verbo*, esta nova *mística materialista* que o próprio Claudel não pôde deixar passar em silêncio? Jamais se terá uma conta bastante exata desses *espantos* erguidos diante de Rimbaud por um títere de teatro de variedades. Não são brincadeiras.

*****

Sou um inventor cujos méritos diferem de todos os que me precederam. Não é o orgulho que põe estas palavras na boca de Rimbaud. Não é somente *algo como a chave do amor* que ele encontrou, como se limita a dizer. Ele encontrou todas as chaves do inferno. Do pensamento rimbaldiano nasce algo que ainda não tem nome, que Rimbaud não denominou, e que não me compete denominar em seu lugar. Algo que está para a ciência assim como a ciência está para a vida, se quisermos brincar dessa amarelinha de proporções em que é tão fácil nos perdermos. Nada é tão precioso talvez neste mundo que nos é dado, do que aquilo que ele descobriu. Uma espécie de rádium intelectual, cujo uso não se pode adivinhar, mas cujos estragos ao longe já se fazem maravilhosamente sentir.

(1) Mercure de France, 1912.
(2) É aqui que Rimbaud quis parar no caminho de Deus numa espécie de espera suspeitosa. (Paul Claudel)
(3) Paul Claudel.

TRADUZINDO ILUMINAÇÕES

René Étiemble, num artigo publicado inicialmente em *La Revue des Lettres Modernes* (nº 4, 1980) e transcrito mais tarde em seu livro *Rimbaud, système solaire ou trou noire?* (Presses Universitaires de France, 1984) examina, com sua competência de lingüista e exegeta de Rimbaud, algumas traduções em inglês, italiano e espanhol do poema em prosa *Génie*, peça final das *Illuminations*. Dada a importância desse estudo, vamos transcrevê-lo na íntegra, em tradução, para que o leitor se concientize da profundidade de análise de um especialista no assunto e sinta quanta responsabilidade está implícita numa tradução que tenha por princípio corresponder no máximo possível a *todos* os recursos poéticos do original. As partes em negrito foram grifadas por nós.

"Para louvar ou reprovar as traduções de qualquer texto poético em geral, e das "Iluminações" em particular, e mais particularmente ainda de *Génie*, é preciso sem dúvida verificar se o conteúdo conceitualizável, desde que aí haja algum, está exatamente transposto; mas nosso texto é, sob este aspecto, de natureza tal que será necessário principalmente, e com toda evidência, reestabelecer tanto quanto possível os traços pertinentes desse poema como tal. Ora esses traços não são de natureza conceitual; são antes de natureza retórica, no sentido genérico da palavra; e prosódica, no sentido em que a crítica de hoje — Meschonnic por exemplo — dá a esse termo: "Organização vocálica e consonântica de um texto; elementos do ritmo, principalmente pelo consonantismo; elementos do sentido, pelo paragramatismo."

A parte evidente do conceituável não pode ser mais banal: como em outros trechos de sua obra, Rimbaud não passa aqui do eco sonoro da ideologia dominante de seu tempo: razão, ciência, progresso, positivismo; o conjunto se opondo à religião católica pela qual sua mãe e o seminário menor lhe haviam inspirado horror. Neste ponto, os poucos comentaristas dignos de serem levados em consideração estão bem de acordo: Suzanne Bernard, Antoine Adam, por exemplo. Ao *Gênio do cristianismo*, de Chateaubriand, Rimbaud oporá o *Gênio das religiões*, que Edgar Quinet publicara em 1842, e *A Mulher*, de Michelet, no capítulo "A Comunhão do amor". Este *"Gênio"*, não será ele também um desses gênios evocados pelo *Grande Testamento* de Vermersch, "arrebatados pelo imenso amor", assim como a Razão de Michelet, "não será igualmente o amor?" Tudo isso não tem maior interesse quanto à ideologia do poeta e nada acrescenta ao que sabemos sobre o que Rimbaud pensava então, ou pelo menos sobre o que opinava por escrito. **No entanto, há de ser censurável toda tradução de "Génie" que, voluntariamente ou não, atenue essa recusa ao catolicismo e, mais genericamente, ao cristianismo.** Quando Wallace Fowlie, por exemplo, trasmuda *"raison merveilleuse"* em *"miraculous reason"*, o contra-senso é evidente. O *maravilhoso* de Rimbaud nada tem do *miraculoso* que lhe atribui Fowlie. Creio que esse *miraculous* terá sido ditado a esse colega e amigo pela sua fé cristã, que, conscientemente ou não, lhe aconselha ou lhe impõe uma versão apologética. Posso até mesmo supor, sem malevolência alguma, que um outro contra-senso do mesmo tradutor: *"because his life is infinity" ("pour sa vie infinie")* resulte fatalmente do preconceito cristão. Pois Fowlie sabe muito bem o francês, onde o sentido é evidente: *"lui qui nous aime pour sa vie infinie"* só pode querer dizer: "ele que nos ama por toda a vida" (sendo a vida, dele, infinita). O *because* que traduz *pour*, não somente implica contra-senso, mas ilogismo. Não é porque esse Gênio, equivalente para Fowlie ao Deus cristão, dispõe de uma vida sem fim que ele nos ama; é porque ele é amor, porque é o Amor, eis o que está escrito com todas as letras no poema em questão. **Também não há de ser melhor tradutor aquele que, ateu, busque apagar toda alusão à *"vida infinita"* e se limite plenamente a um *"who loves us forever"*.** O sentido fica compreendido, vagamente; a poesia, esta se apaga, assim como a retórica que, sob o clichê banal do "por toda a vida", fabricou um "por sua vida infinita", oracular, é de se crer, pois tão mal compreendido por Paul Schmidt em sua recente versão de Rimbaud.

O tradutor deverá igualmente se interrogar sobre as variantes do texto, e sobre as eventuais correções que este ou aquele erudito tenha proposto. Por muito tempo se imprimiu *"la rédemption des colères des femmes et des gaîtés des hommes"*. Conforme a edição de 1895 e o manuscrito da coleção Pierre Berès, a nova edição da "Bibliothèque de la Pléiade" organizada por Antoine Adam, e diversas outras edições, imprimem agora *"des colères de femmes et des gaîtés des hommes"*, deixando à mostra cruamente a misoginia de Rimbaud. As *"colères de femmes"*, são do gênero daquelas que as mulheres têm, e Rimbaud, como o confessa, jamais amou as mulheres ("embora cheio de sangue"). As *"gaîtés des hommes"*, ao contrário, não são "alegrias de homens". De modo algum. Nada a ver com os propósitos licenciosos ou atrevidos de homens entre si. Essas "alegrias" não são próprias dos homens, no sentido pejorativo que convém ler as "cóleras de mulheres". O texto correto torna-se mais rico em sentido e em conotações que o anterior durante tanto tempo impresso. **Não digo que seja fácil reproduzir essa oposição em tal ou qual língua, nem que possa acusar todos os tradutores de haverem negligenciado essa oposição** *de/des* (que prova tenho que o tradutor em causa terá de fato trabalhado sobre as edições que publicaram esse último texto, que é o bom?). É verdade que observo Paul Schmidt traduzindo: *"the redemption of women's fury* [no singular, o que merece posteriores considerações] *nor the gaiety of men* [de novo o singular!]", na tentativa de variar a tradução; mas *"women's fury"* não traduz de modo algum *"colères de femmes"*. O mesmo erro ocorre em Fowlie, que parte do bom texto, apresentado face a face, e não traduz de todo a oposição: *"he will not redeem the anger of women, the laughter of men"*, esquecendo ele também os plurais de Rimbaud, erro de que se guarda Enid Rhodes Peschel, a melhor tradutora de Rimbaud em língua inglesa, e de longe. Ela não consegue no entanto, nem mesmo ela, reproduzir a oposição *de/des* : *"he will not accomplish the redemption of women's rages and of men's gaieties"*. Esses dois erros estão conjugados na versão espanhola de Alfredo Terzaga: *"no realizará la redención de la cólera de las mujeres ni de la alegría de los hombres"*. Quanto às traduções italianas que estudei, a de Mario Matucci é aqui a única que soube reproduzir os dois elementos essenciais da frase: *"non compirà la redenzione delle colere di donne e delle gaiezze degli uomini"*.

Outro detalhe sobre o qual se interrogam diversos eruditos: *"sonne, sa promesse sonne"*. Para Suzanne Bernard, "o primeiro verbo não tem nenhum sentido"; Antoine Adam vai ainda mais longe na tentativa de explicar: "Talvez [...] Rimbaud tivesse a princípio escrito: *sonne sa promesse*, inversão que, partindo dele, não seria surpreendente. Depois teria reconsiderado e escrito *sa promesse sonne*, sem cortar de maneira visível o primeiro *sonne.*" **Será possível que não se compreenda aqui, pelo**

ouvido, o texto de Rimbaud! Essa sibilante quatro vezes repetida em algumas sílabas, com dois *"sonne"* que correspondem (não falo de harmonia imitativa no caso, mas de transposição de linguagem, de significância) aos dois choques do badalo sobre as bordas do sino. Significância, *"sonne, sa promesse sonne"*, é a única forma de não se exprimir de forma insignificante (no sentido banal do termo) o que sente, o que ouve o menino Rimbaud, e o que, por esse jogo de sibilantes, ele consegue sugerir: efeito retórico seguramente estranho ao tom dos comentários de Antoine Adam, mas sabiamente construído e, neste caso, realizado. **Corrigir aqui Rimbaud seria cometer um contra-senso poético.** Fowlie e Enid Peschel souberam manter o texto e traduzi-lo em inglês por *"rings, his promisse rings"*, ao passo que Paul Schmidt quis transformar (quem sabe? melhorar) Rimbaud, o que deu em *"then it sounds, his promisse sounds"*, com a intromissão de um *it* superfetatório, agravado por um *then*, o que destrói o efeito obtido em francês. O *"sounds"*, por outro lado, teria sido aceitável: *sounds, his promise sounds"* restitui a significância das sibilantes e chega a enriquecê-la com os dois *s* da terceira pessoa do singular inglês: *"sounds"*.

Como se aprovasse por antecipação as hipóteses de Suzanne Bernard e de Antoine Adam, o tradutor espanhol Alfredo Terzaga suprime o primeiro *"sonne"*, e destrói tudo: *"suena aún su promessa"*, apesar das três sibilantes subsistentes. Ao acrescentar aquele *"aún"* que designa a iteração, acreditava sem dúvida ter conservado o sentido do texto. **Mas não se trata aqui de uma iteração qualquer! Porém de** *"sonne, sa promesse sonne"*! As traduções italianas acompanham a primeira delas, a de Mario Matucci, em que uma gralha na última palavra da frase não nos impede de ler: *"risuona, la sua promessa ris[u]ona"*, (em lugar do *"risona"*, por influência do infinitivo *risonare*). Está bastante bem assim. **Ou então seria preciso admitir que, sempre que um tradutor judicioso conseguir traduzir bem uma passagem, seus sucessores, para não serem acusados de plagiários, estariam moralmente condenados a traduzir mal a passagem em questão. Seria uma tolice.** Acrescento que, ao examinar as línguas românicas podia esperar algumas traduções bem realizadas, e não me senti decepecionado, pelo menos em italiano: mesmos substantivos, mesmos verbos com os mesmos consonantismos, e a *significância* das sibilantes bem respeitada.

Por conseguinte, agradeçamos aos melhores tradutores de não terem seguido os conselhos de universitários franceses bem intencionados de mais, porém no caso muito mal inspirados. As melhores traduções confirmam meu ponto de vista: é o manuscrito Berès que deve aqui servir de autoridade. Só tenho dúvidas em dois casos. O primeiro não nos tomará muito tempo: *"Et nous nous le rappelons et il voyage..."* que um demônio não estranho a esse *"Génie"* poderia nos aconselhar a pontuar: "Et nous, nous le rappelons, et il voyage." Se as versões italianas apostam todas no texto do manuscrito, bem como a espanhola de Terzaga e a inglesa de Paul Schmidt (*"and we remember him"*), as de Wallace Fowlie e Enid Rhodes Peschel, substituindo o *remeber* por *recall*, me convidam a supor que eles fizeram a si próprios a minha mesma pergunta. Ao escolherem engenhosamente uma palavra: *to recall*, que significa de imediato "rappeler" [chamar novamente], e só em seguida "se rappeler" [lembrar-se], esses dois americanos parecem justificar minha hesitação. Meu segundo escrúpulo recai sobre uma frase muito importante: de um lado, pelo sentido do poema; de outro, por um efeito de estilo com o qual Rimbaud ficou tão contente que a sublinhou no manuscrito e que se devia por conseguinte imprimir em itálico: *"tous les agenouillages anciens et les peines relevés à sa suite"*. Tal é o texto publicado por Renéville e Mouquet na antiga edição da Pléiade, texto adotado por Wallace Fowlie e Enid Rhodes Peschel, que o transcrevem em suas edições bilíngües, bem como por Mario Matucci. Em compensação, Laura Mazza e Ivos Margoni adotam a lição do manuscrito Berès, escrevendo *"relevées"*, como Antoine Adam o faz na última edição da Pléiade. Do ponto de vista de nossa sintaxe felizmente normativa, a diferença é de importância. RELEVÉS diz respeito a *"agenouillages"* e a *"peines"*; RELEVÉES só qualifica *"peines"*, ficando *"agenouillages"* em suspenso, inqualificadas, inqualificáveis, salvo se admitirmos — e admito — que o bom latinista Rimbaud, prêmio de versos latinos no concurso geral, concorde seu adjetivo com o substantivo mais próximo, encarregando-o ademais de qualificar os dois substantivos: *"agenouillages"* e *"peines"*. É o que confirmam os itálicos de advertência: "Atenção, leitor desatento!" diria Rimbaud. São bem as "agenouillages" e as "peines" que são "relevées" (conforme o latim) ou "relevés" (conforme as normas do francês). O que desejo acentuar é que tanto *relevés* como *relevées* devem ser entendidos sobretudo no sentido material do termo, no que respeita a *agenouillages*, e um pouco talvez no sentido moral; no sentido jurídico, porém, o termo só se aplica a *peines* (considerando além disso o jogo de palavras que há nos sentidos possíveis de *peines*), tendo em vista que só as penas jurídicas são, em francês de natureza a serem relevadas, já que os pecados são remidos ou perdoados. Acrescentemos que a palavra *agenouillages* [ajoelhagens] em lugar de *agenouillements* [ajoelhamentos], é uma criação de Rimbaud, um depreciativo, um hápax*, como a sua *"contemplostate"*. (contemplóstata). Em 1969, pela primeira vez, descobri esta palavra num dicionário, o *Dictionnaire des mots sauvages*, compilado por Maurice Rheims. Em 1973, quando apareceu o primeiro volume do *Trésor de la langue française*, voltei a encontrar, como esperava, essa AGENOUILLAGE com uma breve nota que justificava minha interpretação: valor pejorativo de *-age* quando acrescido a uma base; "utilizado quase somente em literatura: 1". **Não traduzir esse hápax* pejorativo é esquecer ou trair deliberadamente as intenções do escritor. É suprimir um bom e belo neologismo.**

Nas línguas como o inglês em que os adjetivos são invariáveis, a oposição *relevés/relevées* fatalmente desaparece. Os tradutores saem-se dela facilmente. O mesmo não ocorre quando se trata de traduzir *"agenouillages"* e o duplo sentido de *"relevées"*. Nem as *"genuflections"* de Rhodes Peschel e de Schmidt, nem igualmente as *"genuflessioni"* de dois dos três italianos (Mario Matucci preferiu *"inginocchiamenti"*), seriam capazes de nos satisfazer. e se as *"sumisiones"* de Terzaga se esforçam em restituir o aspecto moral dessas *"agenouillages"*, ignoram por outro lado o neologismo pejorativo. Essas *"sumisiones"* são além disso abstratas demais. Os *"inginocchiamenti"* de Matucci traduziriam passavelmente *"agenouillements"*, mas fazem desaparecer o neologismo pejorativo, como os *"kneelings"* de Wallace Fowlie. Um *"kneelings down"* (com o *down* em itálico) seria preferível, ainda que insuficiente. **O neologismo se impõe.** Em italiano, o tradutor se sairia facilmente com o sufixo *-accio*, que corresponde precisamente ao francês *-age*. Quanto à duplicidade de *"relevées"*, nem o *"cancelled"* de Fowlie, que só pode se referir a *"peines"*, nem o *"lifted"* de Schmidt, nem muito menos o *"evitadas"* de Terzaga reproduzem o achado linguístico de Rimbaud. Os *"dolori alleviati"* de Laura Maza constituem um brutal contra-senso, enquanto as *"pene riscattate"* de Matucci, e depois de Margoni, aceitáveis no que dizem respeito a *"peines"*, não se ajustam nem aos *"agenouillements"*, nem às *"agenouillages"*. Nenhum dos sete traduto-

---

* hápax = palavra, termo, locução, etc. que ocorre só uma vez em documento, obra literária ou científica, i. é que pode ser abonada com apenas uma citação.

res que estudei aqui soube sair-se dessa extrema dificuldade. É pena, pois *Génie* opõe aqui aos velhos valores cristãos um novo sistema de valores, o sistema de uma era positivista. Nada pois de original nos pensamentos desse *Génie*, exceto a forma, bastando um simples olhar sobre a sua disposição na página para se perceber o quanto ela é, tipograficamente, consciente, elaborada.

Duas alíneas de mesma extensão, seis ou sete linhas, seguidas por duas outras que não contam senão com três linhas e meia; após o que, enquadradas duas vezes por dois "*Ô*" exclamativos, ou melhor, oracionais, quatro frases começando pelo adjetivo possessivo: *son — sa — son — son*. Oito frases breves, em que quatro quase-rimas iniciais (*son — sa- son — son*) se encontram enquadradas, abraçadas por duas vezes duas rimas iniciais em *Ô*. O revolucionário Rimbaud se exercita e se diverte em inverter o jogo das rimas, antepondo-as aos versos. Finalmente uma última alínea, da mesma extensão das duas primeiras. Este trecho de prosa poética encontra-se portanto disposto com deliberada minúcia. Ora, embora respeitando o número de alíneas, nem Wallace Fowlie, nem Laura Mazza se conformaram ao esquema

Ô
Ô
Son
Sa
Son
Son
Ô
Ô

A ele só se adaptaram Terzaga, Matucci, Margoni e Enid Rhodes Peschel. Nos outros, que desperdício de poesia! Quanto a Paul Schmidt, além de não respeitar o jogo das quase-rimas iniciais abraçadas, remaneja de cabo a rabo a disposição tipográfica, fabricando um sistema de sua própria lavra, transformando em versos livres — livres a ponto de não serem nem mais versos, como dizia Audiberti — os parágrafos deste cântico cuidadosamente arranjados. A partir de uma ordem rigorosa, ainda que muito pouco conformista, manipula uma desordem que lhe parece seguramente mais rimbaldiana. **Mas, afinal, trata-se de traduzir Rimbaud, ou de reescrevê-lo segundo X ou Y? Se se trata de traduzir, a retórica é mais que evidente, a prosódia assedia o ouvido.**

Nas oito frases da oração, Rimbaud, *"escravo de [s]eu batis-*

mo" na verdade, retoma, bem como em sua *Devoção*, mas para injuriar o cristianismo, os processos retóricos que como antigo aluno de catecismo e do seminário menor guardava na mente borbulhante. Porém, assim como rompe ideologicamente com o catolicismo, rompe também formalmente com as regras de versificação segundo seu professor de retórica Georges Izambard, ainda que para se impor outras (vide por exemplo as que adotou em suas *Canções espirituais*, cujo título já é em si significativo).

Ainda que essas frases de penoso entendimento, porquanto na verdade *oraculares*, só tenham valor pela organização das consoantes e vogais; que essa organização seja de fato voluntária, ou apenas em parte, ou que a rigor não o seja de todo (o que seria *miraculoso*), a discussão não compete ao tradutor. **Um tradutor não tem que se perguntar se o autor pretendeu um determinado efeito. Se o efeito em questão se encontra no texto, é mister traduzi-lo da melhor maneira possível. Em caso de insucesso, cabe assinalá-lo honestamente numa nota.**

Tomemos um exemplo flagrante:

[...] *le brisement de la grâce croisée de violence nouvelle!*

Eis como se saíram os sete tradutores em estudo:

Fowlie: *the collapse of grace joined with new violence!*
Peschel: *the shattering of grace met with new violence!*
Schmidt: *the splintering of grace before new violence!*
Matucci: *l'annientamento della grazia imbastardita di violenza nuova!*
Mazza: *l'infrangersi della grazia pervasa di nuova violenza!*
Margoni: *lo spezzarsi della grazia pervasa di nuova violenza!*
Terzaga: *el rompimiento de la gracia cruzada de violencia nueva!*

Passemos à margem dos contra-sensos ou dos não-sensos do gênero *"before"*, das subtraduções como as de Mutucci (*"annientamento"*, ou seja, "aniquilação" e *"imbastardita"*, ou seja, "abastardada", para *"brisement" e "croisée"*). Embora o *Trésor de la langue française*, volume IV, dê um texto de Victor Hugo em que BRISEMENT pode sob certos limites ter o sentido de "aniquilamento", justificando assim Matucci, pelo menos na aparência, o contexto recusa essa acepção, visto que uma "grâce anéanti" [graça aniquilada] não poderia ser *"croisée"* [cruzada], principalmente no sentido sexual, com o que quer que seja. Embora uma mulher com a perna "brisée"[quebrada] possa mesmo assim copular. Bem. Que quer dizer pois essa proposição? De que maneira Rimbaud imagina esse corpo do *Génie?* O *"dégagement rêvé"*. Muito bem! *"Donc tu te dégages"*, já dizia ele em uma de suas *Canções espirituais, "Tu voles selon..."*, é claro: o *"dégagement rêvé"*. [desprendimento sonhado] de *Génie*, era bem aquele com que sonhava o imitador de Marguerite de Navarre. Mas *"brisement de la grâce croisée de violence nouvelle"*, que quer *dizer* isso, mesmo que não o diga claramente? Que a graça, uma vez quebrada, deve-se combinar com a violência da revolução científica, da revolução *tout court?* Eu me interrogava sobre a interpretação conceitual dessa fórmula ambígua, quando Jeannine Kohn-Étiemble me levou a ver o erro de me obstinar nessa busca de um sentido político, quando o essencial estava aqui oculto, ou manifesto, mais uma vez pelas significâncias: "Como não se dá conta dos jogos consonânticos sobre os quais esta frase se organiza? aqueles mesmos que você havia analisado em seu artigo sobre *Les Grenades* de Valéry! *br- gr- cr-*, lá estão eles aqui de novo para evocar uma quebra, um rompimento. Por metagrama patente, *briser la glace* [quebrar a taça] torna-se em Rimbaud *briser la grâce* [quebrar a graça], donde o *brisement de la grâce*. Além do metagrama, a frase de Rimbaud se articula sobre três grupamentos consonânticos que o evocam por significância." Entreguei-me sem resistência a esta, para mim, luminosa explicação. **Traduzir essas poucas palavras terá que ser portanto ou talvez principalmente a tentativa de se chegar pelo menos a um equivalente dessa pesquisa sobre as consoantes br- gr- cr-.** O espanhol conserva facilmente *"gracia"* e *"cruzada"*; ao que se ajunta o *r* inicial de *"rompimiento"*, que não é mau; mas admitamos que *"quebranto"*, com seu *br-* seria melhor ainda. Que tenha ou não percebido o valor desse paragrama, Laura Mazza sai-se dele bastante bem: *"infrangersi, grazia, pervasa"*, com *-fr gr-* e *-rv-* ao qual se ajunta o *-rs-*. Wallace Fowlie não me parece ter percebido o valor do consonantismo: *"grace"* é a única palavra que corresponde ao esquema de Rimbaud. Quanto ao resto, a articulação do *r* inglês não permite a nenhum dos tradutores reproduzir adequadamente o que foi conseguido em francês.

Que dizer então do conjunto paragramático mais brilhante do poema, de que devo ainda a Jeannine Kohn-Étiemble o ter percebido sua inteira significância: *"Il ne s'en ira pas, il ne redescendra pas d'un ciel, il n'accomplira pas la rédemption des colères de femmes et des gaîtés des hommes et de tout ce péché: car c'est fait, lui étant, et étant aimé"*. Il/il/il; s'en/scen; pas/pas/pas; ra/ra/ra: re[descendra]/ré[demption]; -mmes/-mmes; d'/des/de/des/des/de; étant/étant.

Ora nenhum dos tradutores italianos empregou os *egli* que por conseqüência se impunham: três vezes neste caso. Só Ivos Margoni deles se serviu: uma vez, uma única: *"Egli non se andrà"*: em seguida, infelizmente, está *"non ridiscenderà, non compirà"*. Os dois outros omitem esse traço pertinente. Mesmo erro em Alfredo Terzaga: *"El ya no se irá, no volverá [...] no realizará"*. Seria contudo fácil repetir o *él*. **Quanto a essa acumulação de genitivos reputados apoéticos, se não antipoéticos, é evidente que Rimbaud os quis, como por desafio.** Teria querido igualmente essa que me parece uma cacofonia que se poderia supor de humor negro: *[édéguétédé]*, com esses cinco *é* de mesmo timbre: *et-des-gaîtés-des-hommes*? **Intencional ou não, ela é perceptível; seria necessário obter-se um equivalente na tradução. Da mesma forma como seria necessário pôr-se em evidência a oposição nesse texto quase constante do singular (quando se trata do Gênio) e do plural para caracterizar o que é relativo ao homem.** Sim, fala-se de *ses souffles, ses têtes, ses courses*, referindo-se ao Gênio; mas *les boissons et les aliments, les lieux fuyants, les stations, les rages et les ennuis, les qualités fatales, les colères de femmes, les gaîtés des hommes, les charités, les mallheurs nouveaux* — todos esses plurais se referem à espécie humana. Ao que acrescentaria, como um traço pertinente a Rimbaud, tanto aqui quanto em outras passagens, o emprego e abuso de *tous*: TOUT *ce péché*, TOUS *les agenouillages*, TOUTES *souffrances, il nous a connus* TOUS *e nous a* TOUS *aimés*, havendo aqui um quiasmo* que reforça os dois *tous*.

Pois bem, por uma espécie de perseverança diabólica, muitos tradutores negligenciam esses plurais. Vejamos Fowlie: "[...] *drinking water and food, rage and boredom, qualities of fate, the anger* [...] *the laughter, lost charity, new woe*"; e paralelamente em Schmidt: "[...] *all that we drink and eat, anger and weariness, women's furor nor the gaiety of men*". Enid Rhodes Peschel, a mais fiel dos tradutores de Rimbaud em inglês, respeita os plurais salvo no caso de *"drink and food"* (o que é pena, pois *drink and food* seria antes *le boire et le manger*, em francês). *Beverages* teria traduzido bem *"boissons"*, me parece, e o plural *edibles* transporia o *"aliments"*.

Em italiano, Mario Matucci respeita os plurais, enquanto Ivos Margoni põe *"charités"* no singular: *"della carità perduta"*, e Laura Mazza se contenta com um *"nella rabia e nella noia"*.

---

* quiasmo = figura de estilo pela qual se repetem as palavras invertendo-se-lhes a ordem, conversão.

Quanto ao leitor espanhol ou argentino, não poderá ler senão *"la cólera [...] la alegría"*.

Quando vemos assim escamoteados tantos traços pertinentes — até mesmo o quiasmo *connus tous/tous aimés*, que desaparece nos três tradutores americanos, e em Matucci e Margoni — temos até de agradecer a Laura Mazza por havê-lo preservado: *"Egli chi a conosciuti tutti e ci ha tutti amati"*, e também a Terzaga pelo seu *"El nos ha conocido a todos y a todos nos ha amado"*. **Portanto, não era imposível a transposição.**

Compreendo, sei que é extremamente difícil traduzir um texto poético em que o sentido global importa menos que o arranjo das palavras e dos sons. Mas como observo que quase em cada circunstância um ou dois dos sete tradutores que esmiucei souberam encontrar uma solução adequada, ou aceitável, concluo que se tornarmos em cada língua o melhor do que já foi até agora publicado, e rearrumarmos nessa marchetaria o que ainda não estivesse no ponto, poderíamos, em todo caso, obter desse poema uma versão inglesa, bem como uma italiana, bastante satisfatória.

Em inglês, a de Enid Rhodes Peschel é de longe a melhor porque ela "cola com" Rimbaud, com risco se necessário até do galicismo (*"ennuis"* em vez de *"boredom"*, por exemplo). A tal ponto sensível ao poder das homofonias, dos paragramas, ela chega, pelo menos uma vez, a acrescentar um de sua lavra: *"la rumeur de l'été"* é traduzido por *"the hum of summer"*, **o que acho perfeitamente aceitável já que é uma forma de compensar aqui o que lhe foi forçoso perder em outras passagens**: o plural de *"boissons"* e de *"aliments"*, o eco sonoro em *-age* em *"ces ménages et ces âges"* **(onde o *âges* surge principalmente para fazer eco a *ménages*)**, ainda que essa palavra agrade a Rimbaud e possa evocar a Idade média, a era do obscurantismo). Mas como reproduzir integralmente a oposição *"Sa vue/ses vues"*? Para começo de conversa, *"Sa vue, sa vue!* é mais do que um pouco ambíguo, ou rebuscado, para dizer: "Le voir, le voir! [Vê-lo, vê-lo!], aparecendo ali o substantivo, com toda a evidência, por causa do paralelismo: *son/ sa/ son/ son*, e confirmando assim a intenção deliberada de que falei um pouco mais acima a propósito do arranjo sistemático das oito frases encantatórias.Quanto a *"ses vues"*, trata-se de suas "intenções", seus "desígnios". Em francês, a passagem do singular ao plural marca a diferença de denotação. Deixemos de lado o contra-senso de Fowlie que traduz *"ses vues"* por *"his eyes"* e *"Sa vue"* por *"all that he sees"*. Schmidt compreendeu *"Sa vue"*, mas traduziu mal ajuntando-lhe um *O*: *"O, the sight, the sight of him!"*; por outro lado, equivoca-se com *"ses vues"*, que trai traduzindo por *"to follow his image"*. Dos três tradutores americanos, Enid Rhodes Peschel foi a única que compreendeu *"Sa vue"* e *"ses vues"*, **mas optou por preservar apenas o sentido**: *"His presence, his presence!"* para *"Sa vue"*, e, para *"ses vues"*: *"his ideas"*. Se Terzaga compreende *"Sa vue"* (*"Su vista!"*), fracassa em *"ses vues"*, que se transformam em *"sus miradas"*, contra-senso em que incidem em italiano Laura Mazza e Ivos Margoni, com *"i suoi sguardi"* para *"ses vues"*. De todos os tradutores aqui em causa, o único que soube guardar o paralelismo *"La sua vista"/"le sue viste"* foi Mario Matucci, que preservou os sentidos, os sons e a alternância sigular/plural.

O essencial desse texto só é satisfatório, em inglês, em Enid Rhodes Peschel, e, em italiano, em Mario Matucci.

Se tivesse agora que enumerar todos os falsos sentidos, todos os contra-sensos de que não falei, mas que fervilham nas traduções menos aptas, teria que encher muitas páginas ainda, **e isso só serviria para provar o que já sabemos de sobra: que, para ler um texto poético, é sempre necessário chegar a ele na língua de partida.** Não é deveras surpreendente que um homem tão versado em francês como Fowlie, tão sensível além de tudo, ao traduzir: *"Et si l'Adoration s'en va, sonne, sa promesse sonne"*, proponha um texo que dá *"l'Adoration"* como sujeito do primeiro *"sonne"* (*"And if Adoration moves and rings"*), ou traduza por *Down*, que significa muito mais, o *"Arrière ces superstitions"*, que Enid Peschel, mais discreta, e ao mesmo tempo fiel a Rimbaud, reduziu a *"Away"*? Outro falso sentido supreendente, em Fowlie: *"from vision to vision"*, em vez da *"from glances to glances"* de Rhodes Peschel; menos surpreendente nele o *"couples"* que substitui *"les ménages"* (*"households"*), assim como em italiano os *"coppie"* de Laura Mazza e Ivos Margoni, ao passo que Matucci, com *"famiglie"* lhes oferecia já pronta uma versão melhor. Todos esses partidários do *"couple"* ou dos *"coppie"* me parecem aqui vítimas do *"drôle de ménage!"* da Saison, que nada têm a ver com os *"ménages"* que são tratados em *Génie*: os casais regulares, as famílias burguesas, cristãs, conformistas. Mais estupeficante ainda é o que se torna *"ces ménages"*. Que dizer daqueles que não distinguem entre *"affection"* [afeto] e *"amour"* [amor]? Etc.

Em suma, porque se trata aqui de um texto poético, e muito deliberadamente arquitetado, o prudente seria "colar-se" rigorosamente ao texto, traduzindo, por exemplo, *machine aimée des qualités fatales* (transposição um tanto rebuscada do velho *amor fati*) como o fez Enid Rhodes Peschel: *beloved engine of fatal qualities* de preferência a usar *machine loved for its qualities of fate* (Fowlie) ou o deplorável *beloved prime mover of the elements, of destinies* (Schmidt), em que farejo nesse "primeiro motor" do mundo uma alusão aristotélica ou tomista que não é com toda a certeza o intuito de Rimbaud. Eis porque, nesta passagem dentre todas a mais árdua, Laura Mazza e Ivos Margoni, com seus *macchina amata delle qualità fatali* supplantam desta vez o *complesso amato della qualità fatali* de Matucci.

Se agora eu extrapolasse a tradução de uma única iluminação para o valor de todas as traduções do conjunto, quão poucas versões permitiriam aos italianos, aos anglofônicos, ler verdadeiramente Rimbaud!

O estudo atento das traduções, por mais imperfeitas que sejam, continua sendo no entanto um dos meios mais seguros de se compreender em francês o texto de Arthur Rimbaud. Quando se quer interpretar poemas oraculares, os contra-sensos, não-sensos, falsos sensos e lacunas das traduções servem para levantar questões e sugerem respostas que o texto original não teria talvez jamais fornecido por si mesmo. PARA SE LER VERDADEIRAMENTE UM TEXTO É PRECISO TRADUZI-LO, OU, EM TODO CASO, LÊ-LO EM VÁRIAS TRADUÇÕES.

*****

Cônscio de uma análise dessa importância e minuciosidade, que atitude pode restar ao tradutor se não a tentativa de reproduzir em sua língua o sentido mais próximo possível de um texto aparentemente sem sentido, conservando-lhe a forma que é, na maioria das vezes, aparentemente informe? Isso porque, com as *Iluminações*, Rimbaud atinge o ideal poético da criação de uma linguagem própria, capaz de exprimir o inexprimível. Se em *Uma Estadia no Inferno* a narrativa poética já consegue atingir um grau de complexidade que a aproxima do hermetismo, desencadeando um tornado de críticas e análises que procuram *decodificar* o texto, nas *Iluminações* esse texto se torna praticamente ou necessariamente indecodificável porquanto a palavra se liberta inclusive de seu significado para se realizar apenas e totalmente como palavra — ou seja aquele conjunto de som, perfume e cor preconizado pelo seu *vrai Dieu*, Baudelaire, no poema das *Correspondências*.

O próprio Rimbaud, num trecho da célebre carta do Vidente, que escreveu a seu amigo Paul Demeny, a 15 de maio de 1871, quando ainda não completara dezessete anos, já se antecipava a si mesmo na busca dessa linguagem desvinculada do código lingüístico regular e que fosse capaz de exprimir sensações, de "fixar vertigens" em vez de expressar pensamentos em sua racionalidade ou designar objetos em sua concretude: " Porque *Eu* é um outro. Se o cobre acorda clarim nenhuma culpa lhe cabe. Para mim é evidente: assisto à eclosão do pensamento, eu a contemplo e escuto. Tiro uma nota ao violino: a sinfonia agita-se nas profundezas ou ganha de um salto a cena. Se o que transmite do *fundo* possui forma, dar-lhe forma; se é informe, deixá-lo informe. Achar uma língua; como toda palavra é afinal idéia, a linguagem universal há de chegar um dia. Essa língua será da alma para a alma, resumirá tudo: perfumes, seres, sons: pensamento que se engata a um pensamento e o puxa para fora".

Idéias, como vemos, ainda hoje estudadas sob os novos rótulos de "enumeração caótica", *stream of conciousness*, ditado do inconsciente, palavra-puxa-palavra etc. Para criá-la, Rimbaud teve naturalmente que proceder a um *desregramento de todos os sentidos* tradicionais do verso, lançando mão do salvoconduto ou do porto franco do poema em prosa. Ainda nesta escolha, sua dívida para com Baudelaire — único "vulto" da literatura francesa a quem respeitava — foi enorme, porquanto este havia farejado o caminho, formulando na abertura dos *Pequenos Poemas em Prosa* o seguinte desiderato: "Qual de nós, em seus dias de ambição, não sonhou com o milagre de uma prosa poética musical, sem ritmo e sem rima, bastante maleável e bastante rica de contrastes para se adaptar aos movimentos líricos da alma, às ondulações do devaneio, aos sobressaltos da consciência?"

Ao reformular as intenções de seu *famoso* arquétipo — o *Gaspar de la nuit*, de Aloysius Bertrand — Baudelaire já avança no território lírico do poema em prosa, acrescentando ao que era na realidade um miniconto, um comprimido prosístico, entretanto destituído de transcendência poética — Baudelaire, retomamos, acrescenta-lhe precisamente essa transcendência: nele já temos poesia desvinculada de metrificação e rima, embora guarde ainda uma seqüência lógica, remanescente do registro prosístico. O próprio Baudelaire como que reconhece seu *échec*:

"Para dizer a verdade, porém, receio que a minha ambição não tenha logrado êxito. Mal principiei o trabalho, percebi que não só ficava muito longe do meu misterioso e brilhante modelo, mas, ainda, que eu fazia alguma coisa (se a isto se pode chamar *alguma coisa*) singularmente diversa, acidente de que outro que não eu decerto se orgulharia, mas que só pode humilhar um espírito para quem a maior honra do poeta consiste em realizar *justamente* aquilo que projetou fazer". Qual teria sido o motivo da irrealização de Baudelaire?

Acreditamos que a precocidade crítica de Rimbaud o tenha expresso nesta frase perspícua, ainda de sua carta a Demeny: "Baudelaire é o primeiro vidente, o rei dos poetas, *um verdadeiro Deus*. Contudo, o meio em que vivia era demasiado artístico; e sua forma, tão decantada, é mesquinha: AS INVENÇÕES DO INSABIDO RECLAMAM FORMAS NOVAS". Formas essas, novas, que Rimbaud iria, mais tarde, encontrar e que lhe permitiram realizar *precisamente* aquilo que desde cedo projetou: a criação de uma nova linguagem para exprimir a poesia nova. Com ele, o poema em prosa de Baudelaire atinge finalmente suas últimas conseqüências: a desarticulação dos parâmetros habituais da prosa e da poesia, a conquista de um verbo poético até então inexistente, capaz de "exprimir o inexprimível".

Partindo daí, temos de considerar que a tradução dessa linguagem terá por força que "corresponder" a ela, ou seja, exprimi-la em sua totalidade: sua música, seu ritmo, sua criteriosa escolha (e, em certos casos, sua criação) de palavras, sua "gramática", sua "dicção", sua especificidade, seus recursos estilísticos, suas possíveis "intenções", etc. E que a melhor maneira de se obter essa "correspondência" será proceder da forma preconizada por Étiemble em seu estudo acima, ou seja, "colando-se" ao texto, sem a pretensão de torná-lo mais atrativo, mais "elegante", mais explícito ou mais "legível" na língua de chegada. Em suma: no caso de Rimbaud, dispensam-se as chamadas traduções "criativas"; não se trata de fazer um *novo* texto — menos ainda um texto novo —, mas de preservar a eterna novidade do antigo. Evidentemente que este cerceamento, este correr no encalço, essa tentativa de mimetização de uma experiência poética única será uma empresa desde o início condenada ao fracasso se transformada num exercício de mera subserviência terminológica, num simples escambo de incipits dicionarizáveis. A sensibilidade e o conhecimento exegético do tradutor irão guiá-lo na escolha da *melhor* palavra, transposição ou correspondência que tiver de usar para escrever em sua língua um texto que não é seu. Essa *melhor palavra*, no entanto, nem sempre será a do sentido primeiro, a da transposição evidente, de vez que podem haver outros fatores que a determinam no original (sonoridade própria, poder aliterativo, efeito de rima, valor meta- ou paragramático, etc) e que não subsistem na tradução imediata — efeitos esses que, por força do ideário do tradutor em sua tentativa de chegar a uma tradução *integral*, terão que ser necessariamente correspondidos. Mas como estamos diante de uma totalidade inatingível, tudo o que se pode pretender é uma proximidade condizente, que leve o leitor da língua de chegada a um semelhante "estado de empatia" obtido pela leitura na língua original. Assim sendo, o poder de "criatividade" do tradutor de Rimbaud acabará sendo sua capacidade de se conformar à letra do original sem deixar que, na transposição para o seu idioma, se dilua a carga de encantamento poético gerada por todos aqueles recursos.

O tradutor, para usarmos um já axiomático lugar-comum, é pois aquele leitor privilegiado, cuja responsabilidade o leva a examinar todos os acidentes do terreno pelo qual vai passando o seu "modelo". E onde vir um determinado efeito estilístico, intencional ou não, cumpre-lhe correspondê-lo, conforme assinala Étiemble. Daí a necessidade de estar o leitor igualmente cônscio de que tal ou qual aparente "desvio" ou "rumor" na tradução do significado decorre da opção do tradutor em preservar algum fato linguístico (significante) que lhe pareça de importância maior. Donde a imposição de notas esclarecedoras, colocadas naturalmente no final do volume, para que o leitor não perca o ritmo da leitura contínua. Como em Rimbaud tudo é discutível — e, no caso das *Iluminações*, a começar por sua datação e significado do título — seria incabível ou desconsiderativo para com o leitor que uma edição de suas obras deixasse de conter todas as informações possíveis sobre as dificuldades do texto bem como sobre as soluções propostas pelo tradutor naquelas passagens ou expressões que não corresponderem aparentemente à letra do original. A riqueza de tais notas nas edições francesas é cada vez mais significativa, e, se na língua original elas proliferam, seria de fato um crime de lesa-leitor se nas traduções fossem elas omitidas. Diante de uma frase como, por exemplo, *"ces ménages et ces âges"*, que aparece na tradução como "essas idades e comodidades", é impositivo dar conhecimento ao leitor de, pelo menos, três coisas: 1) que a tradução dita literal da palavra *ménage* abrange vários sentidos: a administração de uma casa, o próprio lar, a família ou o casal; 2) que o tradutor, com base nas interpretações e comentários sobre o texto (a seguir ou previamente explicitados) optou por considerar *ménages* no sentido que lhe empresta Étiemble, ou seja, o de "casais regulares, famílias burguesas, cristãs, conformistas", donde caber perfeitamente transpô-la por "comodidades"; 3) e que essa escolha foi determinada pela convicção de que o termo ali entrou exclusivamente para fazer eco a *âges* (idades), esta sim, palavra-chave e insubstituível para o ideário de Rimbaud como possível alusão à Idade média, a era do obscurantismo.

No presente caso, a rima — artifício de que Rimbaud se havia livrado e que era, na composição poética tradicional, um apêndice coercitivo — se torna, na liberdade ilimitada do poema em prosa, um recurso de ourivesaria estilística, um toque de realce para a obtenção de um efeito sonoro especial, uma insistência, um eco, ou uma contraposição (rima no início da frase). E esta é apenas uma das muitas passagens em que tais rimas propositadamente ocorrem. Deixar de correspondê-las seria "passar por cima" de um recurso a cuja utilização evidente devia estar atento o tradutor. Ou, ainda, que usamos "ajoelhagens" em lugar de um precioso *genuflexões* ou mesmo de um popular *ajoelhamento*, porque tínhamos a imposição de conservar uma palavra que Rimbaud havia criado e nunca mais fora usada por ninguém.

*****

Depois de havermos publicado nos anos '70 a tradução de *Une Saison en Enfer*, passamos a freqüentar o texto das *Illuminations*, dele fazendo uma primeira versão totalmente literal, sem nenhum compromisso exegético ou estilístico. Já nos anos '80, quando andávamos avançados na tradução da Poesia Completa de Rimbaud, reformulamos inteiramente aquela versão inicial, pretendendo então elaborá-la da maneira mais livre possível, na suposição de que assim obteríamos um texto "moderno", compatível com o pique da linguagem rimbaldiana. A essa altura, porém, já estávamos integrados na leitura da vasta bibliografia crítica em torno da *Saison* e das *Illuminations*, conscientes do peso e valor de quase todas as passagens controversas de ambos. Daí resultou uma terceira versão — a presente, feita nos últimos anos — que procura, de certa forma, restaurar a proximidade léxica da versão inicial, a ela agregando uma certa emotividade que, malgrado tantos exageros, estava presente na versão '80. O texto de Étiemble que acima reproduzimos foi nossa permanente advertência, já que dizia respeito a algumas das melhores traduções desta obra para o italiano e o inglês. Tal persistência nossa, alguns têm-na achado inútil, outros desnecessária e, muitos, extemporânea — alegando que o leitor de hoje seria indiferente a essas *fioriture* (ou firulas, como querem) estilísticas e que as soluções encontradas para reproduzi-las só conseguem levá-lo à estranheza, quando compara o resultado final com o texto francês na página oposta à tradução. Tais argumentos seriam de molde a invalidar toda a cópia de notas e esclarecimentos de uma edição que, embora não se pretenda crítica, insiste pelo menos em ser bastante informativa e formativa de conhecimentos só encontráveis em livros especializados, de difícil obtenção para o leitor comum, desencorajando dessa forma os esforços empregados na obtenção desses resultados. Apraz-me no entanto admitir que, assim como existe um crítico da minudência de um Étiemble, há de haver certamente leitores que poderão ver nessas buscas e esclarecimentos um motivo a mais para amar a obra de Rimbaud. Se — como afirma o crítico francês — a verdadeira leitura de um texto poético só se faz mediante sua tradução ou, pelo menos, pela leitura de várias traduções que o "iluminem", resta-nos esperar que a nossa venha servir de auxílio no re-conhecimento destas páginas precursoras de toda a literatura poética moderna. Tal pensamento nos deixa a salvo de quaisquer insinuações dissuasórias.

Ivo Barroso

NOTAS

Estas Notas, como já salientamos no primeiro volume *(Poesia Completa)*, não se comprometem com a metodologia acadêmica das edições críticas. Seu caráter leve, de conversa com o leitor, propende para a informação jornalística, procurando esclarecê-lo sobre alguns pontos obscuros do texto e lhe dando, vez por outra, um leque de escolhas entre as várias hipóteses críticas de interpretação dos textos.

A ênfase recai nos problemas apresentados pela tradução, principalmente quando esta, na aparência, "se afasta" do original. Chama-se ainda sua atenção para alguns recursos estilísticos que lhe poderiam passar despercebidos.

Só raramente o tradutor se aventura na *interpretação* dos textos poéticos, deixando ao leitor o puro usufruir do poema, independentemente de possíveis significados factuais. No entanto, em certos pontos das *Iluminações*, principalmente, o tradutor se arrisca a uma "leitura pessoal", mormente quando em desacordo com as correntes críticas ou quando a elas apõe alguma escassa achega de suas deduções.

NOTAS

A DUPLA VIDA DE ARTHUR RIMBAUD — pág. 13

1. Conferência pronunciada pelo tradutor no Centro Cultural Banco do Brasil, no Rio de Janeiro, a 22 de novembro de 1994, por ocasião do lançamento do primeiro volume, POESIA COMPLETA de Arthur Rimbaud.
2. Alain Borer em *Rimbaud l'heure de la fuite*, Gallimard, 1991, pág. 47.
3. Os últimos versos datados de R. são de 1872, quando tinha 18 anos; alguns comentaristas, no entanto, admitem que pelo menos algumas das *Iluminações* tenham sido compostas em 1875.
4. Verso de um poema de Ernest Cabaner que aparece no chamado *Album Zutique* (vide vol. I) em que reproduz a pronúncia interiorana de Rimbaud, na expressão *De Charleville arrivé* (De Charleville chegado), com um "s" superfetatório para fazer a elisão (z'arrivé) ou evitar o hiato (Charleville/arrivé). Por sua pungente beleza, vai aqui transcrito na íntegra, seguido de uma tradução em prosa:

> *À Paris, que fais-tu, poëte*
> *De Charleville s'arrivé?*
> *Pars, le génie ici végète,*
> *Mourant de faim sur le pavé.*
> *Va, retourne auprès de ta mère*
> *Qui prit soin de tes premiers ans...*
>
> *Enfant, que fais-tu sur la terre?*
> *— J'attends, j'attends, j'attends!...*
>
> *Un jour, ton histoire est commune,*
> *Fatigué du pays natal*
> *Tu partis, cherchant fortune,*
> *Poussé par ton destin fatal.*
> *Ingrat, tu trouves que ta mère*
> *Etouffait tes pensers naissants...*
>
> *Enfant, etc.*

Criminels envers ton jeune âge
Des amis, ayant lu tes vers,
Ensemble ont payé ton voyage
Complices de ton plan pervers.
Maudits soient, au nom de ta mère,
Des Parnassiens imprudents!...

Enfant, etc.

Un homme pourtant respectable,
Au lieu de te désapprouver,
T'a fait don d'un lit, d'une table,
De ce qu'il faut pour se laver.
Cependant, cet homme a sa mère,
Comme toi, qu'il loue en ses chants...

Enfant, etc.

Ah! lorsque la vieillesse arrive,
Guéri de ton illusion,
Comme le marin vers la rive,
On se tourne vers la maison...
Elle est vide, la pauvre mère
Est déjà morte, il n'est plus temps!

Enfant, etc.

Mais incurable est ta folie
Qui hérisse tes blonds cheveux,
Vide, insensé, jusqu'à la lie
Ta coupe, puisque tu le veux.
De chagrin fais mourir ta mère
Avant le terme de ses ans...

Enfant, etc.

C'était pour sonder ta nature,
Enfant, qu'ainsi je te parlais,
Mais je t'offrirais: nourriture,
Vêtements, ...lit, si tu voulais.
Oui, je serais plus qu'une mère
Pour toi, car depuis bien longtemps

Cherchant un ami sur la terre,
J'attends, j'attends, j'attends.

(Em Paris, que fazes, poeta/ chegado de Charleville?/ Parte, o gênio aqui vegeta,/ Morrendo de fome na calçada. / Vai, retorna para junto de tua mãe/ Que cuidou de ti desde os primeiros anos.../ Criança, que fazes nesta terra?/ Espero, espero, espero!.../ Um dia — tua história é banal — / Cansado da terra natal/ Partiste, em busca de fortuna,/ Impelido pelo teu fatal destino./ Ingrato, achavas que tua mãe/ Sufocava teus pensamentos nascentes.../ Criança, etc./ Criminosamente contra a tua idade/ Alguns amigos, tendo lido teus versos,/ Se cotizaram para pagar tua viagem,/ Cúmplices de teu plano perverso./ Malditos sejam, em nome de tua mãe,/ Esses parnasianos imprudentes!.../ Criança, etc./ Contudo, um homem respeitável *[Banville],*/ Em vez de te desaprovar,/ Ofereceu-te cama e mesa/ O que era necessário para se lavar./ E, no entanto, esse homem tem mãe,/ Como tu, que ele exalta em seus cantos.../ Criança, etc./ Ah! quando chegar a velhice,/ Curado de tuas ilusões,/ Como o marinheiro rumo à praia,/ Quer-se retornar enfim a casa.../ Está vazia, a pobre mãe/ Já faleceu, não há mais tempo!/ Criança, etc./ Mas incurável é tua loucura/ Que eriça teus louros cabelos,/ Esgota, insensato, até a borra/ A tua taça, já que assim queres./ Faz tua mãe morrer de dor/ Antes do termo de seus dias.../ Criança, etc./ Era para sondar a tua natureza,/ Criança, que assim eu te falava,/ Mas te ofertaria: alimentação,/ Roupas, ...leito, se quisesses./ Sim, seria mais que uma mãe/ Para ti, pois há muito, muito tempo/ Que busco um amigo sobre a terra,/ E espero, espero, espero.)

PROSAS DE COLÉGIO — pág. 29 a 71

[As edições francesas das Obras Completas de Rimbaud costumam apresentar, sob a denominação genérica de *Proses du collège*, exercícios em prosa francesa e em versos e prosa latinos, que R. fez quando aluno do Instituto Rossat e do colégio de Charleville.

Dessa pequena produção colegial julgamos interessante reter somente as que encerram os pruridos literários do autor, ignorando as pouquíssimas outras que se caracterizam apenas como exercícios escolares, embora já seja notável nelas seu domínio do latim. Alain Borer, em sua edição do Centenário da morte de R. (1991), deu bastante ênfase a esses trabalhos, que aparecem nela vertidos para o francês. Contudo acreditamos que tal destaque se deveu à ausência de outra qualquer novidade em confronto com as numerosas edições da obra do poeta, não havendo portanto justificativa para sua inclusão numa publicação brasileira de sua Prosa Poética.

Os textos não incluídos são os seguintes: seis composições latinas, *Ver erat* (Era a Primavera), *Jamque novus* (O Anjo e a criança); *Olim inflatus aquis* (Combate de Hércules), *Jugurtha, Tempus erat* e *Verba Apollonii;* uma composição, em versos franceses, *Invocação a Vênus,* copidesque de R. sobre a tradução de alguns versos da *De natura rerum,* de Lucrécio, devida a Sully Prudhomme, que haviam sido publicados em 1869; e a *Lettre de Charles d'Orleans à Louis XI, pour solliciter la grâce de Villon, menacé de la potence* [forca], exercício de aula mencionado por Izambard (que lhe emprestara as obras completas de Villon, o *Gringoire* de Banville e *Notre-Dame de Paris* de Victor Hugo, para lhe dar uma "provisão de cor local"), não passando de uma hábil *collage* de versos do *Grand Testament* e das *Ballades*. As demais produções desse e de outros períodos foram aqui traduzidas. Conservamos : *Prólogo* e *Um Coração sob a Sotaina* sob a denominação genérica de Prosas de Colégio e deslocamos as outras (Os Desertos do Amor, Prosas Evangélicas, os rascunhos de Uma Estadia no Inferno, e a Carta do Barão de Petdechèvre a seu secretário no castelo de Saint-Magloire) para rubricas específicas ou o apêndice.]

PRÓLOGO — pág. 35

1. A rubrica é do próprio R. Os *cem-guardas* eram tropas do Rei, reorganizadas por Carlos VIII num corpo de uma centena de oficiais.

2. Em francês, *saperlipotte de saperlipopette*. A partir deste ponto, R. entremeia a sua prosa com várias exclamações inventadas com base em pragas e juras infantis e familiares, decorrentes da deformação de *sacré nom de Dieu* (santo nome de Deus), que, à falta de correspondentes exatos em português, elaboramos a partir de *jesus-cristo jesus-cristinho*.

3. R. vai usar esse mesmo expediente na carta a Demény (a Carta do Vidente) datada de 15 de maio de 1871: "a continuação em seis minutos".

UM CORAÇÃO SOB A SOTAINA — pág. 45

[O leitor pode achar curiosas e, às vezes, até mesmo absurdas algumas das "decodificações" que os exegetas têm apresentado para as "leituras" deste relato de colégio. Pode mesmo perguntar por que motivo R. não escreveu de maneira clara, se é que de fato queria dizer o que deixou cifrado. É preciso observar que a virtude estilística maior deste *récit* está precisamente nessa profusão de *innuendos*, na maldade entranhada e sub-reptícia desse colegial de gênio, que utiliza a técnica do trocadilho, do duplo sentido, do quiproquó para transformar uma história banal nesse ninho de sarcasmo e irreverência. Usa o artifício da "sobreface" ou "bifrontalismo" que se observa nas cantigas populares de quase todos os povos e, em especial, na música popular brasileira, nitidamente nas antigas "marchinhas" de Carnaval, em que, sob a aparência de uma frase vulgar, está embutido o seu verdadeiro significado malévolo. Apenas como exemplo, e para observar a mesma linha do referencial aqui exposto, decriptemos a letra de "Bigorrilho" (de Paquito-Romeu Gentil/Sebastião Gomes, cantada por Jorge Veiga): "Lá em casa tinha um bigorrilho. / Bigorrilho fazia mingau. / Foi ele que me ensinou / a tirar o cavaco do pau". Sabendo-se que bigorrilho (ou bigorrilha) é um indivíduo reles, vil, safado — o aparentemente ato anódino de "fazer mingau" adquire a conotação de "ejacular, masturbando-se", prática que ensina ao outro, presumivelmente um menino mais novo, que ora se inicia na prática masturbatória. A palavra "cavaco" é um disfarce de "cabaço", nome chulo para o chamado "freio do pênis", que a crendice popular supunha romper-se quando o prepúcio deixava livre a glande. O duplo sentido de "pau" é evidente. Essa técnica permitiu a R. escrever um relato já por si indecoroso e fescenino, salvo pelo seu agudo senso crítico e a manipulação funambúlica do sarcasmo. Se explicitasse a outra face de Janus teria escrito apenas uma novela pornográfica.]

1. Estudos de Marc Ascione e Jean-Pierre Chambon (1973) e de Steve Murphy (1991) — nos quais baseamos a maioria destas notas — dão conta dos inúmeros duplos sentidos, trocadilhos, insinuações malévolas e superposições de significados que afloram deste texto — o mais extenso que se conhece de R. Assim, na expressão *Um Coração sob a Sotaina*, como em todo o corpo do relato, e de maneira geral em toda a obra de R., *cœur* (coração) designa, no mais da vezes, o membro viril.

2. Sotaina (ou sotana) é o mesmo que batina (de padre); usamos a primeira para evitar o cacófato que haveria nesta última (sob a ba...).

3. O significado argótico de *cœur* assume ainda maior importância ao se considerar que, no subtítulo *Intimidades de um Seminarista*, está implícita a derivação latina, *semen*, que, além de "semente", designa igualmente "esperma".

4. Labinette. Além da óbvia proximidade com a palavra *minette* (cunilíngua), este nome é decodificado em *la binette*, palavra de gíria que significa "cabeça", "face" e, por extensão "cabecinha" (glande). Daí ser possível ver, por trás da figura de Césarin Labinette (pai de Thimothina), surgir *la "binette" de César*, nome pelo qual R. designava Napoleão III. Quanto a Thimothina, em que S.Murphy vê a figura de um travesti, não se encontrou nenhuma explicação para o nome. Seria um eco de Diotima, a quem Platão atribui as teorias sobre o amor e a beleza no *Banquete*, aplicado aqui *a contra-senso*? É bem possível que R. tenha estudado alguns diálogos desse livro no colégio, à época da composição da história, já que parece difícil, se não impossível, admitir que, nessa idade, conhecesse Hölderlin, que assim chamava sua amada, Suzette Borkenbach.

5. Todo o parágrafo insinua que, com a chegada da primavera, o seminário inteiro se masturba, desde o Superior ("cogumelo nasal") aos alunos ("que saem com muita freqüência para +++ no pátio" e "quando voltam, caçoando, abotoam bem devagarinho o istmo das calças"). Observe-se que R. omite propositadamente o verbo, substituindo-o por +++.

6. O "bater de asas", segundo Ascione e Chambon, na simbologia dos sonhos, significa a chegada da ereção. Lira (como, mais abaixo cítara, e em geral vários instrumentos musicais) é eufemismo de pênis.

7. Em francês, *batte*, que significa macete, maço ou maça, e também mangual. A observação tem caráter priápico.

8. No original, *mû par son branle habituel*. Há aqui um duplo sentido irreproduzível, porquanto o verbo *branler*, além de "agitar", "balançar", significa também, em linguagem chula, "masturbar (-se)".

9. Em francês, *le Brid'oison, le Joseph, le bêtiot*: Brid'oison é personagem das

Bodas de Fígaro, de Beaumarchais, tolo e gago; *faire le Joseph,* na linguagem popular da época, equivalia a "bancar o pudico e o assustadiço"; *bêtiot*=o que se faz de imbecil.

10. Nesta passagem fica evidente o significado erótico de "coração", já que seria estranho o seminarista, *por baixo da batina,* retirar de suas vestes íntimas (cuecas) o poema e estendê-lo sobre o coração.

11. Santa Tereza de Ávila. Pela descrição de uma cena vulgar, R. ridiculariza os arroubos do misticismo, transformando-os em gozo sexual.

12. Vide nota 4.

13. Esse "olho" é evidentemente o do meato urinário e a "lágrima" uma gota de esperma.

14. Na Bíblia (Novo Testamento), Getsêmani era o nome de uma granja no monte das Oliveiras onde os apóstolos deviam velar com o Cristo, mas este os encontra dormindo. A imagem é condizente com a descrição dos seminaristas adormecidos na sala de estudos. Ascione e Chambon vêem, no entanto, na palavra, lida por desintegração, um calembur: *j'ai d(e) ces manies* [diz-se *gê-dês-sêmani,* que soa muito próximo da pronúncia francesa de *Gethsémani*].

15. "Nada de espantar que esse zéfiro [outro disfarce de "pênis"] se abrigue no algodão, na seda ou na lã. Mas por que "zéfiro de alegre mento?" A resposta é simples: para o latinista R. um dos nomes do membro viril, *mentula,* pode muito bem ser entendido como diminutivo de *mentum,* mento (ou queixo). E se é "alegre", isto é porque, na primavera, não pára de agitar-se" (Ascione e Chambon). *Se non è vero...*

16. Forestier acha que essa "lança", bem como antes, o "gato" de Thimothina, podem muito bem comportar subentendidos licenciosos.

17. Vitória franco-inglesa sobre os russos de Menchikov, que tentavam levantar o bloqueio de Sebastopol, na guerra da Criméia (5.11.1854).

18. O nome é um composto facecioso de *rifler* ("comer") + *andouille* (chouriço = membro viril).

19. Eufemismo de prepúcio.

20. Decriptada a frase, temos que os dois *se mutuo fellabant* (Ascione e Chambon).

21. Equivale ao chulo *fazer siririca* [masturbar-se a mulher (com o dedo)]. Em francês há ainda duas outras expressões eufemísticas para esse ato: *Faire la Madonne* (quando praticado em silêncio e disfarçadamente em público) e *Faire la mystique* (quando entre gemidos e com expressões faciais de gozo).

22. A insistência com que Thimothina observa os sapatos de Léonard leva a pensar que estes estão sujos de algo que tenha escapado antes que ele voltasse a abotoar a roupa. Notar ainda que Thimothina insiste quanto a um "cheiro" que, inicialmente, supõe ser do gato ou dos sapatos empilhados no balaio.

23. Alguns comentaristas vêem nesta frase uma alegoria à morte do romantismo, à recusa de Thimothina em aceitar os avanços eróticos de Léonard.

CARTA DE LAÏTOU — pág. 79

1. Pierre Brunel, em sua edição crítica de *Une Saison en Enfer (Librairie José Corti, 1987)*, da qual nos valemos para a elaboração da maior parte destas notas, informa que a palavra *Laïtou* é formada de *lá* e *itou*, que, em patoá ardenense, significa *também*. *Laïtou* designa, pois, um lugar qualquer. R. exprime à sua maneira a universalidade do tédio, associando essa idéia à de inocência, embora já não acredite naquela "inocência" dos homens do campo. Já Ivos Margoni consigna a palavra como sendo uma interjeição freqüentemente usada nas canções populares, correspondente mais ou menos ao nosso *tralalá*.

2. *Roches:* R. escreve incorretamente o nome da propriedade rural de sua família — Roche. O erro pode ser atribuído ao fato de que a ambas as grafias corresponde, em francês, o mesmo som (o "s" de Roches não se pronuncia). Sua irmã Vitalie, em seu diário, diz que ele não conhecia bem o lugar.

3. "Ó natureza! ó minha mãe!" serve de legenda ao primeiro desenho feito por ele na carta. Bouillane de Lacoste supõe tratar-se de uma dupla alusão jocosa a Rousseau, que escreve em suas *Confissões:* "Eu exclamava para mim mesmo com enternecida voz: Ó natureza! ó minha mãe! eis-me inteiramente entregue a ti" e a Musset que, num de seus poemas, usou a mesma expressão: "Ó natureza! ó minha mãe! / Não as terei amado menos?" Na carta de 15 de maio de 1871, endereçada a Demeny, R. afirma execrar a poesia de Musset.

4. Essas duas léguas parecem uma notação imprecisa: o vilarejo de Saint-Méry fica cerca de um quilômetro de Roches e a cidade de Attigny a "quatro quilômetros e um hectômetro"[4.100 m], conforme precisa a irmã Vitalie em seu diário.

5. *Charlestown* é evidentemente Charleville, como a *mother* é a mme. Rimbaud. Essa afetação inglesa era, à época de suas estadias londrinas, comum a V. e a R. O mesmo se aplica à linguagem colegial, com subentendidos obscenos e escatológicos na qual a carta é escrita.

6. Nome de um café em Charleville.

7. O *Nord-Est* era dirigido por Henri Perrin. Devin era o tipógrafo, medíocre na afirmação de R.

8. Trata-se de *Romances sans paroles*.

9. Palavra-valise para dizer "contemplação", formada de contemplar + prostrar + próstata.

10. Idem para dizer "me absorvendo". R. contamina a palavra com a intromissão de um *cul*, que nos autoriza a tradução "o-cu-pa inteiro".

11. Equivale a dizer que apressa a mãe a voltar para Charleville.

12. Um encontro. R. troca o *vous* de *Rendez-vous* por *vol* (roubo). Correspondemos com "entronco".

13. Ortografia voluntariamente incorreta de Bouillon, cidadezinha na fronteira belga. V. usava outra: Boglione. Ambas são eufemismos de *couillon* e *coglione* (colhões).

14. Tudo indica que os amigos não se encontraram durante a permanência de R. em Roche (11 de abril a 24 de maio de 1873).

15. R. Escreve propositadamente *fraguements*.

16. Os prussianos.

17. R. imita as palavras da mãe.

18. R. terá lido posteriormente o *Fausto*, já que a figura de Mefistófeles se entrosa em seu projeto do *Livro negro*. Nas *Iluminações* (Vagabundos), ele falará do "satânico doutor".

PROSAS EVANGÉLICAS — pág. 87

1. A passagem "reconta" o cap. IV do Evangelho de são João. Samaria é o nome da região; o da cidade, Sicar.

2. Segundo o Evangelho, Jesus permaneceu dois dias entre eles.

3. No Antigo Testamento, os samaritanos são apresentados como ímpios, que se recusam a obedecer Jeová e prestam culto aos ídolos. Recusando-se a acolher os mensageiros do Cristo, ergueram na montanha de Carizim um templo rival ao de Jerusalém. São heréticos, portanto "protestantes" (a palavra não implica, de forma alguma, como acredita A. Adam, que R. compare Samaria à Inglaterra).

4. As tábuas da lei, de Moisés.

5. Perigosa para Jesus, pois os samaritanos enforcavam os profetas (interpretação de S. Bernard, retomada por A. Adam).

6. A cena se passa realmente fora dos muros da cidade (João, IV, 28-30).

7. Tiago e João, mal acolhidos numa cidade da Samaria, perguntam a Jesus se não deviam ordenar ao fogo celeste que descesse para consumi-la. Jesus não aceita a sugestão e os repreende. R. interpreta essa recusa como um ato de impotência.

8. "Jesus não pôde falar à samaritana, como diz o Evangelho de são João, porque tal ação, naquele momento, teria sido demasiado perigosa para ele, tendo em vista sua incapacidade de ameaçar Samaria materialmente" (André Thisse).

9. Acréscimo de R. ao texto bíblico, para dizer que o milagre se deveu a uma força natural, não a uma força divina.

10. Caná.

11. Mesmo em Caná, Jesus achava que a hora não era chegada (*João* II, 4).

12. Interpretação malévola da resposta de Jesus a Maria quando o vinho faltou, nas bodas de Cana, e ela lhe disse: "Eles não têm vinho". É verdade que certas traduções da Bíblia dão à frase de Jesus um tom duro e desprezível

("Senhora, que tens tu comigo? Ainda não é chegada a minha hora", na edição da Vozes, 1939).

13. Cafarnaum se encontrava à beira de um lago.

14. Ao que parece, R. acreditava no poder mágico da campânula (ou campainha) e da borragem (citadas em *Festas da Fome* - PC, pág. 249 e na *Alquimia do Verbo*). Não parece fortuita a associação do poder dessas plantas com o "fármaco suave" com o qual o oficial partiu.

15. Este nome aparece transcrito de várias maneiras nas traduções da Bíblia; adotamos o da edição da Vozes: "Ora, em Jerusalém está o tanque das ovelhas, que em hebraico se chama Betsaida, o qual tem cinco pórticos".

16. "Sempre castigado pela chuva e o mofo", no original, *toujours accablé de la pluie et moisi*, literalmente "castigado pela chuva e mofado". A palavra *moisi* está emendada no autógrafo, de modo que muitos editores leram *noir* (negro ou negrume) e assim a consignaram. De fato, na tétrica descrição que R. faz dessa piscina-lavadouro-bebedouro de animais, a chuva e o negrume (escuridão) se coadunam com o momento do milagre: um feixe de luz sob a forma de um anjo deitado sobre as águas. No entanto, os modernos estudos grafológicos optam por *moisi* (como está inclusive na edição da Pléiade, que aqui seguimos), motivo por que o adotamos.

17. Grave, porque praticada num sábado, dia sagrado para os judeus.

18. Intromissão inesperada do "eu": o narrador participa da cena.

19. R. retoma a palavra do Evangelho, mas para negá-la em seguida.

DESERTOS DO AMOR — pág. 99

1. O fato de sublinhar o termo insiste sobre a maturidade, a despeito de sua juventude (R. tinha 18 anos em 1872). S. Bernard pergunta se não estaria aí implícita uma alusão às tendências sexuais do poeta. Mais à frente, a frase "Não tendo amado mulheres", para I. Margoni, pode constituir a explicitação, ainda mais digna de nota quando o poeta, em seguida aos sonhos, parece querer estabelecer uma relação direta entre os "tristes e estranhos erros" em que sua alma foi "educada" e a índole dos íncubos sexuais. A. Adam, no entanto, adverte: "Não se deve certamente ver aí uma confissão de pederastia. O jovem era feito para amar as mulheres. Não teve nenhuma. R. não diz mais que isto".

2. "Sem mãe, sem pátria". O moço desta página, abstraindo-se o caráter biográfico que muitos comentaristas lhe procuram dar, está muito próximo de certos heróis românticos, principalmente do *René*, de Chateaubriand, que também se dizia "sem pais, sem amigos" e vivia num mundo de estranhas alucinações.

3. "Embora cheio de sangue". A frase parece igualmente calcada no *René*: "Não tendo ainda amado, sentia-me afligido por uma exuberância de vida".

4. "Maometanos legendários": provável alusão à lenda dos sete Adormecidos de Éfeso (sete crianças, emparedadas numa gruta pelo imperador Décio Trajano, aí adormeceram, por uma graça divina, para só acordar dois séculos depois).

5. A frase faz pressupor que havia, antes deste, o relato de um sonho cujo texto não foi conservado.

6. Delahaye descreve esse "velho amigo", que seria um seminarista, ex-condiscípulo de R., e lhe emprestava livros; o "quarto cor de púrpura" teria igualmente existido. Da forma como está dito, vê-se que a vocação do amigo não passava de uma forma de escapar às dificuldades da vida laica.

7. S. Bernard estranha a ininteligibilidade lógica da frase, que é, no entanto, de grandiosa beleza poética.

8. Há, na *Alquimia do Verbo* (pág. 175), uma expressão análoga: "Esta família é uma cambada de cães".

9. Minava. O verbo minar tem aqui o sentido de corroer pouco a pouco, consumir, solapar.

10. A cena descrita faz lembrar a meninota de *Os Poetas de Sete Anos* (PC, pág 145).

UMA ESTADIA NO INFERNO — pág. 119 a 191

DATA VENIA — pág. 125

[A primeira versão de *Uma Estadia no Inferno* (que passaremos a designar por EST-1) foi encomendada por Ênio Silveira para ser editada pela Civilização Brasileira entre abril e agosto de 1973, em comemoração ao centenário de publicação da obra. Terminando-a em fins de 1972, no mesmo ano da encomenda, levei-a ao Centro Dom Vital para submetê-la à apreciação do Dr. Alceu Amoroso Lima, que eu não conhecia mas sabia ser uma das maiores autoridades brasileiras em assuntos rimbaldianos. Lemos juntos alguns trechos cotejando-os com o original e, à saída, para minha surpresa e evidente satisfação, vi-o tomar de um livro na estante, *Voz de Minas,* de sua autoria, e escrever na folha de rosto a seguinte dedicatória: *Ao poeta/ Ivo Barroso,/ que conheci hoje, mas/ que, pelo que me leu de/ sua* extraordinária/ *tradução de Rimbaud,/ posso dizer que me/ entusiasmou, no sentido/ platônico da palavra: Deus em nós!/ Rio, Nov. 2-1972/ Alceu Amoroso Lima.* Pediu-me, além disso, que a deixasse, pois gostaria de lê-la toda, com vagar. Dois dias depois, fui vê-lo novamente e recebi de volta, além dos originais da tradução, mais cinco folhas datilografadas com o título *Data Venia,* que, para gáudio meu e do editor, nos foram oferecidas como prefácio.

A 2 de janeiro de 1973, antes de partir para a Europa, numa viagem que iria durar vinte anos, passei pela casa de Ênio Silveira já a caminho do aeroporto para lhe entregar os originais duramente emendados, pois não houvera tempo de redatilografá-los. Ficou assentado que eu reveria as provas em Portugal. No entanto, em vez de publicada por ocasião do centenário, a primeira edição só foi aparecer em 1977, sem que eu nunca soubesse os motivos da demora. No princípio daquele ano, o editor comunicou-me que o livro estava prestes a sair e que o Dr. Alceu havia sofrido um acidente, quando vinha de automóvel de Petrópolis para o Rio, a fim de votar a 15.11.76. Escrevi-lhe para Campinas, onde estava se recuperando, para lhe desejar melhoras e comunicar a boa notícia do breve aparecimento da edição. Dele recebi um cartão, com letra trêmula e difícil: *Campinas, 17 janeiro 77/ Como gostei das notícias/ que me enviou. Sofri um acidente de que/ estou lentamente me restabele-/ cendo. Que o Rimbaud apareça/ quanto antes./ Alceu Amoroso Lima.*

Nunca mais tive contato com o Dr. Alceu, nem soube, em 1983, quando foi lançada a 2ª edição (EST-2), se ele tivera conhecimento dos motivos que determinaram o atraso da primeira. Dois anos depois, ele vinha a falecer. Após meu regresso, em 1992, estive várias vezes com o Ênio, chegamos a falar numa 3ª edição, mas nunca lhe ocorreu contar-me o motivo que o levara a adiar por quatro anos o lançamento da primeira.

Só muito recentemente o soube. Num artigo publicado no *Jornal do Brasil* de 14.03.1997, a propósito do livro *O Instituto Nacional do Livro e as ditaduras — Academia Brasílica dos Rejeitados*, de Ricardo Oiticica, encontrei a seguinte revelação, que passo a transcrever: "Aos 62 anos, funcionário aposentado da Biblioteca Nacional, Roberto Menegaz aceitou falar ao JB sobre o período negro do INL. 'Integrei as reuniões de escolha da publicação das obras. E fui obrigado a opinar sobre os livros', diz. Menegaz sofreu pressões para dar pareceres "sensatos", segundo padrões do regime da época: 'Certa manhã, um grupo de policiais invadiu minha casa. Traziam uma ficha completa com meus empregos e diziam que eu participara de um assalto a banco no Rio Grande do Sul. Ora, eu nunca tinha ido lá', conta Menegaz. Contra sua própria vontade, assinou parecer proibindo a publicação da tradução de Ivo Barroso para *Uma Estadia no Inferno*, do poeta Arthur Rimbaud, só porque o prefácio de Alceu Amoroso Lima continha um elogio a Ênio Silveira, dono da Editora Civilização Brasileira, célebre pela resistência cultural aos arbítrios políticos da época. 'Alceu apresentava Ênio como figura injustiçada. Ora, a gente sabia que alguns textos não podiam ser aprovados, era o tempo de Médici, você acha que aprovariam aquilo?'"

Já na EST-2 andei fazendo algumas alterações, de forma apenas, nenhuma essencial, no texto da EST-1; mesmo assim achei conveniente acrescentar ao volume uma pequena nota, inclusive para justificar o título, que poderia parecer condenável a revisores tipográficos ou a puristas de antanho: havia preferido *Estadia* em vez de *Estada* porque precisava de um título com acentuações na quarta e na sétima sílabas para obter o mesmo ritmo da denominação do original (U/ne/ Sai/son/ en/ En/fer // U/ma Es/ta/ di/a/ no In/fer/no). Quanto à diferença que se pretendia antigamente estabelecer entre *estada* e *estadia*, dizendo-se que esta última se aplicava exclusivamente "ao tempo de permanência de um navio no porto", a dinâmica da língua se incumbiu de provar o contrário, consolidando-se a idéia de sinonímia, já que expressões do tipo "Tenha uma boa estadia", "Passe uma bela estadia", estão definitivamente integradas no linguajar habitual.

Entre a EST-2 (1983) e esta edição das Obras Completas de Rimbaud, 14 anos mediaram, durante os quais foi dado ao tradutor aprofundar-se no estudo crítico da *Saison*. Além dos admiráveis comentários constantes das edições de Antoine Adam e de Suzane Bernard, surgiram, por exemplo, a edição crítica de Pierre Brunel, o dicionário Rimbaud de Claude Jeancollas, os estudos de Margaret Davis, Eigeldinger, Guyaux, Hackett, todos lançando novas luzes sobre a interpretação não só do sentido do texto mas igualmente do significado das palavras empregadas. Impunha-se uma revisão completa do trabalho, já sob a ótica de uma "fidelidade" mais próxima, da qual os arroubos da primeira edição haviam de certa forma afastado o tradutor. Concorreu principalmente para essa revisão mais aproximativa, a leitura do artigo de René Étiemble a propósito de sete traduções de uma das *Iluminações* (*Génie*), que, pela sua importância, reproduzimos nos Adendos (pág. 341). Por fim, julgamos que uma revisão, por minuciosa que fosse, não corresponderia a uma visão de conjunto, só passível de obter-se com uma re-tradução completa. Foi o que fizemos, aliás a partir da primeira palavra, em que sacrificamos o melodioso *"Minha vida era outrora um festim, etc.* de EST-1 e 2 por *Outrora, minha vida era um festim, etc.* para atender aos estudos que enfatizam a importância da iniciação do texto pela palavra *Jadis* (Outrora). Quanto a significados, basta um exemplo: na abertura da Alquimia do Verbo (Delírios II), há a expressão elíptica *À moi*, traduzida em EST-1 e 2 por *Aqui para mim*, porquanto a interpretava, conforme algumas sugestões da época, como um relato que R. fazia a si mesmo. No entanto, a moderna crítica entende que a expressão significa *Agora a minha vez*, voltando a palavra ao narrador, depois da interveniência da Virgem Louca. Dentro desse entendimento, passamos a traduzir por *Eu de novo* (Vide nota 1, à pág. 380). Embora muitas partes tenham permanecido intactas, gravadas na mente e impondo-se por ocasião da re-tradução, a quantidade de alterações é de tal monta que não hesitamos em considerar este trabalho uma NOVA e atualizada tradução.]

UMA ESTADIA NO INFERNO

INTRODUÇÃO — pág. 133

1. O texto é antecedido, à guisa de cabeçalho, por cinco asteriscos, aos quais alguns comentaristas emprestam sentido simbólico ou aritmológico. Qualquer hipótese é gratuita, já que, à falta do original, não se pode afirmar se Rimbaud — que utilizava freqüentemente esse símbolo tipográfico, e mais ainda os xxx — o terá grafado dessa forma (5) ou se foi uma opção do editor. Igualmente, em relação às aspas, que abrem o relato e que não se fecham nem mesmo ao final do livro, não se pode garantir que sejam intencionais, ou apenas um lapso de R. ou do editor.

2. O relato começa com *Jadis*, equivalente direto de "outrora" ou, ainda, de

"era uma vez". Que esta palavra seja a primeira, parece fundamental a M. -A. Ruff, pois em seu *Rimbaud* (Hatier, 1970, pág. 155), após contestar a idéia de que a *Saison* foi escrita de um jato, observa: "Ao contrário, as poucas páginas dos rascunhos que por uma chance quase miraculosa foram preservadas da destruição, atestam um trabalho de estilo minucioso e obstinado. (...) Trata-se de um *relato* [récit], que começa com "Outrora" e nos leva até o presente "Hoje, creio haver no entanto terminado a relação de meu inferno", para finalizar com uma perspectiva de futuro: "e então me será lícito *possuir a verdade em uma alma e um corpo.*"

3. Por ter empregado a palavra *festim*, muitos comentaristas procuram relacionar este texto com a "parábola do festim" (Mateus, XXII, 2-10) em que um rei celebra as bodas de seu filho; tendo os convidados se recusado a ir, manda o rei a seus servos que tragam das ruas a todos os que encontrarem e os ponham à mesa, *bons e maus*. Pensamos que R. se refere apenas à sua infância, ao tempo da inocência, quando "tudo são flores" e seu coração estava aberto a todas as sensações.

A leitura da Bíblia era um dos "deveres de casa" do menino Rimbaud: "a ter de / recitar a Bíblia encadernada em verde" (vide POESIA COMPLETA, pág. 145).

4. Essa *Beleza* que R. senta amorosamente nos joelhos e depois acha amarga a ponto de injuriá-la, é sem dúvida uma alegoria à Arte, em qualquer de suas formas. Comenta Margoni: "R. refuta aqui a expressão estética na medida em que a considera estranha à revolta contra a condição humana e insuficiente para exprimi-la ou resolvê-la. Por isso é que a Beleza é amarga; porque não basta, porque desilude. Somente as supremas entidades morais e espirituais, só as oposições definitivas (Bem, Mal, Ação, Ciência, Danação, Salvação) interessam doravante ao poeta".

5. Evidente antífrase contra a justiça burguesa, R. estando a significar que se defendeu, armou-se contra a injustiça dos homens. Em EST-l havíamos traduzido: *Contra a justiça levantei-me em armas* para reproduzir o ritmo decassilábico do original, mas *levantar em armas* implica um sentido de ação positiva, ao passo que *armar-se contra* é apenas defensivo. Sacrificamos a beleza da expressão para manter a fidelidade ao texto.

6. Os comentaristas em geral identificam essas *feiticeiras* com a *miséria* e o *ódio*, nominalmente citadas em seguida a *feiticeiras*. Alude-se ainda às feiticeiras do *Macbeth*, que eram três e tinham o segredo da vida e do destino real do barão de Glamis. R. diz que o seu tesouro (o seu destino) está confiado a elas. Brunel e Borer falam de uma possível alusão evangélica (Mateus, VI, 19-21) que não nos parece consistente. Em EST-1 e -2 havíamos traduzido *haine* (ódio) por *asco* para evitar o hiato em ó. Na presente versão, corrigimos.

7. Margareth Davis na *Hommage anglo-saxon*, vol. 2 da série "Arthur Rimbaud" da Revue des Lettres modernes, 1973, foi quem primeiro aproximou este texto da inscrição sobre a porta do Inferno, de Dante: *Lasciate ogni speranza voi ch'entrate.*

8. No original, *couac*, que significa, literalmente, "nota falsa emitida por instrumento ou voz, desafino". O equivalente erudito em português é *fífia*, de nenhuma familiaridade para o leitor atual.

Além dessa acepção imediata, agrega os significados de "fora, fiasco, mancada", já na área da linguagem figurada. Contudo, o valor mais relevante aqui, a nosso ver, será a antinomia com a expressão *figé* [frase-feita] *dernier soupir* (último suspiro), que R. quer colocar em ridículo. Daí termos usado "derradeiro *vômito!*" em EST-1 e optarmos, na presente edição, para "último *engasgo!*", com que mantemos a polissemia, embora abrindo mão da onomatopéia que poderia ser conseguida com "baque" ou "craque", esta no sentido de "voz imitativa de coisa que se quebra com ruído ou se desmorona com estrondo", para não falar de outra, escatológica, e por isso excessiva em relação ao valor pretendido pelo poeta. Outras possibilidades seriam "último estalo", "último grasnido", "último arroto", "último engulho".

Há divergência da crítica especializada em torno da interpretação desse *dernier couac*. Para os defensores da tese de que a *Saison* foi escrita *depois* do incidente de Bruxelas, a referência é obviamente autobiográfica e se refere ao tiro de Verlaine. Para M. A. Ruff, que, como Marcel Coulon, "está convencido de que *Uma Estadia* foi escrita definitivamente antes do drama", tanto o *couac* como o "leito de hospital" mencionado em O *Relâmpago* se reportam antes a Londres que a Bruxelas. A afirmativa está baseada na informação de Berrichon, em sua biografia de R. (1912), de que, em Londres, "Arthur sentiu, certa vez, sobrevir-lhe a congestão cerebral, tanto aquela vida o enfebrecia, que teve de recolher-se a um hospital". Ruff argumenta que R. era muito preciso em suas definições e que um tiro de raspão, que o feriu superficialmente, jamais poderia ser tido por ele como um princípio de agonia. "É verdade", admite ele, "que a bala poderia ter atingido um órgão vital e que diante de um revólver empunhado pela mão de um bêbado o perigo de morte fosse real". Pierre Brunel, contrariamente a A. M. Ruff, está "persuadido de que se ouve bem, por trás daquele *dernier couac*, os tiros de revólver de Verlaine e a agitação que se seguiu naquele dia 10 de julho de 1873".

9. Caridade. Sobre este ponto, comenta Suzanne Bernard: "Parece impossível interpretar esta frase como um retorno de R. à fé cristã, já que a seguinte a contradiz. Certamente R. entreviu a possibilidade de se converter, de retomar, como diz Étiemble, 'seu lugar na santa ceia', mas, ou considerou impossível encontrar na *caridade* (cristã) o meio de retornar à fé, e isso porque a caridade, demasiado cordata e passiva, não lhe haveria de convir; ou então, se considera 'danado', definitivamente perdido e condenado a permanecer 'hiena', interpretação que parece confirmar o parágrafo seguinte". Y. Nakaji, em sua análise textual da *Saison*, lembra que a caridade é a terceira das virtudes teologais, depois da fé e da esperança, mas o narrador emprega esses termos como uma retomada mais ou menos paródica do sistema de valores teológicos".

10. Papoulas *(pavots)*. No *Dicionário de símbolos*, de Jean Chevalier e Alain Gheerbrant, lê-se que no simbolismo eleusiano, a papoula oferecida a Demé-

terio simboliza a terra, mas representa igualmente a força do sono e do esquecimento que se apodera dos homens após a morte e antes da ressurreição. É do látex da *Papoula branca* que se extrai o ópio, que R. havia provado em suas experiências de "encrapulamento". A frase pode ser uma referência aos efeitos da droga. Cf. com a descrição que Delahaye faz de R. sob os efeitos do haxixe *(Poesia Completa,* pág. 19).
11. Em francês: *Ah! j'en ai trop pris.* A dificuldade do texto está na interpretação do *en.* Será a aquiescência do pecador às palavras de Satan? Mas o verbo empregado *(pris,* de *prendre=tomar,* beber) faz pensar antes que se refere a "veneno" (conseqüentemente, ópio), idéia reforçada pelo início de *Noite do Inferno.* Satan, o "demônio que [o] coroou de tão amáveis papoulas", é, segundo a maioria dos comentarista, Verlaine, com o que não concorda A. Adam.
12. Conjuro. Margareth Davis, no artigo mencionado na nota 7, chama a atenção para o duplo significado deste verbo: suplicar e exorcisar.

SANGUE MAU — pág. 135

1. *Cervelle étroite.* Alguns tradutores entendem a expressão no sentido de "crânio pouco desenvolvido, cabeça pequena". Achamos, no entanto, que R. teria usado *tête étroite* se quisesse se referir a essa parte do corpo, e não *cervelle* (cérebro), que admite o sentido figurado. Além disso, a descrição do narrador como um ser primitivo, um "bruto", leva mais a concluir-se por sua estreiteza mental.
2. R. manifesta aqui seu sentido de independência, de disponibilidade para o ato de escrever. No poema sem título, que começa com o verso *Qu'est-ce pour nous, mon cœur, que les nappes de sang* (Que importa para nós, meu coração, esses lençóis) — PC — pág. 212/213, já dizia: *Jamais nous ne travaillerons* (Jamais trabalharemos). Para ele o ato de escrever é tão importante quanto a atividade de lavrar. Lembre-se que R., quando visitava seus parentes na propriedade rural de Roche, mesmo em tempo de colheita se recusava a participar dos trabalhos do campo, tendo escrito a *Saison* numa dessas ocasiões. *Ignóbeis* é aqui usado no sentido de não nobres.
3. Os editores franceses têm emendado a palavra *même* (mesmo), que aparece na edição original, para *mène* (leva), atendendo ao sentido do texto. Adotamos essa leitura.
4. Comenta Pierre Brunei: "A frase é muito rápida, e a seqüência lógica não parece muito evidente: "quanto a mim, estou intacto" (não sou castrado) "e isso tanto faz" (e não sinto qualquer repugnância diante dos criminosos).
5. Cf. com Michelet, *História da França* (Livro III, cap. 2): Não é sem razão que os papas chamaram a França de filha primaz [ou primogênita] da Igreja".
6. Servo da gleba. Em francês, *manant,* cujo sentido etimológico, "aquele que permanece", R. utiliza aqui para efeito oximorístico.
7. Jerusalém. R. usa a palavra *Solyma,* Sólima ou Hierosólima (A Sagrada Sólima), antigo nome da cidade de Jerusalém.

8. Mercenário. No original, *reître*, cujo equivalente em português é "retre", designativo do cavaleiro alemão que, na Idade Média, prestava serviço ao rei da França. Preferimos a denominação genérica de "mercenário" para imediato entendimento da frase.

9. Bivacado. Em EST-1 traduzimos *bivaqué* por "acampado". Mas há uma imprecisão que R. não cometeria: acampar, em termos militares, significa "estacionar uma tropa que se instala em barracas" ou passo que bivacar implica a "modalidade de estacionamento em que a tropa só dispõe de abrigos naturais, como árvores, grutas, etc".

10. A. Adam assim explica esta passagem: "Novos valores substituíram os antigos: para o corpo, a medicina tomou o lugar dos remédios caseiros; para a alma, em vez do viático e das canções populares, tem-se a filosofia". Viático é o sacramento da Eucaristia ministrado aos doentes impossibilitados de sair de casa, aos soldados nos campos de batalha etc.

11. Refere-se ao fato de que a Ciência era outrora prerrogativa dos príncipes, hoje acessível a todos.

12. Alusão à frase de Galileu, mas com referência ao Progresso, ao caminhar da Humanidade.

13. Étiemble compreende a expressão "o Evangelho passou" de maneira radical: "Não estamos mais no tempo do Evangelho, é tarde demais para um deus cristão".

14. Esta frase é com freqüência citada como prova do retorno de R. ao cristianismo. Mas em seguida R. se sente pecador ("de raça inferior"), para sempre proscrito, sem esperanças de encontrar Deus.

15. Praia armoricana. Pertencente ou relativo à Armórica, parte da Gália que forma a atual Bretanha (França). Michelet, em que R. se abebera para muitos dos conceitos e imagens desta parte do livro, assim se refere a Armor: "o limite extremo, a ponta, a proa do mundo antigo".

16. A partir daqui, as palavras de R., analisadas desde nossa perspectiva temporal, de conhecedores de seu futuro, soam verdadeiramente proféticas. Contudo, é preciso lembrar que ele se refere aos de raça inferior, aos proletários e camponeses cuja única via de escapar à "escravidão" e à miséria era a partida para terras estrangeiras.

17. O desfazer da ilusão, a volta à realidade.

18. Para S. Bernard, o *vício* de que fala R. só pode ser aquele [homossexualismo] ao qual faz alusão ainda mais nítida na *Advertência* de *Os Desertos do Amor*: "Não tendo amado mulheres, — embora cheio de sangue...). A. Adam refuta a idéia: "O vício que R. arrasta desde sua infância é seu conflito interior entre a revolta e a timidez, a atração simultânea para a inocência e para o mal em todas as suas formas. Esse conflito é que explica seus desgostos e a hipocrisia de que nos fala aí. Não lhe é possível suprimi-los em si, mas não quer trazê-los à luz". Já Pierre Brunel acha que "esse *vício* é a fraqueza nativa, a do pro-

letário, essa da qual ele tomou consciência na idade da razão e que, a partir desse momento, o fez sofrer".

19. A palavra "justiça" designa ora uma instituição ora um valor em *Uma Estadia no Inferno*. A passagem de um a outro desses significados é uma das dificuldades do texto. (P. Brunel).

20. A atitude de entrega, de submissão pode levar ao sepultamento prematuro.

21. Étiemble sugere que R. podia estar pensando no Jean Valjean de *Os Miseráveis*.

22. Cf. São Mateus, XIII-13-14.

23. Trata-se do tema do pagão que não pode ser danado por não estar submetido às leis cristãs nem às leis sociais, permanecendo fora da noção do Bem e do Mal.

24. Thibaudet indica a fonte dessa expressão: um verso de *A Legenda dos Séculos*, de Victor Hugo:

E vós, rebanho vil, não tendes unhas
Para essas comichões de imperadores

em que conclama o povo a coçar da pele os pruridos monárquicos. Napoleão III havia morrido a 9 de janeiro de 1873.

25. Cam é o ancestral da raça negra, segundo a Bíblia.

26. A volta à vida primitiva é acompanhada de canibalismo ("Enterro os mortos no meu ventre") e de um adeus às formas de raciocínio ocidental ("Chega de frases").

27. R. joga aqui com as expressões *"Coup de grâce"* (=golpe de misericórdia) e *"Coup de la grâce"* (=golpe da graça).

28. S. Bernard assinala que o tédio foi, desde a infância, a doença de R. Mas não o tédio no sentido em que o tomam os poetas cultivadores do *spleen* à la Baudelaire. A. Adam acrescenta que a verdadeira doença de R. era sua complacência para com o tédio, o fracasso e todas as derrotas.

29. Bastonada. Em EST-1 havíamos traduzido por "surra", mas o termo "bastonada" impõe-se por se tratar de "castigo empregado outrora, principalmente nas prisões, que consistia em golpear o prisioneiro, na altura dos rins, com uma corda untada de breu". Note-se que ainda aqui R. se utiliza do processo sarcástico-humorístico chamando o castigo de "reconforto".

30. S. Bernard vê nessa passagem uma "recusa definitiva do Cristianismo em termos grandemente sarcásticos", talvez uma alusão às Bodas de Caná e à união de Cristo com a Igreja. Já J.-L. Steinmetz sugere tratar-se de um raciocínio lógico: "Se a França é a filha primaz da Igreja e se R. desposa a vida francesa, terá sem dúvida Jesus Cristo como sogro".

31. R. faz aqui uma espécie de jogo de palavras com *dévoument* (devoção) e *amour divin* (amor divino), que procuramos corresponder com "devido amor" e "amor divino".

32. R. inverte o sentido da frase-chavão "como já não se fazem mais" para "como não se devem mais fazer".

NOITE DO INFERNO — pág. 147

1. Há inúmeras hipóteses para o que seja esse "veneno": para Delahaye, seria uma bebida alcoólica; para Enid Starkie, é a taça da ignomínia; Mario Matucci crê que seja o veneno da dúvida. Faz-se alusão às poções mágicas com que *Fausto* recupera a juventude, e que R. ingere para recuperar a fé (o antigo apetite). Não há menção, nos vários comentaristas, de que possa se tratar de uma droga (o ópio, por ex.), que lhe provocará em seguida as descritas alucinações do inferno.

2. No sentido de hinos religiosos, dos que se cantam nas igrejas.

3. Este verso, que aparece no original em itálico, será utilizado, mais tarde, por Verlaine em um poema de *Parallèlement*, o que levou Pierre Petitfils e A. Adam a concluírem tratar-se de uma citação de R. Alain Borer julga tratar-se do contrário, ainda que o itálico pareça indicar uma citação.

4. Ferdinando, segundo Delahaye, seria o nome do diabo entre os camponeses de Vouziers (Ardenas).

5. Certamente uma reminiscência da infância de R. A lanterna mágica era um projetor rudimentar iluminado a vela, que utilizava chapas de vidro pintadas, focadas na parede através de uma lente convergente.

6. Alguns comentaristas pensam tratar-se do anel dos Nibelungos, mas Adam alude à conhecida brincadeira de se ir à procura de um anel no fundo da água. A frase ainda pode ser uma ironia à Demanda do Santo Graal.

7. Para Margoni, todo este parágrafo parece descrever com precisão os sintomas psicofísicos de uma intoxicação (ópio ou haxixe): dissociação do mundo, silêncio, perda do tato; em seguida, as alucinações: castelo, Saxônia, bosque de salgueiros — impressão que reforça nossa hipótese sobre o significado do "veneno" da nota 1.

8. Todos os tradutores (cinco italianos, quatro de língua inglesa, três de espanhola e um sueco) verteram Saxe por Saxônia ou Saxe, como tínhamos feito em EST-1. Pierre Brunel admite, no entanto, tratar-se de porcelana de Saxe, o que nos parece esdrúxulo para o contexto. R. fala aqui incorporando a personalidade do retre (mercenário) de *Sangue Mau* (vide nota 8 daquele capítulo).

9. A aliteração corresponde à do original: [*je m'en*] *vais aux vers* (vou-me aos vermes).

10. O sentido desta frase é voluntariamente ambíguo, pois o fogo que ergue, que se aviva, ardendo o condenado pode trazê-lo de volta à vida, a esta vida.

DELÍRIOS I — VIRGEM LOUCA — O Esposo Infernal — pág. 153

[Em EST-1, traduzimos *Vierge Folle* por "Virgem Louca", sem atentar ao fato de que R. começa este trecho de *Uma Estadia no Inferno* fazendo uma "releitura" da parábola das Dez Virgens (Mateus XXV, 1-13), na qual são mencionadas cinco virgens *fatuæ* e cinco *prudentes* (segundo a Vulgata), traduzidas por *folles / sages* em francês e por *tolas / prudentes* na edição do Novo Testamento (Editora Vozes Ltda. 1939). Na presente edição, fomos tentados a emendar para "Virgem Tola" para corresponder à intenção do texto, mas admitindo que o adjetivo "tola" em português não tem o mesmo impacto e ambiguidade do *folle* francês (= tola = louca), conservamos o "louca" para manter a força da expressão. Outra hipótese seria corresponder ao latim com *fátuas*, mas o adjetivo perdeu seu significado inicial de tolo, néscio, estulto, insensato, para privilegiar os de vaidoso e fugaz. Além disso, em francês, a expressão *vierge folle* significa "mulher de maus costumes", acepção inexistente em "tola", e adequada ao fato de que a "virgem" foi "enlouquecida" pelo Esposo infernal.]

1. Embora em *Noite do Inferno* o narrador afirme não ter "sequer um companheiro", já em *Delírios* o relato começa precisamente com a confissão de "um companheiro de inferno". Para a maioria dos comentadores, tendo à frente Suzanne Bernard, a Virgem Louca seria Verlaine, o Esposo Infernal Rimbaud. Há uma tendência, imediata e fácil, de se ver nesse passo da *Saison* uma confissão autobiográfica e mesmo um ajuste de contas. Marcel Ruff, no entanto, propôs uma identificação diferente: para ele, a Virgem Louca seria "a alma do primeiro R., submissa e voltada para Deus, mas, como na parábola, sem a reserva de óleo suficiente [Mateus XXV, 1-13], sendo por isso agora arrastada pelo R. liberado, que se tornou para ela o Esposo Infernal". Já Raymond Clauzel conclui que "o Esposo Infernal e a Virgem Louca não passam de um mesmo personagem". Finalmente, Margaret Davies, em seu estudo de 1975, assim se expressa: "Direi que, embora R. se sirva com toda a evidência de sua própria vida, arranjando-a, estruturando-a, figurando-a, mimando-a, em suma incarnando-a sob a forma exigida para a concepção global da obra que é *Uma Estadia no Inferno* — esse companheiro de inferno, essa virgem viúva terá também evidentemente suas fontes no Verlaine real, embora isso não passe do ponto de partida, e seja o próprio texto, com suas exigências próprias, que fará desse grão de areia da realidade o cristal de uma forma literária ficcional".

2. Esse "divino Esposo" é o mesmo da parábola bíblica que R. aqui "reescreve" e que as dez virgens (cinco tolas e cinco prudentes) deviam acolher, umas com suficiente provisão de óleo em suas lâmpadas (as prudentes) e outras sem terem tido esse cuidado (as tolas). Só as primeiras puderam receber o esposo divino. M. Davies fala aqui de "paródia"; Brunel prefere "perversão do texto evangélico".

3. "Perdida" tem aí o duplo sentido de "mulher perdida" e de "alma perdida".

4. François Ruchon vê nessa palavra uma alusão às bebedeiras de Verlaine.

5. O esposo infernal.

6. A. Adam julga uma referência às virgens da parábola, salientando que R. "a princípio se mantém na esteira do texto bíblico, para em seguida afastar-se dele. As outras virgens não são suas amigas, pois seu drama é único".

7. Traduzimos *perdu la sagesse* por *"perdi a prudência"* e não "o entendimento", "a sabedoria" ou "o tino", para estar de acordo com as palavras usadas na tradução do texto bíblico.

8. S. Bernard comenta: "Sente-se aqui o rancor de R. que devia ouvir com demasiada freqüência as queixas e remorsos de seu amigo". I. Margoni vai mais longe: "Alusão provável à separação de Verlaine e Mathilde; a frase, retomada no imperfeito, me parece no entanto querer dizer que a verdadeira 'viuvez' era a de antes do encontro com R." A. Adam, partidário do significado místico do poema, admite: "A Virgem louca é viúva porque perdeu o Esposo divino". A. Borer tenta um meio termo: "A Virgem louca é duas vezes viúva: do Esposo divino (do qual está separada) e do Esposo infernal (que ela perdeu)".

9. Vários comentaristas assinalam que R. provavelmente tenha em mente *A Dama das Camélias*, de Alexandre Dumas, romance no qual Marguerite Gautier é a devotada amante de Armand Duval.

10. Y. Nakaji observa que esta queda prosaica do comentário reduz a cena à banalidade de uma comédia de costumes.

DELÍRIOS II — ALQUIMIA DO VERBO — pág. 161

1. No original, *À moi*. Em EST-1 havíamos traduzido por "Aqui para mim". Mas o sentido é outro: após o lamento da Esposa Louca, o narrador assume de novo a palavra, como dizendo, elipticamente: Ela falou, agora volto a falar. Enid Rhodes Peschel, a grande tradutora de R. em língua inglesa, na apreciação de Étiemble, perfilha essa interpretação, traduzindo por *My turn*. A narrativa que se segue é evidentemente autobiográfica, já que R. transcreve alguns de seus próprios poemas, remanejados.

2. R. cita as vogais em ordem alfabética, diversamente do que fez no soneto "Vogais": A, E, I, U, O (Cf. PC, pág. 171).

3. Cf. com "Lágrima" (PC, pág. 215). Como se sabe, R. retrabalhou alguns de seus poemas para citá-los nesta sessão. No caso específico de "Lágrima", acredita E. Noulet que a nova versão ficou inferior à inicial (vide notas em PC, pág. 353).

4. Cf. com "Bom Augúrio Matutino"(PC, pág. 225); há diferenças significativas entre as duas versões.

5. Esse tipo de alucinação simples será explorado a fundo nas *Iluminações*.

6. Cf. PC, pág. 231.

7. Cf. PC, pág. 249.

8. Cf. PC, pág. 263.

9. Cf. PC, pág. 235.

10. A maioria dos comentaristas vêem aqui a figura de Verlaine, que aliás, falando de si mesmo, se chama de "sua velha porca" (*ta vieille truie*), numa carta a R. datada de 18 de maio de 1873.

11. Pode haver aqui alusão a vários acontecimentos: a hospitalização em Londres, as noites em que mendigou perdido pela place Maubert, os dias que passava sob o efeito do haxixe no *Cercle Zutique* e onde Delahaye vai encontrá-lo: "Despertando à nossa chegada, esfregou os olhos fazendo uma careta, falou que havia mastigado haxixe e acrescentou: 'Achava graça em me passar por um porco' ".

12. Ciméria é o hades homérico, um país setentrional, na *Odisséia*, para o qual Ulisses se dirige para consultar os mortos.

13. Yves Bonnefoy a propósito dessa "cruz consoladora": "Isto não significa que R. tivesse reencontrado a crença, mas simplesmente que, para além do ensino da Cabala, o proprio malogro da experiência nele reavivou certas categorias morais do cristianismo".

14. O arco-íris é o signo da aliança de Deus com a terra.

15. É a hora em que são Pedro renegou o Cristo. Dá a entender que o narrador se sente "traído" como o Cristo, e pelo próprio Cristo. Análise de S. Bernard": "Este texto comenta, na canção que se segue, a louvação (à felicidade). Deve-se compreender que o culto prestado à felicidade era acompanhado, cada vez, por ele (Rimbaud), de uma negação de sua religião?" Note-se contudo o encanto sempre demonstrado pelo poeta para com as madrugadas (*diluculum*= raiar do dia, nos "Rascunhos" e as referências em cartas e poemas ao hábito de acordar cedo (v. *À quatre heures du matin, l'été*").

16. Cf. PC, pág. 261. Nos Rascunhos (ver pág. 103), este poema está intitulado *Bonheur* (Felicidade) e traz, à margem, a seguinte frase: "Para dizer que não é nada, a vida; eis pois as *Estações*". Segundo Brunel, "esta canção é o malogro da felicidade".

17. Esta frase parece o epílogo do texto de abertura em que R. diz ter injuriado a beleza.

O IMPOSSÍVEL — pág. 179

1. Y. Nakaji define esse Impossível como "um impasse do pensamento". O texto parece justificar as alegações de Rolland de Renéville de que R. seria um "iniciado", conhecedor da Cabala e dos livros sagrados do Oriente. S. Bernard, no entanto, pesquisando na Biblioteca de Charleville, acha pouco provável que o conhecimento de R. decorresse de fontes originais, porquanto ali não havia livros que tratassem das ciências herméticas da Índia; acredita

antes que R. se valeu dos poemas indus de Leconte de Lisle. Forestier amplia: "O sonho do Oriente, na época, não era conhecido apenas através dos exotismos poéticos (Gautier, Hugo, Leconte de Lisle e outros) ou dos relatos de viagem (Nerval por exemplo); as mitologias, as línguas e filosofias orientais tinham seus cultores apaixonados: no próprio círculo de conhecidos de R., pode-se citar Charles Cros".

2. R. parece aqui renegar suas andanças da meninice, embora se mantenha fiel aos seus desprezos.

3. Bastarda porquanto conjuga as crenças oriundas das religiões orientais e o cristianismo. Sabe-se ainda que o pai de R. possuía um *Corão*,

4. Traduzimos por "espírito burguês" a expressão *M. Prudhomme* do original. Monsieur Prudhomme é um personagem de Henri Monnier, caricatura do burguês, representante da tolice e das satisfações ordinárias, grande amante da lógica absurda e das verdades primárias.

5. O narrador parece aqui contradizer-se nesta condenação do fumo, depois de o haver exaltado em *Sangue mau* ("fumar principalmente"). É bem verdade que está julgando os "cultos" ocidentais vis-à-vis da "pureza primitiva" do Oriente.

6. Éden, o paraíso terrestre, que, segundo o Gênesis, Deus havia colocado também a Oriente. O narrador admite que estava sonhando com o Éden (utópico) e não com o Oriente (geográfico).

7. A frase do original *Qu'est-ce que c'est pour mon rêve, cette pureté des races antiques!* provocou algumas interpretações díspares nos comentaristas. A. Adam complica a coisa achando tratar-se de uma construção gramatical especificamente belga, com base no alemão "Was für ein..." e por isso teria o significado de "Que raio de sonho é esse!" Gisèle Vanhese ("Reflexos ardeneses na obra de Rimbaud"), julga, ao contrário, que essa forma de expressão não é dialetológica, mas apenas a maneira familiar de dizer "Qu'est-ce que c'est pour mon rêve que cette pureté des formes antiques!" — opinião que seguimos.

8. Esta frase, segundo Y. Nakaji, é um "breve comentário que mal se distingue de um suspiro, mas que aclara a tomada de posição do narrador em relação ao seu próprio relato".

O RELÂMPAGO — pág. 185

1. Como um relâmpago, a idéia do trabalho humano, de quando em quando atravessa o espírito do narrador, ele que reiteradamente se põe à margem das atividades regulares. Mas passa logo...

2. *Des méchants et des fainéants.* Há aqui uma nítida intenção de rima, que procuramos corresponder com *odiosos e ociosos.*

3. Ensinam os comentaristas franceses que a fórmula arcaica de que R. aqui se utiliza (o verbo *échapper* [escapar], transitivo), deve ser entendida como *laisser échapper* (deixar escapar).

4. Acontece em *feignons, fainéantons* o mesmo observado em 2. Havíamos traduzido em EST-I por *descarados, mascarados*, aqui substituído por *flanemos, fantasiemos*, mais de acordo com o significado do texto.

5. Alusão ao incidente de Bruxelas, que levou R. ao Hospital Saint-Jean ? Ou ao de Londres, onde, segundo Berrichon, R. sofreu de "congestão cerebral"?

6. A frase significa "chegar aos meus vinte anos" e não "fazer outros vinte anos", como alguns comentaristas supõem.

7. Uma alusão a V.? Ou R. se refere a si mesmo, à sua alma? Ou a ambos?

MANHÃ — pág. 187

1. A despeito do título, trata-se de um capítulo sombrio, só aclarado no fim pela magnífica passagem "adorar o Natal na terra", a que R. chega por meio de uma invocação antitética dos *seus* reis magos.

2. A propósito do parágrafo final de *Manhã*, Étiemble se pergunta se ela não se refere antes ao socialismo que ao Evangelho, já que R. havia antes afirmado "Mas qual! o Evangelho passou!" Ao que S. Bernard acrescenta: "Os termos *trabalho novo, nova sabedoria* parecem, na verdade, fazer mesmo alusão à idade de ouro de uma reorganização social, esperada pelos trabalhadores de 1870." Ainda segundo Mme. Bernard, a última frase deve ser entendida, de acordo com o que a precede: embora sejamos ainda escravos das condições sociais na atualidade, não percamos a esperança desse futuro radioso para o qual nos conduz *a marcha dos povos*. Ao que A. Adam acrescenta com cautela: "Mas, atenção, tudo isto não passa de perspectiva, de esperança. A realidade não mudou. Continua sempre o mesmo deserto e a mesma noite. E é em vão que os olhos de R. se voltam para a estrela-guia, pois os três magos não se põem em movimento, os magos que são o coração, a alma e o espírito. O Natal é uma grande esperança. Mas quando se tornará realidade?"

ADEUS — pág. 189

1. Este epílogo foi por muito tempo considerado o adeus final de R. à literatura. S. Bernard acha antes tratar-se de um adeus à sua tentativa mágica, às formas de versificação que citou em *Alquimia do Verbo*. Pode ser também e cumulativamente um adeus a V.

2. A exclamação parece um eco do baudelairiano *Canto de Outono*:

> *Bientôt nous plongerons dans les froides ténèbres;*
> *Adieu, vive clarté des nos étés trop courts!*

> *(Breve iremos tombar na frigidez das trevas;*
> *Adeus, vivo clarão destes verões tão curtos!)*

Para Brunel, trata-se menos do outono de 1873, que se seguirá imediatamente ao término de *Uma Estadia no Inferno*, do que a um outono simbólico.

3. *Éternel soleil* (Sol eterno). Brunel chama a atenção para o fato de em *éternel* estar embutida a palavra *été* (verão) com a qual *outono* mantém ao mesmo tempo uma relação de contigüidade e de oposição.

4. Para S. Bernard, a própria escolha da palavra *estações* mostra que R. terminou sua *saison* infernal; a claridade que espera descobrir já não é sazonal, porém eterna, *divina*.

5 Lâmia, em francês *goule*. Monstro fabuloso, mais ou menos em forma de serpente, vampiro feminino das lendas orientais, que chupava o sangue das crianças e devorava os cadáveres. Em EST-1 traduzimos simplesmente por "goela", para dar ao leitor um entendimento direto que a palavra "lâmia" dificilmente daria. Mas a expressão é igualmente rara em francês, daí usarmos na presente edição a correspondente exata para maior fidelidade à precisão vocabular de R. Seja como for, essa lâmia ou essa goela só pode ser a Morte.

6. Se insistirmos no caráter autobiográfico deste livro, podemos ver aqui uma evocação dos dias de mendicância na Place Maubert, onde V. foi encontrá-lo coberto de piolhos e comendo restos de lixo.

7. Aldeão (em francês, *paysan*). Indica como que um retorno ao *Sangue Mau*.

8. "*Sejamos absolutamente modernos* não significa apenas fazer o gesto de abraçar o presente, mas o de quem, tendo isto feito, escolheu precisamente aquilo que dará fruto num amanhã melhor" (Margaret Davies).

9. Os exegetas parecem de acordo em achar uma referência bíblica implícita neste *"horrendo arbusto"* (*horrible arbrisseau*), contudo a comparação com a sarça ardente de Moisés parece pouco convincente; a árvore do bem e do mal (hipótese de M. Davies) é mais plausível. Brunel vê nesse arbusto a imagem da árvore da Paixão, ou seja, a cruz. O "herói"do inferno é posto no lugar de Cristo.

10. Quais serão essas "cidades esplêndidas"? Enid Starkie julga que R. esteja evocando uma lembrança de Michelet quando fala da grande cidade do futuro, "a República do Universo". Suzanne Bernard acha antes que R. considera, de maneira ainda vaga, as cidades do futuro, cidades que contrapõe aos "portos da miséria", e cujos esplendores irá descrever nas *Iluminações*.

11. Este final, em que os adeptos da "tese autobiográfica" vêem uma despedida formal, um adeus a V. e aos "amores mentirosos", é, de todo modo, uma afirmativa do estado de perfeita solidão de um ser completo e intacto a que o narrador acha lícito doravante aspirar.

ILUMINAÇÕES — pág. 193 a 303

DEPOIS DO DILÚVIO — pág. 203

[Seja R. seja Fénéon que tenha colocado esta peça como abertura da obra, devemos reconhecer que a escolha foi acertada, pois parece o anúncio de um novo fiat, com o mundo ainda molhado das águas do Dilúvio — bela abertura para a inauguração de uma nova linguagem poética!]

1. A frase pode ser interpretada assim: tão logo [o mundo] se deu conta (ou aceitou a idéia) de que houvera o Dilúvio...

2. Há diferença entre teia-de-aranha (genérico) e a teia da aranha (específico e único, se referindo à daquela que escapara ao Dilúvio e inaugurava a nova criação).

3. *Mazagran*: café servido em copo grande, ao qual se mistura álcool. O nome provém da cidade de Mazagran, na Argélia, palco de uma batalha em 1840.

4. Madame *** instalou um piano nos Alpes. Esta frase pode ter sido inspirada numa cena da infância de R.: a família morava no segundo andar de um sobrado em Charleville. R. aprendia a tocar piano e alugou um, sem o consentimento da mãe, a ser entregue na ausência desta. Quando o instrumento está à porta para ser guindado ao andar superior, Vitalie chega de improviso. Vendo que os vizinhos reclamam, pois iam ter que suportar doravante um pianista aprendiz, ela toma de repente o partido do filho e manda subir o piano.

5. Esse Hotel Esplêndido (em francês, *Splendide-Hôtel*), pode ser, segundo Michael Pakenham, uma referência ao que foi inaugurado em 1864, na esquina da Avenue de l'Opéra com a Rue de la Paix, e destruído por um incêndio na noite de 12 de maio de 1872. O nome, aliás, é comum a esse tipo de estabelecimentos.

6. Écoglas agrestes. Em francês, *les éclogues en sabot* (literalmente, écoglas de tamancos). Dada a conotação pejorativa que a palavra tem em português, traduzimo-la pelo significado figurativo: écoglas primitivas, campesinas, agrestes.

7. A maioria dos comentaristas associa este nome ao de uma ninfa do séquito de Calipso, figura proeminente dos amores de Telêmaco, conforme narra Fénelon.

Para nós, no entanto, parece claro que R. se refere a Eucáris *(Eucharis grandiflora)*, planta da família das amarilidáceas, largamente cultivada por causa da brancura de suas grandes flores.

8. Alguns comentaristas vêem nessa Feiticeira a imagem de Vitalie (mãe de R.), pela sua figura autoritária, detentora de segredos ciosamente conservados (o abandono do marido, talvez), diante da qual o narrador se apresenta em posição de fraqueza.

INFÂNCIA — pág. 207

1. "A estrutura compositiva em toques sucessivos, horizontais, a escolha sintática, rítmica, lexical; a liberdade quase amedrontadora da mente do escritor diante do real e de suas aparências; a mestria das associações que se prolongam indefinidamente; o timbre expressivo inconfundível de cada uma das frases: tudo é de um grande artista na plena posse de seu mundo e de sua técnica" (Ivos Margoni).

2. Este ídolo parece ser o próprio R.

3. Alguns críticos (por ex. S. Bernard) vêem nesta frase uma alusão a V. Já A. Adam acha "imprudente" a afirmativa, dizendo que "a frase se acorda com todas aquelas em que ele expressa, a partir de 1871, desgosto e tédio diante do amor físico".

II

4. Adam sugere interpretar-se essa "menina morta" como sendo uma evocação de Vitalie, irmã de R., falecida a 18 de dezembro de 1871. A hipótese carece de fundamento, já que Vitalie faleceu na realidade a 18 de dezembro de... 1875, quando R. já havia entregue a V. (em fevereiro daquele ano) os originais das *Iluminações*. Contudo, R. teve outra irmã com o mesmo nome, que sobreviveu apenas um mês (junho-julho de 1857). "A jovem mãe" seria, no caso, a *mother* Vitalie. Por terem o mesmo nome, mãe e filha, R. chama a ambas de mortas. Sabe-se que Mme. Rimbaud, depois do abandono do marido, se dizia "viúva e morta para o mundo".

5. "O irmãozinho", para Adam, é certamente o próprio R., mas não vemos como poderia referir-se a si mesmo, em 1875, como estando nas Índias, quando só em julho do ano seguinte é que embarcou para Java.

6. Segundo Delahaye, seria uma propriedade situada perto de Charleville, pertencente a um militar, dito general Noiset.

7. O verbo varejar está empregado aqui no sentido de "acometer", "avançar", "investir", traduzindo *remontent* (subir até), para obtenção das aliterações de que é rica a frase original.

8. O pronome definido no caso oblíquo certamente se refere a Ídolo.

III

9. Delahaye menciona em suas evocações de R. um carrinho abandonado na alameda que levava à casa do poeta e onde o menino costumava brincar de esconder, tendo sido ali certa vez surpreendido pela mãe (Cf. *Os Poetas de Sete anos*).

IV

10. A narrativa assume a primeira pessoa.

V

II. Todo o trecho indica sem dúvida uma evocação (amarga) de Londres.

CONTO — pág. 213

1. Para Goffin, o Príncipe é R. e o Gênio V. Já Étiemble, seguido por Adam, acha que R. relata em *Conto* o fracasso de sua própria experiência: tendo se revoltado contra a vida e a beleza, determinado a destruí-la, supõe ter encontrado finalmente o "Gênio" que o levaria ao "Insabido", mas percebe que apenas sonhou sua aventura, não passando o Gênio do seu Outro-eu, precisamente a parte ideal, "genial" de si mesmo, destinada ao aniquilamento.
2. A frase sugere que a realidade está sempre aquém da fantasia. "O único recurso que o Príncipe tinha contra a imperfeição e a monotonia era um sonho impotente" (Étiemble).

PARADA — pág. 215

1. V. P. Underwood e P. Arnoult pensam tratar-se aqui de uma "parada" de atrações de music-hall vista no Soho, em Londres; um espetáculo de feira ou de circo (Guiraud); desfile de soldados ou de estudantes na Alemanha (B. de Lacoste); reunião de fumantes de haxixe (Gengoux); cerimônia religiosa católica (Adam). Mas, como observa M. Matucci, as diversas hipóteses, longe de esclarecer a última frase, tiram-lhe inteiramente o sentido. A única explicação viável vem de encontro a um dos episódios mais discutidos da biografia de R.: a hipotética violação sofrida pelo poeta na caserna de Babylone, inventada ou propalada pelo pouco judicioso coronel Godchot *(Arthur Rimbaud ne varietur,* Nice, 1936, pag. 138). Admitindo-a, teríamos a dramática descrição desse sabá soldadesco, codificada pela própria vítima, única detentora da chave da verdade. (Cf. com o poema "Coração Logrado", PC pág. 153 e nota na 338).
2. Parece um eco (destorcido) de *Picoté d'une mauvaise étoile* (Picotada por uma estrela má) de *Romance* (PC, pág. 99).
3. Cherubino é o personagem das *Bodas de Fígaro* (tanto de Beaumarchais como de Mozart), figura de oficial adolescente, tradicionalmente interpretado em travesti. Dentro da hipótese levantada no fim do item 1, o narrador estaria se perguntando o que os jovens do grupo, "dotados de vozes apavorantes e alguns apetrechos (no original, *ressources=recursos*)", pensariam de alguém que se parecesse com Cherubino (personagem de feições feminis e voz adocicada)? E a resposta vem em seguida: haveriam de mandá-lo "se virar" *(prendre du dos)* na cidade, pavoneando um *luxo* degradante *(dégoutant-repugnante)*. Nota Adam: "Afirma-se que *prendre le dos* é uma expressão obscena, cujo sentido se adivinha. A se confirmar tal afirmativa, a interpretação de toda essa passagem teria que o ser também, de modo radical." (Na verdade, o *Dictionnaire de l'Argot Moderne*, de Géo Sandry e Marcel Carrère, Aux Quais de Paris, 1967 consigna: *Donner du dos: pratiquer la pédérastie passive.*)

4. No original, *des chansons "bonnes filles"* (literalmente, canções "moças de família", com sentido irônico indicado pelas aspas). Utilizamos a expressão "de salão" (como em "piadas de salão"), que tem o mesmo sentido irônico em português.

5. Este trecho é sintomático, principalmente considerando a frase seguinte: "Sua troça ou terror não dura mais que um minuto, ou muitos meses" [de lembrança].

ANTIGUIDADE — pág. 217

1. A palavra *antique* tanto significa "antigo", "de tempo remoto" como "antiguidade: conjunto das obras de arte que nos vêm dos Antigos, cimélio". É aqui a descrição de uma figura antiga, talvez mitológica, uma estátua da Antiguidade greco-romana, dotada de movimento ou induzida a ele pelo comando poético final do narrador

("Passeia pela noite..." com o verbo de movimento no imperativo.)

2. Os críticos discutem procurando saber se o tema deste medalhão neoclássico e hermético será um centauro, um fauno, um sátiro ou um hermafrodita.

Sabe-se que R., em companhia de Forain, constumava visitar o Louvre, onde terá visto certamente as famosas estátuas do Hermafrodita e do Centauro. No entanto, desde o início ("filho de Pan") tem-se que se trata de uma abstração, de uma visão idealística e não de uma descrição factual. Daí poder-se admitir que o ser descrito, além de "duplo sexo" possui também "dupla identidade": fauno + hermafrodita, já que o atributo de uma "terceira perna" dificilmente caberia a este último.

BEING BEAUTEOUS — pág. 219

1. Título em inglês que o próprio R. traduz logo abaixo como sendo "Ser de Beleza". A tradução é equívoca, pois Ser de Beleza seria em inglês Beauteous Being ou Being of Beauty; no caso acima, *being* é o verbo e implica um sentido de movimento ou de vir a ser, logo "sendo ou tornando-se belo (a)". R., como informa C.-A. Hackett, encontrou a expressão num poema de Longfellow, *Voices of the Night* e com ela "imaginou" o Ser de Beleza, sem contudo perder de vista o sentido próprio já que esse "ser de beleza" é uma Visão *in progress, que se elabora.*

2. Temos aqui um comentário de Adam em plena forma: "O pudor dos exegetas não consegue ver nessas *feridas escarlates e negras* senão a boca e os olhos da Visão. Nem parecem suspeitar que as feridas escarlates sejam, simplesmente, a ponta dos seios, e as feridas negras, o pente do sexo". Esta última figuração se aplica igualmente ao "escudo de crina" do parágrafo final.

3. Habitualmente os editores têm considerado esse parágrafo final como uma espécie de adendo ao texto superior. André Guyaux argumenta no sentido de que poderia constituir um poema independente. Pierre Brunel admite ambas as hipóteses.

VIDAS — pág. 221

1. A palavra que se lê no texto autógrafo é *campagne* ("campo", "campanha"), emendada (provavelmente por Féneon), desde a primeira edição de *La Vogue*, para *compagne* ("companheira"). Embora alguns estudiosos tenham restaurado a grafia primitiva em suas edições, os mais recentes (viz. Alain Borer, na edição do centenário) privilegiam a leitura *compagne*, já que a seqüência ("nossas carícias de pé") soaria exdrúxula se relativa a campanha.
2. Uma das frases emblemáticas de *Iluminações*.

II

3. Em francês, a palavra *clef* tanto designa "chave" como "clave".

III

4. A palavra *noces* (habitualmente, "núpcias", "bodas"), em linguagem familiar significa "pândega", "patuscada", "esbórnia".
5. Cf. com *Os Poetas de Sete Anos* (PC, pág. 145), em que R. evoca "o quarto azul, que cheirava a mofado" e no qual "compunha histórias sobre a vida / No deserto".
6. A frase pode ser entendida assim: numa festa noturna, vi mulheres [tão bonitas] como as retratadas por todos os pintores antigos.
7. Viu-se em *un vieux passage à Paris* uma alusão à galeria Choiseul, onde se encontrava a loja de Lemerre, editor dos parnasianos. Como achamos a expressão "ciências clássicas" um tanto derrisória, um eufemismo para "a ciência da vida", "a maldade do mundo", o local perde a sua especificidade.

PARTIDA — pág. 225

1. O poder de síntese de R. levado ao seu máximo de concentração. O poeta, em sua anáfora, utiliza uma seqüência de verbos no particípio passado *(assez vu, assez eu, assez connu)*, os dois primeiros monossilábicos, o terceiro dissílabo, apoiados sob o mesmo som (rima). Para obter efeito semelhante, usamos os verbos no infinitivo antecedido de preposição (farto de ver, farto de ter, farto de saber). A tradução de *assez* por *demais* ou *demasiado* seria forçada, já que a tais expressões corresponde a francesa *trop*. Uma tradução mais literal, que se preocupasse em manter todos os efeitos, seria "já vi bastante, já tive [o] bastante, já soube [ou conheci o] bastante".

REALEZA — pág. 227

1. O poema soa como um eco ou seqüência de VIDAS-I, que fala na "mão da companheira no [meu] ombro" e "[nossas] carícias de pé nas planícies".
2. "Revelação" e "prova concluída" são termos mágico-alquímicos, observa S. Bernard.

A UMA RAZÃO — pág. 229

1. Texto "seguramente messiânico, palingenético" (I. Margoni), voz do "iluminismo social" de R. (S. Bernard). A entidade apoteótica do título (note-se, uma Razão e não *A Razão*) seria a platônica (R. de Renéville), o logos-Deus dos alquimistas (E. Starkie) ou ainda um símbolo da regeneração laica, social, utopística (Étiemble)?

2. R. de Renéville observa que a palavra "nume" (deidade, do lat. *numen*) vem do verbo *nuo* (assentir com a cabeça), donde os efeitos causados pelos movimentos do rosto.

3. Embora em muitos dos poemas das *Iluminações* a rima exerça um papel de simples relevância rítmica, jazendo quase sempre oculta, no presente caso ela é mais que evidente, sendo forçoso mantê-la na tradução. Assim, temos: *Ta tête se détourne/ta tête se retourne* (Se viras o rosto/ se desviras o rosto), *Change nos lots, crible les fléaux* (Quebra os nossos elos, acaba com os flagelos), *Le temps, te chantent ces enfants* (compensado por: Cantam nas danças as crianças) e, finalmente, *Arrivée de toujours, qui t'en iras partout* (De sempre chegada, irás por toda estrada.)

MANHÃ DE EMBRIAGUEZ — pág. 231

1. A maior parte dos comentaristas vêem neste texto a descrição, naturalmente transposta, de uma experiência com o haxixe.

2. Cavalete pode ter aqui o sentido de "instrumento de tortura"; associado ao adjetivo "feérico" poderia implicar: "é através de uma *inefável tortura* que o poeta atinge o Insabido"(S. Bernard).

3. Enid Starkie foi a primeira comentarista a admitir que R. se lembra aqui do sentido etimológico da palavra *assassino*: Haschischins (ou Assasinos), membros devotos do "Velho da Montanha" a mando do qual cometiam cegamente crimes.

A menção está na *História da França* de Michelet, onde está dito que a seita, fundada na antiga Pérsia no século onze, atuava sob o efeito do haxixe, pois "o chefe os fascinava com bebidas embriagantes, levava-os adormecidos a lugares de prazeres e os persuadia em seguida que haviam desfrutado das primícias do paraíso prometido os homens devotados [à causa]".

FRASES — pág. 233

1. Admitem muitos comentaristas que esta referência (e outras, anteriores e posteriores a esta passagem) podem se aplicar a R. e V., que se consideravam "crianças, acima do Bem e do Mal". Dentro desse entendimento, o "velho" da frase seguinte seria V. no futuro (a diferença de idade entre ambos era de dez anos e V,. de barbas, sempre parecia um velho em relação a R.). Quanto ao "luxo inaudito", a frase parece bem irrisória, dada a miséria em que quase sempre viviam.

2. Aqui, no entanto, parece uma recorrência à "companheira" de *Vidas*.
3. Outra frase emblemática das *Iluminações*.
4. No original, *encre de Chine* (tinta da China). R. usa a expressão circunloquial de vez que a palavra *nankin*, em francês, significava "tecido de algodão amarelo que se fabricava na China". Já em português, essa segunda acepção quase desapareceu de todo, identificando-se modernamente na palavra "nanquim" apenas a tinta.

OPERÁRIOS — pág. 237

1. Neste poema surge a figura de Henrika, provavelmente a "companheira" de *Vidas* e *Frases*.
2. A companheira é aqui chamada de *ma femme* (minha mulher). Alguns vêem, no entanto, um "travestimento" de V. Outros, ainda, admitem tratar-se de uma jovem que R. conhecera em suas andanças pela Alemanha, o que leva o poema a ser datado de (no mais cedo) 1875.

AS PONTES — pág. 239

1. A crítica aponta unanimemente Londres como sendo a cidade aqui descrita, embora Adam admita tratar-se igualmente da descrição de uma gravura ou a idealização de uma cidade a partir de dados no entanto reais. A frase final é sintomática: basta um clarão (raio) para dissipar toda a visão. Os adeptos da datação posterior a 1875 para algumas das *Iluminações* poderão ainda argüir em favor de Rotterdam (onde R. esteve em maio daquele ano) ou outras cidades holandesas.

CIDADE — pág. 241

1. Aqui igualmente, com o aval de palavras como *cottages* (chalés) e alusões aos "povos do continente", "a espessa e eterna fumaça do carvão", é lícito pensar-se em Londres, embora Étiemble ache "evidente que se trata de uma cidade de sonho".
2. Forestier informa que *Aussi comme* não tem aqui valor comparativo, significando apenas "assim", "dessa forma".
3. Eríneas: deusas da vingança para os gregos, que perseguem os criminosos, assumindo aqui as roupagens "modernas" de Morte insensível, Amor traído e bonito Crime. É de observar que R. usou a expressão "un joli Crime" (bonito Crime) e não "un beau Crime" (um belo Crime). Há sutileza na escolha do adjetivo.

SULCOS — pág. 243

1. O título refere-se provavelmente aos sulcos ou trilhos deixados pelas rodas das carroças dos funâmbulos.

2. Esta visão lembra a de *Parada Selvagem*, terminando por um cortejo fúnebre com o *corbillard* (carro fúnebre) puxado por "grandes éguas negras e azuis com seus penachos [da cor de] ébano". (Cf. com *Infância III*: "Há uma trupe de comediantes a caráter, entrevistos no caminho que passa pela orla do bosque".)

CIDADES — pág. 245

1. A expressão *Ce sont des villes!* implica o sentido de "Estas sim, é que são cidades!"

2. "Em *Romeu e Julieta*, de W. Shakespeare, Mercutio evoca a rainha Mab como mensageira dos sonhos e fantasmagorias. O plural sublinha o poder de multiplicação do imaginário"(L. Forestier).

3. *Élans* aqui significa "alces"; R. joga naturalmente com o efeito-surpresa de seu duplo sentido (o homônimo *élans* significa "ímpetos", "impulsos", "arrebatamentos").

VAGABUNDOS — pág. 247

1. Este poema induz imediatamente a uma comparação com *Delírios-II* de *Uma Estadia no Inferno*. Parece haver quase unanimidade da crítica em assumir que os personagens aqui descritos são V. e R. O primeiro, aliás, admitiu, mais tarde, ser o "doutor angélico" de que se fala aqui.

2. No original, *infirmité*, "falta de firmeza", "insegurança"; não confundir com o homófono, "enfermidade".

3. Em francês, *guignon*, que Forestier glosa como *mauvais œil* ("mau olhado").

4. Segundo Charles Bruneau, trata-se de uma expressão ardenesa para dizer "água da fonte". As "torradas do caminho" serão possivelmente pedaços de pão "dormido" que R. levava em suas caminhadas.

CIDADES — pág. 249

1. Hampton Court: residência real a sudoeste de Londres.

2. Nesta parte do manuscrito, aparece uma palavra particamente ilegível, transcrita por *Brennus* na edição de *La Vogue*, por *Nababs* e ainda, *Brahmas*, em *outras*. Optamos por esta última à vista da reprodução do original.

3. No original, *square(s)*, palavra que tem significações distintas em francês e em inglês. Se admitirmos, com Forestier, que R. esteja usando a palavra inglesa, a tradução seria *praças* (e teríamos que dizer "praças fechadas" para atender ao sentido da frase). Se a palavra é francesa, designa uma rua sem saída com casas de ambos os lados e ao fundo, formando um conjunto de residências, semelhante ao que chamamos de "vila". Optamos por esta última por ser de entendimento imediato do leitor. V. P. Underwood lembra que a circulação era interdita em certos conjuntos residenciais londrinos, daí talvez a observação de R. : "afastaram-se os cocheiros".

4. R. amante das palavras raras e precisas. Poterna é uma porta falsa, ou galeria subterrânea, que permite sair secretamente de uma praça fortificada.

5. R. usa a palavra inglesa *circus* ("praça circular formada pela convergência de muitas ruas", "rotunda", como na denominação do logradouro Picadilly Circus.) Correspondemos com "rotunda" e, mais abaixo, "círculo".

6. R. escreve *"Comté"*, com aspas, para indicar provavelmente que está jogando com os sentidos de duas palavras inglesas quase homófonas: *county* (condado, divisão territorial) e *country* (campo, interior).

VIGÍLIAS — pág. 253

1. Nesta parte inicial, temos o mesmo tipo de tratamento rímico já utilizado em *A Uma Razão*, que só pudemos corresponder em parte. Tudo indica que essas peças tenham sido escritas numa época em que R. se esforçava para encontrar uma forma intermediária entre o verso e a prosa, bem antes de julho de 1873, portanto.

2. *No original*, steerage, palavra inglesa que engloba vários significados, sendo um deles "direção ou rumo do navio, ação do leme sobre ele", donde ser lícito presumir que R. se referisse à proa. Mas significa também "terceira classe em navios de passageiros", que era certamente aquela em que R. e V. viajavam. No manuscrito estas palavras estão superpostas à expressão *sur le pont* (sobre a ponte), que R. riscara talvez por demasiado comum.

3. Não se chegou a uma conclusão se este nome é aleatório ou se designa alguém. A "solução" mais imaginosa é a que vê nele (em francês, *Amélie*) um anagrama de *l'aimée* (a amada, da parte inicial).

MÍSTICO — pág. 257

1. Todos os comentaristas chamam a atenção para o jogo mágico e sutil das aliterações deste poema, em que R. parece buscar, através das palavras, uma "correspondência" de sensações visuais e olfativas. A tradução procurou conservar esses recursos.

AURORA — pág. 259

1. Um dos mais perfeitos poemas em prosa de R. A gradação da noite para o dia, os primeiros albores, tudo vai "acontecendo" segundo um ritmo de iluminação artística, obtido por meio de versos entremeados de rimas como vagalumes ocultos na vegetação — efeitos que procuramos conservar. Os analistas de texto chamam a atenção para o fato de o poema começar e terminar por "versos" de oito sílabas, que igualmente mantivemos. Impossível, no entanto, sem alterar o sentido ou enfraquecer o verso, a manutenção da rima *embrassé/l'été*.

2. *Wasserfall*, "queda d'água", "cascata", em alemão. Forestier adverte judiciosamente "não ser necessário a viagem de R. à Alemanha, como se alegou, para que ele empregasse a palavra".

FLORES — pág. 261

1. A digitália (vulgarmente chamada dedaleira) é uma "planta ornamental, da família das escrofulariáceas (Digitalis purpurea), de propriedades medicinais que, dependendo da dose, podem ser venenosas, e cujas flores, campanuladas, vermelho-violáceas, são hermafroditas, sendo o fruto uma cápsula glandulosa que contém sementes com bastante albume". (Aurélio).
2. Rosa d'água parece uma invenção de R. Alguns comentaristas sugerem tratar-se do nenúfar (ou ninféia, conhecido entre nós igualmente por bandeja d'água), planta semelhante à vitória-régia.

NOTURNO VULGAR — pág. 263

1. O poeta contempla o fogo da lareira e sopra sobre as brasas. Sua imaginação dispara a partir daí e a lareira se transforma — funcionando como um palco de ópera, com seus mecanismos e divisórias praticáveis — numa série de visões. Uma delas é o carrinho abandonado num gramado, certamente o mesmo que ele evoca em *Infância-III* (vide nota 8 daquele texto). Assim todo o resto do texto se explica, até mesmo a referência a Sodomas e Solimas, sobre as quais os críticos tanto elaboram sem sentido. As visões se desfazem com um novo sopro. No final, R. joga com o duplo sentido da palavra *foyer*, que tanto pode significar "lareira" como "a casa", propriamente.
2. A palavra *opéradique* é de cunho rimbaldiano, formada através do inglês *operatic*. [Texto em francês segundo a edição crítica de André Guyaux.]

MARINHA — pág. 265

1. Édouard Dujardin considera este poema "os primeiros versos livres jamais publicados". Estes, juntamente com os de *Movimento*, são os únicos poemas em versos regulares de toda a coleção.
2. Os "fustes dos ancoradouros" podem ser os guindastes e gruas do cais.

FESTA DE INVERNO — pág. 267

1. Meandro, rio da Ásia menor, particularmente sinuoso, donde o substantivo "meandro".
2. François Boucher (1703-1770), considerado o mais chinês dos pintores franceses.

ANGÚSTIA — pág. 269

1. Vampira pode ser associada à lâmia de *Uma Estadia no Inferno* (vide nota 5

de *Adeus*). Jean-Luc Steinmetz, no entanto, reconhece nessa Vampira a castradora imagem da mãe. Para Gengoux, é a Mulher, em sentido depreciativo. [Texto francês conforme a edição crítica de André Guyaux.]

METROPOLITANO — pág. 271

1. Ossian, herói e poeta lendário escocês do século II, cantor das glórias de seu povo. Obviamente, os mares de Ossian, aqueles que circundam a Irlanda.

2. A palavra *langueur* é de difícil leitura no original manuscrito. É possível tratar-se de *longueur* (longura, extensão longitudinal), que faria mais sentido.

3. *Ela* apresenta aqui o mesmo problema de identificação do poema anterior e de outras referências (viz. *A Ver-nos no Inverno*, PC pág. 107). Para Matucci, trata-se sempre da Vampira. Mas há opções tanto para Vida como para Morte.

BÁRBARO — pág. 273

1. Ruchon chamou a este poema "fuga em rubro e branco", ou seja, "em fogo e gelo", como diz S. Bernard.

2. Possível alusão aos companheiros de experiência com o haxixe.

SALDO — pág. 275

1. A repetição sonora "amadores superiores" está no original *(amateurs supérieurs)*.

2. *Comission*, que em francês pode significar "encomenda", tem aqui, segundo Forestier, o sentido nítido de "porcentagem sobre as vendas".

FAIRY-I e GUERRA - II — pág. 277/79

1. Que o leitor se abstenha de identificar Helena e frua as duas partes do poema em toda a sua beleza rítmica e imagística.

2. A. Adam comenta esta frase, que acha ininteligível. Para nós, perfeitamente clara, bastando acrescentar-se "o rumor dos" antes da palavra cincerros.

JUVENTUDE — pág. 281

1. Esta primeira parte deve ser aproximada de *Os Poetas de Sete Anos* (PC, pág. 145), em que R. fala da "viuvez invernal dos domingos", quando lia "a Bíblia encadernada em verde" e o "romance sem cessa em sonhos meditado". Na verdade, o texto parece vir, num salto súbito, depois de o menino pôr de parte os estudos escolares ("de lado os cálculos") e se entregar à leitura sagrada ("a descida do céu"), para o movimento frenético, imaginativo, de episódios aventureiros como os que deviam povoar o espírito da criança ao escrever seu romance imaginário.

2. Peste carbônica. Tudo indica seja uma criação de R. a partir de "bubônica", geminado com "carvão". Comentarista única a analisar este termo, S. Bernard acha possível uma alusão à "espessa e eterna fumaça do carvão", mencionada em *Cidade* (pág. 241). A hipótese ocorre-lhe diante da palavra *turfe* (inglesa), aí empregada, que sugere estar a frase relacionada a uma lembrança de Londres.

3. "Desperado" é palavra inglesa, através do espanhol, para designar habitualmente o facínora, o fora-da-lei (Cf. com o "forçado intratável" de *Sangue Mau* em *Uma Estadia no Inferno*, pág. 139).

4. Esta peça foi assim designada talvez pelo fato de estar escrita em 14 linhas, como os versos dessa forma tradicional. Aqui, novamente, os defensosres da tese autobiográfica vêem no *tu* o poeta e, no *vós*, ele e o companheiro de inferno. [Texto francês conforme ed. crítica de André Guyaux.]

5. Este curto poema soa como uma nota às vezes saudosista da pureza da infância.

6. Referência às tentações de Santo Antão, acometido no deserto por visões sedutoras e enganosas. O livro de Flaubert com esse título apareceu em sua quinta versão em 1874.

PROMOTÓRIO — pág. 285

1. Este poema é formado apenas por duas frases, sendo bastante longa a da segunda sentença. Seria inútil procurar-se uma explicação para essa "enumeração caótica" de nomes geográficos, subvertendo inteiramente seu sentido toponímico para se afirmarem apenas como entidades sonoras em associações extravagantes, à maneira da música "impressionista" de um Ravel ou Debussy. O poeta está mais interessado em reter os efeitos sonoros de *canaux de Carthage* ("canais de Cartago") do que atestar sua existência geográfica ou histórica. *Scarbro'* e *Brooklyn* são nomes postos vis-à-vis apenas por constituírem um quase quiasmo sonoro. Contudo, como lucidamente estabelece Mme. Bernard, podemos pensar que seu "impulso criativo" decorre de uma lembrança recente e precisa: a de Scarborough, que R. teria visitado quando de sua estadia na Inglaterra. V. P. Underwood informa que essa estação balneária a 380 km de Londres era muito "elegante" naquela época, dominada por um belo promontório sobre o qual se erguem as ruínas de uma fortaleza de origem romana.

2. Fanos, forma aportuguesada do latim *Fanus*, designativo de "templo", "lugar consagrado".

3. Em Londres, a R. eram certamente familiares os *embankments* (ou calçadas que bordejam o Tâmisa e servem de passeio ou ancoradouro), tais como o Albert Embankment, inaugurado em 1869, e o Victoria Embankment, em 1870.

4. Em Scarborough (que R. grafa abreviadamente em sua forma prosódica, *Scarbro'*) havia de fato, em 1867, um gigantesco estabelecimento denominado "Grand Hotel", de forma semicircular, dominando a falésia.

CENAS — pág. 287

1. R. descreve uma tarde de teatro ao ar livre: um "campo rochoso", ao longo do qual se estendem duas "avenidas de estrados", vale dizer, passarelas de madeira, sobre as quais as pessoas ("uma turba de bárbaros") caminham sob as árvores sem folhas. Nesses corredores ("de escumilha negra"), os passantes vão seguindo entre as lanternas (do cenário) e as folhas (caídas no chão). Comediantes vestidos com as roupas da peça ("pássaros dos mistérios"[tomada aqui a palavra no sentido medieval de representação]) correm para a amurada do cais, que parece mover-se com o balouço das embarcações ancoradas no arquipélago. Tem início a representação de cenas líricas acompanhadas de flauta e de tambor. Elas são encenadas tanto no alto de um anfiteatro cercado de arvoredos ou na sombra dos bosques ondulantes, para o povo comum (por transposição, os Beócios), observada uma linha divisória de cultura entre um público e outro. Já a ópera cômica, esta se evolui em cena, num espaço limitado por dez tabiques, que vão da galeria (a passagem) até as luzes do palco (as gambiarras).

TARDE HISTÓRICA — pág. 289

1. Parece uma seqüência do poema anterior, a descrição metafórica de cenas representadas, possíveis dramas históricos ou bíblicos. Alguns críticos, no entanto, emprestam-lhe significados profundos, como Albert Py, que julga ser ela a "Grande Tarde" com que sonham os revolucionários.

2. Em francês, *malle*, abreviação de *malk-poste*, "mala-posta", diligência que transportava as malas de correio e, por vezes, passageiros.

3. O texto bíblico a que se refere é o Apocalipse; as Nornas, na mitologia escandinava, equivalem às Parcas dos romanos e às Moirai dos gregos; eram as três deusas do Destino (Passado, Presente e Futuro), que regulavam a vida dos homens e a ordem universal.

BOTTOM — pág. 291

1. Para os críticos empenhados em explicar as *Iluminações* como *personae* (máscaras ou transposições poéticas) de eventos biográficos de R., este poema, inicialmente denominado *Metamorfoses*, oferece motivo para grandes elucubrações. Antes de mais nada, *Bottom* (palavra inglesa que significa "fundo", "base", "parte inferior", e também "trazeiro", "nádegas") é o pomposo personagem shakespeariano de *Sonho de Uma Noite de Verão*, transformado em asno pelo artioso Puck. A Madame seria essa *vedova molto gentile*, mencionada por V., que teria acolhido R. em Milão quando este lá chegou, exausto adoentado, vindo (a pé) de Stutgart, em 1875.

2. O "pássaro azul" pode sugerir que o narrador se sentia, em casa de Madame, preso como um pássaro.

3. Esta primeira "metamorfose" em urso é facilmente explicável: em casa de Madame (ou da viúva muito obsequiosa), R. se sentia, exausto como chegara, um verdadeiro urso em hibernação, só de olho nas jóias e na prataria de sua protetora. Até que, já refeito, sai pelos campos, como um asno (em ereção) à procura das "Sabinas de subúrbio" (as prostitutas).

4. No original, *mon grief*. A palavra tem vários sentidos: "Agravo, dano, prejuízo, afronta, ofensa, gravame, motivo de queixa" (também como termo jurídico). O evadido pode estar assim queixando-se da viúva com as "peripatéticas" (nome dado por V. às moças do *trottoir*). Contudo, como a palavra, em sua forma adjetiva, também significa "grande, grave, enorme, considerável", os partidários de ser este um texto erótico dão-lhe a acepção de *penis erectus*.

H — pág. 293

1. Com base no final do poema ("Encontrai Hortência"), alguns comentaristas viram nele uma espécie de charada ou enigma proposto pelo poeta. Entre as adivinhações sugeridas, a de S. Bernard é bastante engenhosa: a palavra em francês, Hortense, seria um anagrama de *Eros* e *then (*palavra inglesa que significa *então)*. Resposta: Hortense: logo Eros. A explicação mais convincente foi apresentada por Étiemble e Yassu Gauclère: masturbação. André Guyaux, baseado nessa tese, sugere a palavra: Hábito. Yves Bonnefoy vê aí uma experiência de haxixe, seguido por Albert Py. E mais: Mulher ideal prostituída pelas monstruosidades da vida burguesa (Cecil A. Hackett), cortesã (Rolland de Renéville), pênis (Roger Little), pederastia (A. Adam), satisfação sexual sob todos os seus aspectos (Y. Denis). Nenhuma teoria, no entanto, conseguiu explicar ou decodificar todos os elementos do poema.

[O verbo *descorporer* é criação de R. com sentido oposto a *incorporer*, não lhe tendo parecido suficiente o *desincorporer*. Mantivemos.]

MOVIMENTO — pág. 295

1. Segundo dos poemas em "versos livres" das *Iluminações* (cf. *Marinha*, pág. 265.*)*.

Mme. Bernard aventa a hipótese de haver neles a influência dos "versículos bíblicos" de Walt Whitman, cuja tradução saiu publicada em 1872 na revista *Renaissance littéraire*, e nos quais celebra uma nova era de descobertas e progresso. A. Adam contesta aqueles que querem ver nestes versos uma evocação da travessia de R. e V. da Antuérpia para Londres a 26 de março de 1874, já que os rios dessa rota (o Escalda e o Tâmisa) são cursos d'água de planície, sem "rápidos" nem abismos, e os barcos que por eles navegavam jamais transportariam "passageiros cercados pelas trombas do val / E pelo *strom*." Pode-se, pois, imaginar que esta "descrição" de viagem esteja contaminada das leituras de R., como aconteceu no *Barco Ébrio*. Contudo, o vocabulário já deixa trair um conhecimento factual de marinharia, certamente adquirido em suas viagens, que permite a R. fornecer alguns momentos de "poesia científica" à literatura francesa, tão pobre deles (observação de L. Forestier). A. Adam conclui: "Parece claro haver aqui um significado puramente simbólico. A humanidade vai em direção do progresso científico e técnico. E é isto que R. reprova, não dizendo que o progresso deva ser detido, pois certamente terá compreendido que ninguém o poderia impedir. Mas imagina dois seres jovens e puros, que se colocam à parte, nostálgicos da humanidade primitiva."

2. Esta frase, que segue a colocação (propositadamente dúbia) dos termos da sentença original, deve ser entendida: "O movimento de vaivém das corredeiras na margem do rio".

3. *Étambot* significa propriamente cadaste, "peça semelhante à roda de proa, que fecha na popa o esqueleto da embarcação" (Aurélio). A palavra, em português, perde todo o impacto sonoro que possui a francesa, cumprindo ao tradutor lançar mão de uma equivalência. Neste caso, preferimos sacrificar a especificidade de R. e conservar apenas o som do verso, substituindo *étambot* por "estibordo".

4. *Strom,* palavra alemã (subst.) significando "corrente forte", "caudal", que R. no entanto grafa com minúscula, como fez em relação a *Wasserfall* ("cascata")

DEVOÇÃO — pág. 297

1. Este poema despertou nos comentaristas reações opostas. Para uns, seria o único da coleção em que R. parece adotar um tom religioso, de prece, elaborando verdadeira litania na qual invoca irmãs de caridade com suas *"cornetas"* (toucas) azuis, talvez se referindo às freiras que o assistiram no Hospital de Saint-Jean, em Bruxelas, quando do incidente com V. Já outros, levando em conta que R. usa expressões como "nosso austero vício" e *spunk* (palavra inglesa que, na gíria, significa "esperma", "sêmen"), vêem em todo o texto uma nota de ironia, "um divertimento sarcástico e [...] obsceno" (Margoni). Inúteis tentativas de identificar Louise Vanaen de Voringhem (que soa evidentemente falso) e Léonie Aubois d'Ashby (a quem Aragon disse haver erigido um altar) e, mais ainda, Lulu, Madame e Circeto. Os "autobiografistas" vêem no "venerável santo" uma caricatura de V. e no "gosto pelos oratórios do tempo das Amigas" uma "gozação" ao livro homônimo publicado por V. em 1869 com o pseudônimo de Pablo de Herlagnez.

2. Traduzimos o enigmático *Baou! por* Chapéu! atendendo a uma especiosa sugestão aventada (entre dezenas de outras) para explicar esta palavra: Yves Denis (citado por Adam) esclarece que a palavra inventada "é a transcrição fonética rudimentar [...] do inglês *Bow* = saudação, reverência" (que se faz tirando geralmente o chapéu). A exclamação *Chapeau!* em francês é uma exclamação admirativa, uma espécie de cumprimento ou parabéns ao interlocutor por algo que este tenha feito ou dito.

3. Vide nota 1 acima.

DEMOCRACIA — pág. 299

1. O tom lembra "Que importa a nós, meu coração, esses lençóis..." (PC, pág.

213), mas utilizando palavras de ordem racionais (embora cínicas), em vez da algaravia delirante daquele poema. Para Forestier, o problema está em se saber quem fala neste texto posto entre parênteses; provavelmente não R., mas talvez os "recrutas de boa vontade", belicosos apóstolos a contrapelo de uma colonização mal compreendida. Suzanne Bernard vê aí "de forma satírica, uma vigorosa diatribe contra o que os países ocidentais chamam democracia: os termos que emprega definem bem as mais odientas formas do colonialismo".

2. Refere-se ao linguajar desses "recrutas", verdadeiros soldados da fortuna de todas as nacionalidades, que vão seguir para "os países licenciosos e dissolutos" (como os colonizadores viam os povos africanos e asiáticos) aos quais iam impor seu domínio.

GÊNIO — pág. 301

1. Seguramente o poema das *Iluminações* que causou as maiores controvérsias.

Sobre as traduções e interpretações de alguns de seus trechos, Étiemble escreveu um luminoso e filigramático artigo (que transcrevemos na íntegra na presente edição, pág. 341).

O Gênio será o Cristo (Delahaye)? Uma concreção simbólica do espírito demiúrgico-messiânico do Vidente (Renéville, Matucci)? O mito do "novo amor", reflexo do iluminismo democrático, um dos aspectos fundamentais da filosofia social e política do século XIX, que tem seu ponto alto em Michelet, com seu livro *La Femme* (A Mulher), no capítulo *A comunhão do amor?* (Adam). Ou será a inspiração dos "iluminados progressistas" [Vermersch, Vallès] de 1870 (S. Bernard)? Ou, ainda, simplesmente um símbolo da vida universal (Dhôtel)?

Na verdade, esse Gênio parece um ser compósito, pois não há nenhuma entidade ou espírito ou forma corpórea que possa atender a tantos atributos que o poeta lhe empresta. Em certas partes do poema, reconhece-se um "novo Cristo", este que não desceria dos céus e dispensaria as genuflexões de seus fiéis, pois estaria sempre entre os homens, ao sabor das estações. Este novo Cristo que prescinde de uma Adoração e quer afastar as superstições de uma era que soçobrou. Mas é também o Sol, o deus-fogo dos adoradores druídicos, razão da vida, ele, a delícia sobre-humana das estações. E é também, em certos momentos, o próprio R., que procurou abraçar um mundo novo, uma liberdade nova, uma transcendência do ser. Mas pouco importa saber que ou quem é. O Gênio pode ser a capacidade alquímica que tem o poeta de transformar em imanência um punhado aleatório de palavras. Releia a última frase do poema e se convencerá disto: "Saibamos, nesta noite de inverno, de cabo a cabo, do pólo tumultuoso ao castelo, da multidão à praia, de olhares em olhares, forças e sentimentos lassos, convocá-lo e vê-lo, e o mandar de volta, e sob as marés e no alto dos desertos de neve, seguir suas vistas, seus sopros, seu corpo, seu dia".

APÊNDICE

OBRA ATRIBUÍDA

CARTA DO BARÃO DE PETDECHÈVRE — pág. 311

1. A palavra Petdechèvre significa, literalmente, peido de cabra. R. joga aqui com a dissociação de significado que os nomes próprios experimentam relativamente às suas derivações vocabulares: Pimenta, Costa, Barata etc. Assim, Petdechèvre acaba soando como uma designação nobre, esquecido o seu significado literal.

2. A 31 de agosto de 1871, a Assembléia, adotando uma proposição de Vitet, outorga-se poderes constituintes.

3. *Veni, vidi, vice* (vim, vi, venci): palavras de Júlio César após sua rápida vitória sobre Farnácio, rei do Ponto, aplicadas a todas as vitórias fáceis e rápidas.

4. A 31 de agosto, a Assembléia declara Thiers presidente da República (proposição Rivet).

5. A proposição Ravinel (rejeitada) visava a reconduzir os ministérios a Versalhes.

6. *Pipe-en-bois* (Cachimbo de pau) era o apelido de Georges Cavalier (1842-1878), figura pitoresca da boêmia do *Quartier latin* que, comprometido durante a Comuna, foi condenado em 7 de setembro de 1871, refugiando-se na Bélgica.

BIBLIOGRAFIA MUITO SUMÁRIA

Indicaremos abaixo somente alguns livros que respeitam diretamente às peças aqui tratadas. O leitor encontrará, no primeiro Volume, POESIA COMPLETA, uma relação mais extensa de livros consultados sobre a obra e a vida de Rimbaud.

Edições francesas da obra completa:

ANTOINE ADAM, *Œuvres Completes* — Edição estabelecida, apresentada e anotada por, Bibliothèque de la Pléiade, Éditions Gallimard, 1972.

SUZANNE BERNARD, *Œuvres* — Sumário biográfico, introdução, notícias, levantamento de variantes e notas por, Garnier Frères, 1960, com novas edições, a partir de 1981, anotadas por ANDRÉ GUYAUX (a última é de 1991).

LOUIS FORESTIER, *Œuvres Completes / Correspondence* — Edição apresentada e estabelecida por, Robert Laffont, 1992.

ALAIN BORER, *Euvre-Vie* — Edição do Centenário, estabelecida por, Arléa, 1991.

Edições italianas da obra completa:

IVOS MARGONI, Arthur Rimbaud — *Opere* — a cura di, Feltrinelli, 1988.

DIANA GRANGE FIORI, Arthur Rimbaud — *Opere* — a cura di, Mondadori, 1975.

MARIO RICHTER, Arthur Rimbaud — *Opere complete* — a cura di, (traduções de GIAN PIERO BONA), Einaudi, 1992.

DARIO BELLEZZA, Arthur Rimbaud — *Opere in versi e in prosa* — a cura di, Garzanti, 1989.

Edições críticas:

PIERRE BRUNEL, *Une Saison en Enfer*, édition critique, José Corti, 1987.

MARIO MATUCCI, *Illuminations*, con testo a fronte, introduzione e note a cura di, Sansoni, Firenze, 1952.

H. DE BOUILLANE DE LACOSTE, *Illuminations* — Painted Plates — Edition critique avec introduction et notes par, Mercure de France, 1949.

ANDRÉ GUYAUX, *Illuminations*, texte établie et commenté par — À la Baconnière, Neuchâtel, 1985.

STEVE MURPHY, *Un Cœur sous une Soutane*, texte établi et commenté par, Musée-Bibliothèque Arthur Rimbaud, 1995, Charleville-Mézières.

Edições isoladas e artigos

MARC ASCIONE e JEAN-PIERRE CHAMBON, *Les "zolismes" de Rimbaud*, revista Europe, Maio-Junho 1973.

M. DAVIES, C. CHADWICK (e vários outros) — *Une Saison en Enfer — Poétique et thématique — Hommage anglo-saxon*, La Revue des Lettres Modernes, 1973.

D. SCOTT, *La Ville Illustrée dans les Illuminations de Rimbaud*, Revue d'Histoire Littéraire de la France, nov./déc. 1992 (Rimbaud et son Temps).

C. A. HACKETT, *Longfellow et Rimbaud ("Being Beauteous")*, Autour de Rimbaud, Librarie C. Klincksieck, 1967.

A. FONGARO, *Rimbaud: texte, sens et interpretations*, Presses Universitaires du Mirail, 1994.

A. GUYAUX, *Duplicités de Rimbaud*, Champion-Slatkine, Paris-Genève, 1991.

idem, *Poétique du Fragment, Essai sur les Illuminations de Rimbaud*, À la Baconnière, Neuchâtel, 1985.

M. MATUCCI, *Les Deux Visages de Rimbaud*, À la Baconnière, 1986.

PAULE LAPEYRE, *Le Vertige de Rimbaud*, À la Baconnière, 1981.

Vários autores, inclusive YOSHIKAZU NAKAJI, JEAN-LUC STEINMETZ e MARC EIGELDINGER, *Dix Études sur Une Saison en Enfer*, Baconnière, 1994.

E. MARTINEAU, *Enluminures. Restituées et publiées par*, revista Conférence, outono 1995.

ENID RHODES PESCHEL, *A Season in Hell / The Illuminations*, Oxford Paperbacks, 1973.

ÉTIEMBLE (et YASSU GAUCLÈRE), *Rimbaud*, Gallimard, 1950.

idem, *Rimbaud, systeme solaire ou trou noir?*, PUF écrivains, 1984.

SUZANNE BERNARD, *Le Poème en Prose — De Baudelaire jusqu'à nos jours*, Librairie A.-G. Nizet, Paris, 1994.

ANNE-EMMANUELLE BERGER, *le Banquet de Rimbaud*, L'Or d'Atalante, Champ-Vallon, 1992.

L'HERNE, *Arthur Rimbaud, cahier dirigé par André Guyaux*, textos de grandes escritores e críticos sobre o poeta, Éditions de l'Herne, 1993.

SUD (revista), *Arthur Rimbaud* — Bruits Neufs, Hors Série, 1991.

CLAUDE JEANCOLAS, *L'œuvre intégrale manuscrite, édition établie et commentée par*, 3 vols, com todos os manuscritos conhecidos de Rimbaud, Textuel, 1996.

PARADE SAUVAGE (revista de estudos rimbaldianos), n.os 13 (março 1996) e 14 (maio de 1997), Musée-Bibliothèque Arthur Rimbaud, Charleville-Mézières.

ÍNDICE GERAL

OS NÚMEROS EXPONENCIAIS APOSTOS A PALAVRAS DO TEXTO REMETEM ÀS NOTAS NO FINAL DO VOLUME. A PÁGINA EM QUE TAIS NOTAS SE ENCONTRAM VAI INDICADA NESTE ÍNDICE À ESQUERDA DE CADA TÍTULO. O NÚMERO À DIREITA CORRESPONDE AO DA PÁGINA EM QUE O TEXTO SE ENCONTRA.

NOTAS		TEXTO
	Dedicatória	7
	Nota do Editor	9
361	A Dupla Vida de Arthur Rimbaud	13
363	**PROSA DE COLÉGIO** — págs. 29 a 71	
	Nota Prévia	31
	PROLOGUE	34
364	PRÓLOGO	35
	Nota Prévia	41
	UN CŒUR SOUS UNE SOUTANE	44
364	UM CORAÇÃO SOB A SOTAINA	45
	PRÉ-TEXTOS págs. 73 a 117	
	Nota Prévia	75
	LA LETTRE DE LAÏTOU	78
367	A CARTA DE LAÏTOU	79
	Nota Prévia	83
	PROSES ÉVANGÉLIQUES	86
368	PROSAS EVANGÉLICAS	87
	Nota Prévia	95
	LES DESERTS DE L'AMOUR	98
369	OS DESERTOS DO AMOR	99
	Nota Prévia	107
	LES BROUILLONS D' UNE SAISON	108
	OS RASCUNHOS DE *UMA ESTADIA*	109

UMA ESTADIA NO INFERNO — págs. 119 a 191

	Nota Prévia	121
370	DATA VENIA (Tristão de Athayde)	125
	UNE SAISON EN ENFER	131
	UMA ESTADIA NO INFERNO	131
	***** *Jadis, si je me souviens bien*	132
372	***** Outrora, se bem me lembro	133
	Mauvais sang	134
375	Sangue mau	135
	Nuit de l'enfer.	146
378	Noite do inferno	147
	Délires	152
	Delírios	153
	I. Vierge folle	152
379	I. Virgem louca	153
	II. Alchimie du verbe	160
380	II. Alquimia do verbo	161
	L' Impossible	178
381	O Impossível	179
	L' Éclair	184
382	O Relâmpago	185
	Matin	186
383	Manhã	187
	Adieu	188
383	Adeus	189

ILUMINAÇÕES — págs. 193 a 303

	Nota Prévia	195
	QUASE UM PREFÁCIO	197
	ILLUMINATIONS	201
	ILUMINAÇÕES	201
	Après le Déluge	202
385	Depois do Dilúvio	203
	Enfance I, II, III, IV, V	206
386	Infância I, II, III, IV, V	207
	Conte	212
387	Conto	213
	Parade	214
387	Parada	215
	Antique	216
388	Antiguidade	217

410

	Being Beauteous	218
388	Being Beauteous	219
	+++	218
	+++	219
	Vies I, II, III	220
389	Vidas I, II, III	221
	Départ	224
389	Partida	225
	Royauté	226
389	Realeza	227
	À une Raison	228
390	A uma Razão	229
	Matinée d'ivresse	230
390	Manhã de embriaguez	231
	Phrases	232
390	Frases	233
	Ouvriers	236
391	Operários	237
	Les Ponts	238
391	As Pontes	239
	Ville	240
391	Cidade	241
	Ornières	242
391	Sulcos	243
	Villes	244
392	Cidades	245
	Vagabonds	246
392	Vagabundos	247
	Villes	248
392	Cidades	249
	Veillées	252
393	Vigílias	253
	Mystique	256
393	Místico	257
	Aube	258
393	Aurora	259
	Fleurs	260
394	Flores	261
	Nocturne vulgaire	262
394	Noturno vulgar	263
	Marine	264
394	Marinha	265
	Fête d'hiver	266
394	Festa de inverno	267

	Angoisse 268
394	Angústia 269
	Métropolitain 270
395	Metropolitano 271
	Barbare 272
395	Bárbaro 273
	Solde 274
395	Saldo 275
	Fairy I 276
395	Fairy I 277
	II. Guerre 278
395	II. Guerra 279
	Jeunesse 280
395	Juventude 281
	I. Dimanche 280
	I. Domingo 281
	II. Sonnet 280
	II. Soneto 281
	III. Vingt ans 282
	III. Vinte anos 283
	IV. Tu es encore à la tentation d'Antoine 282
	IV. Ainda estás na tentação de Antão 283
	Promontoire 284
396	Promontório 285
	Scènes 286
397	Cenas 287
	Soir historique 288
397	Tarde histórica 289
	Bottom 290
397	Bottom 291
	H 292
398	H 293
	Mouvement 294
399	Movimento 295
	Dévotion 296
399	Devoção 297
	Démocratie 298
399	Democracia 299
	Génie 300
400	Gênio 301

APÊNDICE — pags. 305 a 317

OBRA ATRIBUÍDA
        Nota Prévia 308
        La lettre du Baron de Petdechèvre 310
401   A carta do barão de Petdechèvre 311

ADENDOS — págs. 319 a 358

TRÊS PREFÁCIOS:

        I. Paul Verlaine 323
        II. Paul Claudel 325
        III. Louis Aragon 333

TRADUZINDO ILUMINAÇÕES 341

NOTAS — págs. 359 a 401

BIBLIOGRAFIA MUITO SUMÁRIA 403

ÍNDICE GERAL 409